O urbanista e o Rio de Janeiro

JOSÉ DE OLIVEIRA REIS, uma biografia profissional

RODRIGO DE FARIA

O urbanista e o Rio de Janeiro

JOSÉ DE OLIVEIRA REIS, uma biografia profissional

Grupo de Pesquisa em História do Urbanismo
e da Cidade – GPHUC-UnB/CNPq

Centro Interdisciplinar de
Estudos da Cidade – Unicamp

Copyright © 2013 Rodrigo Santos de Faria

Grafia atualizada segundo o Acordo Ortográfico da Língua Portuguesa de 1990,
que entrou em vigor no Brasil em 2009.

PUBLISHERS: Joana Monteleone/Haroldo Ceravolo Sereza/Roberto Cosso
EDIÇÃO: Joana Monteleone
EDITOR ASSISTENTE: Vitor Rodrigo Donofrio Arruda
ASSISTENTE EDITORIAL: João Paulo Putini
PROJETO GRÁFICO, DIAGRAMAÇÃO E CAPA: João Paulo Putini
REVISÃO: Liana Martins
ASSISTENTES DE PRODUÇÃO: Gabriel Patez Silva/Felipe Lima Bernardino

IMAGENS

Capa: Prefeitura Municipal da Cidade do Rio de Janeiro, *Revista Municipal de Engenharia*, Rio de Janeiro, edição especial 65 anos (1932/1997), ago. 1997.

Contracapa: Plano Urbanístico para área do desmonte do morro de Santo Antônio, conforme o projeto PA nº 7172, do Departamento de Urbanismo.

Este livro foi publicado com o apoio da Fapesp

CIP-BRASIL. CATALOGAÇÃO NA PUBLICAÇÃO
SINDICATO NACIONAL DOS EDITORES DE LIVROS, RJ

F233u

O URBANISTA E O RIO DE JANEIRO: JOSÉ DE OLIVEIRA REIS, UMA BIOGRAFIA PROFISSIONAL
Rodrigo Santos de Faria. 1. ed.
São Paulo: Alameda, 2013.
358 p.

Inclui bibliografia
ISBN 978-85-7939-218-4

1. Reis, José de Oliveira, 1903-1994. 2. Engenheiros – Brasil – Biografia. 3. Urbanização – Rio de Janeiro (RJ) – História – Séc. XX. 4. Rio de Janeiro (RJ) – Política e governo. 5. Renovação urbana – Rio de Janeiro. I. GPHUC-UnB/CNPq. II. Unicamp.

13-03346	CDD: 923.2	
	CDU: 929:32	

ALAMEDA CASA EDITORIAL
Rua Conselheiro Ramalho, 694 – Bela Vista
CEP 01325-000 – São Paulo – SP
Tel. (11) 3012-2400
www.alamedaeditorial.com.br

SUMÁRIO

Prefácio 7

Introdução 11

Capítulo 1 29

O *historiógrafo* entre leituras e diálogos: o lugar profissional da 29
engenharia na institucionalização do urbanismo

Diretoria de Engenharia da Prefeitura do Distrito Federal: 58
o urbanista em formação

Capítulo 2 93

Comissão do Plano da Cidade do Rio de Janeiro: um processo de 93
institucionalização do urbanismo na administração pública brasileira

A questão do sistema viário entre a engenharia, o urbanismo e a política 131

Capítulo 3 161

Da Comissão do Plano da Cidade ao Departamento de Urbanismo 161

Departamento de Urbanismo do Rio de Janeiro na década de 1950: 180
o urbanismo entre a engenharia e a arquitetura moderna

Capítulo 4 217

A Superintendência de Urbanização e Saneamento: 217
financiar para urbanizar

O urbanista e a construção da cidade: entre a engenharia de tráfego e 241
o planejamento urbano na formação profissional

Posfácio 291
Biografia, não mais Trajetória:
para (re)pensar argumentos de outrora

Referências bibliográficas 311

Anexos 323

Agradecimentos 355

PREFÁCIO

Sarah Feldman[1]

A década de 1930 se configura como uma década de mutação na Trajetória do ideário urbanístico no Brasil: uma década na qual se desencadeia um processo de reconstrução de saberes, de práticas e, consequentemente, do universo de atuação profissional de urbanistas. Num raro momento de sincronia, as mudanças profundas no âmbito da economia, da política, da organização social, da administração pública e do desenvolvimento urbano no Brasil terão um correspondente no campo do urbanismo.

As ideias e práticas formuladas ao longo da década de 1930 partem de um conjunto de profissionais atuantes em diferentes regiões do país em órgãos municipais e estaduais, em comissões de planos, em entidades profissionais, congressos e revistas especializadas, assim como nas universidades. Os urbanistas se confrontam com as mudanças estruturais da realidade urbano-industrial dando início à construção e à difusão da pauta urbanística que, pelas quatro décadas seguintes, será perseguida, atualizada e não necessariamente consumada no âmbito da administração pública.

É nesse universo de mobilização desencadeada no âmbito da reforma administrativa da Era Vargas, que envolve renovação geracional das elites urbanas, fortalecimento do saber técnico e científico e fortalecimento do executivo e que favorece a inserção dos urbanistas na tecnoburocracia estatal, que se inicia a Trajetória profissional do engenheiro José de Oliveira Reis – objeto de primoroso estudo de Rodrigo Faria em sua tese de doutorado que dá origem a este livro.

---

[1] Docente e pesquisadora do Instituto de Arquitetura e Urbanismo da Universidade de São Paulo e pesquisadora do CNPq.

Estudos focados em um único personagem correm o risco de minimizar o caráter coletivo inerente ao campo do urbanismo e personificar a complexa construção de ideários, concepções e práticas. Não é o que ocorre no trabalho de Faria. Ao delinear a trajetória de Oliveira Reis a partir de sua inserção institucional, os contornos da análise extrapolam sua atuação individual como engenheiro, buscando ao mesmo tempo precisar suas posições, proposições e embates. "Toda prática de pesquisa impõe a necessidade de delimitar um contexto", afirma Bernard Lepetit em seu belo texto "Uma lógica do raciocínio histórico", de 1993.[2] Esta perspectiva atenta às singularidades de cada momento se destaca no argumento deste livro.

É no contexto do ciclo de institucionalização do urbanismo e do planejamento no Brasil que se gesta na década de 1930 e se completa nos anos 1970, marcado pelos acelerados processos de industrialização e urbanização e por condições jurídico-institucionais que alternam períodos autoritários e democráticos, que Reis atua e se forma como urbanista do serviço público.

As quatro instituições selecionadas por Faria para perseguir os movimentos de Reis no Rio de Janeiro – a Diretoria de Engenharia da Prefeitura do Distrito Federal, a Comissão do Plano da Cidade, o Departamento de Urbanismo do Rio de Janeiro e a Superintendência de Urbanização e Saneamento – expressam aspectos particulares de sua inserção e aspectos mais gerais do campo do urbanismo em cada período. Por um lado, delineia-se seu perfil como figura de destaque de uma geração de profissionais que atua na perspectiva de ampliação do escopo do urbanismo e de sua incorporação e implementação nas estruturas da administração pública. Por outro, revela-se a persistência dos limites contraditórios entre técnica e política na construção institucional do urbanismo no Brasil em diferentes conjunturas políticas.

Tanto a Diretoria de Engenharia como a Comissão atuam na chave do alargamento da concepção de urbanismo coerente com as novas condições das cidades brasileiras. Este alargamento é indicado em múltiplas

---

2   SALGUEIRO, Heliana A. (2001) *Por uma Nova História Urbana*. São Paulo: Edusp: 117-136.

direções: como uma questão técnica de novas dimensões, como uma questão de administração municipal, como uma questão econômica e, fundamentalmente, como questão multidisciplinar – "uma síntese", como afirma Anhaia Mello em 1932, que exige conhecimentos de arquitetura, engenharia, paisagismo, leis, governo e administração, sociologia e economia.[3]

As comissões de planos criadas nas principais capitais ao longo da década de 1930 constituem o espaço privilegiado para difusão e debate deste alargamento. Atuam como uma campanha para mostrar a necessidade do urbanismo (e do plano), os prejuízos de sua ausência, as economias que traz e a necessidade de estabelecer uma colaboração íntima entre governo, comissão e sociedade para garantir sua execução. E nesse processo, ainda que dentro dos limites jurídico-institucionais impostos pelo governo provisório de Vargas, ocorre de forma inédita na história do urbanismo no Brasil, em várias capitais do país, o debate envolvendo técnicos e diferentes setores da sociedade, como as Associações Comerciais, Associação Brasileira de Imprensa, Rotary Club, e as associações e entidades de engenheiros e de advogados. No Rio de Janeiro, o plano desenvolvido por Alfred Agache não escapa ao debate, embora contemplasse parcela substantiva das demandas de ampliação do escopo que vinham sendo propostas.

Na Diretoria são formulados, debatidos e efetivados novos instrumentos de controle da concentração e da dispersão da ocupação do solo – duas faces do crescimento urbano identificadas a partir da década de 1930 como questões centrais a serem conduzidas pelo poder púbico e em benefício do interesse púbico. O traçado das vias, a dimensão dos lotes, a altura dos edifícios e uma clara demarcação entre o urbano o rural começam a ser discutidos de forma articulada levando a mudanças substantivas no formato das legislações. O código de edificações, o zoneamento e a subdivisão de terrenos passam a ser agregados numa única lei. Embora ainda se apresente esquemático, definindo zona urbana, suburbana, rural, na maioria dos casos, o zoneamento já é utilizado como estratégia de controlar o crescimento vertical na zona urbana. Enquanto código que divide a totalidade do

---

3   ANHAIA MELLO, Luiz I. R. "A Econômica da Terra". *Revista Polytechnica*, São Paulo, n° 106, nov.-dez. 1932: 357-363.

território urbano em zonas que agregam múltiplos parâmetros assumindo de forma não episódica diferentes regras para diferentes setores da cidade, se difunde e é dominado enquanto saber, a partir dos anos 1940. Mas no Distrito Federal, já na década de 1930, seu Código de Obras incorpora elementos deste formato de zoneamento e enfrenta a contundente oposição dos setores envolvidos na produção do espaço urbano.[4]

A atuação de Reis no Departamento de Urbanismo do Rio de Janeiro, criado em 1945, e as relações deste órgão com a Superintendência de Urbanização e Saneamento, criada em 1957 como autarquia responsável pela execução de obras previstas em planos elaborados pelo Departamento, expõem as dificuldades e resistências a uma ação coordenada no interior da administração municipal. Como mostra Faria, a criação do Departamento como espaço de exclusiva atuação de urbanistas o coloca no campo de disputas internas pela hegemonia nas ações sobre a cidade.

Sem dúvida, no contexto do regime democrático, com a volta das eleições, os cargos da administração pública adquirem mais força política criando um terreno fértil para o acirramento da visão setorial das questões urbanas. Esse quadro de disputas expõe, com mais evidência, a grande contradição que está na origem da concepção sobre a qual se sustenta o ciclo de institucionalização do urbanismo, a partir da década de 1930, no Brasil: um setor de exclusiva atuação de urbanistas, que se pretende coordenador dos vários setores da administração, porém desvinculado da política e distanciado das atividades de rotina.

O extenso material documental levantado, a persistente problematização das fontes e o hábil manejo de diferentes escalas interpretativas realizadas por Faria – dos processos mais gerais às opções de Reis enquanto profissional atuante no serviço público – desvendam nuances, tramas e enredos que ajudam a entender o profundo enraizamento desta contradição que vem se mostrando tão trabalhosa de desconstruir.

---

4   Além do Distrito Federal, apenas o Recife contava nesse momento com uma legislação semelhante.

INTRODUÇÃO

Uma pergunta e seus desdobramentos: o processo de pesquisa

O que foi (é) o Urbanismo no Brasil na interlocução do engenheiro José de Oliveira Reis? Esta pergunta estruturou o desenvolvimento da tese de doutorado desenvolvida no Departamento de História da Unicamp, defendida em 2007, sobre a atuação profissional do engenheiro José de Oliveira Reis entre 1933 e 1965-66. É também base estrutural deste livro (originário da tese), ainda que o livro se diferencie da tese em função de uma delimitação espacial precisa da atividade profissional do engenheiro José de Oliveira Reis: o Rio de Janeiro.

No texto da tese a atuação profissional do engenheiro José de Oliveira Reis não ficou restrita aos trabalhos que desenvolveu no Rio de Janeiro. A pesquisa incorporou também importantes deslocamentos institucionais e espaciais do engenheiro na sua atuação em consultorias urbanísticas, elaboração de planos urbanísticos, engenharia urbana, entre outras atividades, inclusive de ensino na Faculdade Nacional de Arquitetura no Rio de Janeiro.

A opção neste livro pela delimitação da atuação do engenheiro exclusivamente no Rio de Janeiro contém um objetivo básico: criar unidade espacial da narrativa, ainda que em determinados momentos ocorram referências aos deslocamentos que empreendeu. Uma unidade narrativa construída e associada à sua atuação no setor público de urbanismo do Rio de Janeiro.

Nesse sentido, a elaboração da pergunta inicial sobre o que é o urbanismo no Brasil (e particularmente do urbanismo no Rio de Janeiro) na interlocução do engenheiro José de Oliveira Reis foi fundamental para a construção narrativa de um processo que é relacional e não determinista: sua interlocução na construção da institucionalização do urbanismo nas administrações municipais brasileiras. No seu caso, uma interlocução que ocorreu do lado de dentro da administração pública no Rio de Janeiro, no trânsito empreendido entre leis, decretos, planos urbanísticos, planos viários, reformas da máquina administrativa e criação de órgãos para atuar nas questões urbanísticas. Interlocução realizada como funcionário público municipal.

Consubstancia a particularidade deste processo analisado, a interlocução empreendida no lugar profissional da engenharia, que foi o lugar de formação acadêmica de José de Oliveira Reis. Uma interlocução-construção (realizada também por muitos outros engenheiros, inclusive antes de José de Oliveira Reis) iniciada nos Departamentos ou Diretorias de Obras Públicas e Viação, passando pelas Comissões de Planos das Cidades, Departamentos de Urbanismo, até culminar nas Secretarias ou Coordenadorias de Planejamento (ou outras possíveis identificações que receberam) das municipalidades.

Esta mesma particularidade, a do lugar de formação profissional-acadêmica de José de Oliveira Reis, orientou a necessária compreensão da sua formação como urbanista no próprio processo de formação-institucionalização do urbanismo no Brasil. No seu caso, disciplinas e estudos urbanísticos não estavam presentes no curso de engenheira realizado na Escola Politécnica do Rio de Janeiro. O urbanista José de Oliveira Reis formou-se na institucionalização do urbanismo nas administrações municipais brasileiras. José de Oliveira Reis, engenheiro-urbanista, é uma importante representação do processo de construção do urbanismo pelas interlocuções entre os profissionais provenientes da formação em engenharia. No seu caso, do urbanismo na cidade do Rio de Janeiro.

Como engenheiro da Prefeitura do Rio de Janeiro a partir de 1933 e até 1965-66, quando se aposentou na categoria de engenheiro do Estado da Guanabara, sua atuação no setor de urbanismo foi centrada nas discussões e realizações para os mais diversos problemas urbanos, particularmente da circulação nas cidades. E mais ainda, uma atuação fundamental nos debates profissionais sobre a criação dos lugares institucionais responsáveis por este setor na cidade do Rio de Janeiro: especialmente a Comissão do Plano da Cidade do Rio de Janeiro e o Departamento de Urbanismo da Prefeitura do Distrito Federal.

Partindo agora para uma breve explanação sobre a construção do próprio processo do que foi a pesquisa realizada sobre a atuação de José de Oliveira Reis, é importante afirmar que este livro não tem a pretensão de ser um livro de história da cidade do Rio de Janeiro. O objetivo maior está na história da construção do pensamento urbanístico no Brasil, mediante análise do percurso profissional de um engenheiro que atuou profissionalmente no Rio de Janeiro. Orientação que implicou na compreensão e trato particularizado do próprio escopo documental.

Por não ser um livro de história da cidade, no caso, do Rio de Janeiro, não foram considerados no conjunto documental trabalhado os jornais impressos que circulavam nas décadas de atuação profissional do engenheiro. Uma exclusão (prefiro "recorte") inerente ao próprio processo de estruturação da pesquisa, que muito provavelmente "apagou" algum tipo de análise que o engenheiro José de Oliveira Reis tenha realizado na imprensa escrita sobre o Rio de Janeiro. Talvez até, alguma análise sobre questões mais próximas do debate urbanístico, mas ainda assim, uma deliberação metodológica que reconhece seus limites e interesses.

E foi este recorte que permitiu iniciar a estruturação da pesquisa mediante articulação entre séries documental-temáticas, instituídas *a posteriori* ao trabalho de catalogação e análise do principal conjunto de documentos: arquivo pessoal do engenheiro José de Oliveira Reis que integra os fundos documentais do Arquivo Geral da Cidade do Rio de Janeiro. Percurso marcado por uma especificidade: recusar qualquer chave explicativa que antecedesse o movimento pelo escopo documental, que foi todo organizado pelo próprio José de Oliveira Reis – pois doado em vida por ele; o que implicou aceitar as exclusões realizadas pelo próprio engenheiro antes da doação. Condição que orientou o seguinte procedimento metodológico: não entrar nos documentos do engenheiro com estruturas, conjunturas, concepções, procedimentos e filiações predeterminadas de interpretação.[1]

---

[1] Esta estrutural opção metodológica surgiu de uma conversa com Heliana Angotti (autora de estudo fundamental sobre o engenheiro Aarão Reis) durante o Primeiro Congresso

Este procedimento justificou-se pelos riscos do engessamento dos vestígios documentais organizados por José de Oliveira Reis, e que se assim não fosse, muito provavelmente, impossibilitaria a (des)construção da narrativa interessada que este arquivo poderia (e pode) produzir. Foi preciso discernimento para compreender e questionar os prováveis interesses da pessoa José de Oliveira Reis ao selecionar, incluir e excluir vestígios sobre as atividades do engenheiro José de Oliveira Reis.

Três perguntas sobre este procedimento metodológico: é possível separar a vida de uma pessoa em duas "partes", uma pessoal outra profissional? No caso de adotar a separação, a noção de "trajetória profissional", comumente associada ao trabalho profissional, estaria obrigatoriamente desvinculada da "biografia" da pessoa? Para evitar a separação, até porque é a mesma pessoa, não seria oportuno pensar em uma "biografia profissional"? – assumindo até mais pragmaticamente como "estudo da vida profissional"? O título do livro indica a opção pela "biografia profissional", inclusive em oposição ao título utilizado na tese de doutorado – algumas considerações sobre trajetória-biografia estão no posfácio deste livro.

Portanto, e diante destas três "perguntas-considerações", qualquer chave explicativa *a priori* tornar-se-ia insensível aos mínimos movimentos que o ato consciente de organização do seu próprio arquivo permitiu e permite perceber. Da mesma forma, poderia dificultar movimentos necessários à compreensão da lógica documental existente, ou seja, dos vestígios da atuação profissional do engenheiro-urbanista José de Oliveira Reis.

Os documentos: origens institucionais e particularidades

Antes de retomar a construção do próprio processo do que foi a pesquisa, é importante apresentar brevemente a localização espacial e algumas características de todo o conjunto documental catalogado, mesmo que o interesse maior no livro seja pela documentação sobre sua atuação na administração municipal do Rio de Janeiro. Da mesma forma, esclarecer que o conjunto total dos documentos que foram trabalhados para o texto

---

de História Urbana realizado em Agudos/SP no ano de 2004.

da tese de doutorado não estão localizados numa única instituição, e mais ainda, não estão todos eles apenas no Rio de Janeiro.

O primeiro e principal conjunto documental pertence ao Arquivo Geral da Cidade do Rio de Janeiro. Nesse arquivo os documentos estão organizados em três fundos distintos: manuscritos, biblioteca e iconográfico, que em suas especificidades produzem, talvez, categorias temáticas internas e inter-relacionadas. O fundo "manuscrito" é o mais importante para a narrativa construída neste livro, incluindo aqui documentos do fundo "biblioteca". Entre os fundos, sobretudo o "manuscrito" foi claramente pensado pelo eixo temático da administração pública, no caso, a prefeitura do Rio de Janeiro, lugar em que atuou como funcionário público: documentos institucionais, comissões de transporte, projeto do metropolitano, planos viários, livros sobre a história da cidade, documentos das administrações municipais, informações sobre a Comissão do Plano da Cidade, entre outros.

Na inter-relação entre os dois primeiros fundos estão documentos sobre trabalhos desenvolvidos pelo engenheiro em momentos caracterizados por deslocamentos espaciais, como que "saídas estratégicas" do setor de urbanismo municipal para desenvolver trabalhos em outros lugares institucionais: principalmente o conjunto documental do Consórcio Técnico de Planejamento (COTEPLA), os convites e organogramas dos cursos ministrados de especialização em Engenharia de Tráfego, a tese de 1950, "Transportes Coletivos: Transportes Rápido-Metropolitano", para o concurso de Docente Livre da cadeira de urbanismo–arquitetura paizagística (sic) da Faculdade Nacional de Arquitetura, e o livro sobre a Comissão de Localização e Sub-comissão de Planejamento Urbanístico de Vera Cruz.

Existe também um documento importante, que caracteriza de certa forma outro deslocamento de José de Oliveira Reis: a *Apostila do Curso de Urbanismo da Faculdade Nacional de Arquitetura*, intitulada "Notas sobre Administração Municipal e Serviços de Utilidade Pública". No entanto, nessa apostila consta identificação do ano de 1965, que é o ano de fechamento do recorte temporal do livro, momento da aposentadoria do engenheiro do serviço público municipal, no caso já Estado da Guanabara; porém, como melhor explicado na sequência desta introdução, a apostila integra o escopo diretamente trabalhado no livro. A mesma incorporação no livro ocorre com o texto da tese "Transportes Coletivos: Transportes Rápido – Metropolitano", sobretudo porque num momento importante de interlocução com outro profissional fundamental para o debate urbanístico no Rio de Janeiro: Alberto Szilard.

Como o recorte espacial da atuação do engenheiro José de Oliveira Reis para este livro foi definido pelo Rio de Janeiro, e principalmente o "recorte institucional" pela atuação na administração municipal, aqueles deslocamentos institucionais e espaciais não foram incorporados no texto, permanecendo assim restritos à tese de doutorado. Eventualmente, e se necessário, serão relacionados ao texto do livro para qualificar a narrativa. Difere um pouco mais desta opção, o texto da apostila "Notas sobre Administração Municipal e Serviços de Utilidade Pública" do Curso de Urbanismo da Faculdade Nacional de Arquitetura, que por dois está mais detalhadamente trabalhado: 1. a data que consta na apostila, 1965, como informado, é a mesma que fecha o recorte temporal desta biografia profissional; 2. nesta apostila constam questões fundamentais ao processo de construção do pensamento urbanístico de José de Oliveira Reis, permitindo inclusive retomar com ela os diálogos com outro importante engenheiro: Armando de Godoy – diálogos que inclusive abrem o primeiro capítulo do livro.

Por fim, o terceiro fundo foi totalmente organizado a partir de documentos iconográficos, praticamente todo ele fotográfico. São os registros que José de Oliveira Reis captou pelos vários países que esteve durante sua vida profissional. Outro grupo de registros fotográficos deste fundo, de importância qualitativa e quantitativa, foi totalmente dedicado ao Rio de Janeiro. Este fundo não foi incorporado na tese de doutorado, e também não integra este livro. Especificidades metodológicas e conceituais necessárias aos trabalhos em história visual justificaram a exclusão deste escopo documental da tese e, portanto, do livro.

O segundo conjunto documental já não integra os fundos do Arquivo Geral da Cidade do Rio de Janeiro: são os livros que compunham a biblioteca pessoal do engenheiro José de Oliveira Reis e atualmente integram o acervo da Biblioteca do Instituto de Pesquisa em Planejamento Urbano e

Regional da Universidade Federal do Rio de Janeiro. Esta série, especificamente classificada pelas datas de aquisição pelo engenheiro – que assinou e datou praticamente todos os documentos de sua autoria e propriedade –, demonstra como os livros estão associados aos deslocamentos espaciais que José de Oliveira Reis realizou nos períodos em que esteve afastado do setor de urbanismo da Prefeitura do Rio de Janeiro.

O terceiro conjunto de documentos também pertenceu ao arquivo pessoal do engenheiro, no entanto, não está resguardado na cidade do Rio de Janeiro: são os documentos do Plano Diretor de Ribeirão Preto desenvolvido em 1945. Este conjunto está atualmente no fundo José de Oliveira Reis do Arquivo Público e Histórico de Ribeirão Preto, sua cidade natal. No seu conjunto contém o próprio plano de 1945, cartas, fotografias, croquis das propostas de intervenção e o texto manuscrito da conferência "Urbanismo e sua Influência no Município", que foi realizada por José de Oliveira Reis em 1955.

Ainda que conceitualmente desvinculados dos documentos de sua inserção profissional na administração municipal do Rio de Janeiro, este conjunto foi fundamental para aprofundar a compreensão do processo de construção do seu pensamento urbanístico. Entre os documentos deste fundo, principalmente o texto da conferência "Urbanismo e sua Influência no Município" é base estrutural para compreender suas interlocuções profissionais e seus contínuos movimentos intelectuais. E mais, neste texto estão explicitadas questões fundamentais que permitem abordar sua profícua articulação ao debate urbanístico no contexto municipalista pós-1946, depois da criação da Associação Brasileira de Municípios e dos Congressos Nacionais de Municípios Brasileiros em 1950 e, por fim, do Instituto Brasileiro de Administração Municipal em 1952.

Um conjunto de documentos que respaldou a necessária compreensão relacional de dois eventos, quais sejam, o Plano Diretor de 1945 e a Conferência em 1955. Documentos que se completam e complementam e, que, mesmo espacialmente distantes dos documentos que integram as séries documentais dos arquivos no Rio de Janeiro, são fundamentais à compreensão da atuação profissional de José de Oliveira Reis.

Uma categoria conceitual: engenharia, "lugar profissional"

Se até aqui estão mapeados espacial e institucionalmente os conjuntos documentais que têm na pessoa do engenheiro José de Oliveira Reis o eixo central das informações, quando não o próprio organizador das informações, outro conjunto foi integralmente delineado e trabalhado no próprio processo da pesquisa. Por este eixo foi possível conceber uma categoria conceitual associada à área de formação de José de Oliveira Reis, a engenharia, com a construção e institucionalização do urbanismo no Brasil: a engenharia está neste livro – como esteve na tese de doutorado – conceitualmente denominada de "lugar profissional"; mesma denominação que será utilizada para a arquitetura.

Lugares profissionais identificados com a origem da formação acadêmica, por onde as bases gerais da atuação profissional estiveram (estarão) sempre associadas, ainda que ao longo da vida profissional novos caminhos e concepções sejam absorvidos e desenvolvidos[2] nos mais diversos processos de interlocução profissional. No caso de José de Oliveira Reis, uma interlocução profissional construída em artigos/livros que escreveu e trabalhos que realizou ao longo das décadas de 1930, 1940, 1950 e 1960, cotejados com a produção de artigos, livros, planos urbanísticos, entre outros trabalhos, elaborados por outros profissionais brasileiros e estrangeiros durante as mesmas décadas, a grande maioria publicados em revistas especializadas.

Neste ponto, a explicitação de uma cautela: distância absoluta de qualquer pretensão na catalogação e análise totalizadoras, mediante levantamento de todos os textos e planos possíveis. Novamente quem ofereceu o argumento para mapear tal conjunto documental foi José de Oliveira Reis, pelas referências editoriais de publicação dos seus próprios textos em revistas, entre elas, a Revista da Diretoria de Engenharia, a Revista Municipal de Engenharia, Revista de Administração Municipal, Revista Brasileira de Engenharia.

---

2   A discussão mais detalhada sobre o papel do lugar profissional da engenharia e o lugar profissional da arquitetura moderna na construção e legitimação do urbanismo no Brasil está presente ao longo do texto, especialmente nos capítulos 1 e 3.

O biografado: do campo bibliográfico para o campo documental

Foram esses movimentos institucionais e espaciais que geraram as respostas para a definição do contexto da biografia profissional de José de Oliveira Reis após questioná-lo, perguntar-lhe sobre qual seria este contexto, ou ainda, em qual contexto ele permitiria realizar a escrita desta biografia profissional. Essas perguntas, esses questionamentos, são, portanto, não só oportunos, mas peremptoriamente prazerosos, pois fundamenta o que Vavy Pacheco Borges chama de "encanto radical" entre o historiador e o seu indivíduo-objeto. E por um motivo substancial: a reposta quem deve encontrar (construir) é o historiador, num movimento aparentemente estranho, pois o historiador deve fazer a pergunta, mas deve também encontrar (construir) a resposta.

Entretanto, como é possível o indivíduo-objeto oferecer uma resposta, e, mais ainda, onde pode estar a pergunta e ao mesmo tempo a resposta? Eu diria: *pelo* e *no* documento que conforma o seu arquivo. O indivíduo-objeto responde *pelo* documento, a pergunta e a resposta estão *no* documento, desfazendo assim o aparente estranhamento. Todavia, um cuidado é também oportuno no diálogo com as fontes documentais: elas podem promover uma falsa ilusão da verdade absoluta para as respostas advindas das perguntas realizadas, assim como para respostas totalizadoras. E o perigo está sempre muito próximo.

Direcionando agora o eixo da análise (até aqui centrado nos documentos) para focalizar o indivíduo-objeto, é importante esclarecer sobre a necessidade de dialogar não só com os documentos e, a partir deles, construir perguntas e respostas. Foi preciso realizar uma operação que instituiu, delimitou e, mais ainda, evidenciou que em poder desse indivíduo-objeto existiam sim documentos. Da mesma forma, operar uma transposição, uma mudança de lugar, ou mais precisamente, uma mudança de categoria, transportando-os do campo da "bibliografia" para o campo do "documento".

Uma operação aparentemente simples, mas que conceitualmente resultou na possibilidade de perguntar ao indivíduo-objeto sobre o contexto em que pretendia (ou aceitaria) a escrita da sua biografia profissional.

Resultou também na possibilidade de questionar sua atuação no setor de urbanismo da prefeitura do Distrito Federal, na possibilidade de problematizar suas afirmações, ações e concepções. Opção metodológica distinta de grande parte dos estudos em história urbana e do urbanismo sobre o Rio de Janeiro, que trabalham a produção do engenheiro José de Oliveira Reis como "referência bibliográfica", particularmente a produção por ele desenvolvida depois de 1965 – basicamente livros e artigos sobre história urbanística e administrativa municipal do Rio de Janeiro. Neste livro e, portanto, na tese de doutorado desenvolvida sobre José de Oliveira Reis, essa produção posterior ao ano de 1965 recebeu como proposta de categorização a denominação de "historiógrafo das administrações municipais" do Rio de Janeiro.

A articulação entre esse contexto e o escopo documental foi fundamental para empreender uma interpretação da vida profissional de José de Oliveira Reis "por dentro" da estrutura administrativa municipal. Uma interpretação pelos processos administrativos de construção do setor de urbanismo no Rio de Janeiro, assim como dos instrumentos, planos viários, decretos, planos urbanísticos e leis que estiveram associados a essa construção.

Séries documental-temáticas: uma lógica interna aos documentos

Findada a compreensão de todo o conjunto documental, suas especificidades e localizações, iniciou-se a estruturação da pesquisa propriamente dita mediante articulação entre séries documental-temáticas instituídas, estas sim, *a posteriori* ao percurso pelos documentos. Neste percurso está delineado o processo inicial de construção da narrativa, que é a escrita da biografia profissional do engenheiro José de Oliveira Reis. Entre a imersão nos documentos existentes – destituída de pré-concepções ou chaves interpretativas acabadas – e a escrita, instituiu-se uma ordem serial-documental inerente ao processo de construção do objeto.

Foram organizadas quatro séries documental-temáticas: *Administrativa, Engenheiro-Urbanista, Pensamento Urbanístico* e *Municipalismo*. No conjunto, esta ordem serial-documental delineou um campo circunscrito de interpretação definido pela pergunta inicialmente elaborada: o que foi (é) o Urbanismo no Brasil na interlocução do engenheiro José de Oliveira Reis? E ainda que neste livro o eixo central e estrutural da análise esteja delimitado pela atuação profissional no serviço público do Rio de Janeiro, a articulação entre todas as séries continua fundamental para a própria escrita e argumentação. Articulação que fundamenta a principal interpretação da vida profissional como engenheiro-urbanista de José de Oliveira Reis: engenheiro de formação, o urbanista se forma no processo de construção do urbanismo como campo de atuação profissional, e de institucionalização nas administrações municipais brasileiras.

A primeira séria documental tem como matriz geradora o acervo de José de Oliveira Reis depositado no Arquivo Geral da Cidade do Rio de Janeiro. Foi denominada de *Série Administrativa*. São os documentos que informam sobre o cotidiano das administrações municipais no Rio de Janeiro: cartas, ofícios, documentos sobre a estrutura municipal criada para o trabalho urbanístico, pareceres, algumas legislações urbanísticas como o Decreto 6.000; portanto, o cotidiano profissional do engenheiro José de Oliveira Reis, seus interlocutores e trabalhos realizados. Uma série cujo arco temporal abarca as décadas de 1930/40/50/60.

A segunda série documental também tem o acervo do Arquivo Geral da Cidade, mas não só, como matriz geradora. Denominada de *Série Engenheiro-Urbanista*, foi organizada em duas subséries. Uma congrega os trabalhos que realizou durante os vários deslocamentos espaciais que marcaram sua vida profissional – a Comissão de Obras Novas de Abastecimento de Águas de São Paulo, Plano Diretor de Ribeirão Preto, Plano Urbanístico de Vera Cruz, Plano Urbano da Base Naval de Aratu, Comissões Técnicas no Clube de Engenharia. A outra congrega os trabalhos relacionados à construção do seu pensamento urbanístico – os vários artigos sobre sistema viário, sistema hidrológico, urbanismo e planejamento urbano, sua biblioteca sobre urbanismo e planejamento urbano, patrimônio, engenharia de tráfego, administrações municipais, aulas, conferências, congressos e viagens.

As duas subséries não foram, entretanto, pensadas isoladamente, pois circunscrita à mesma pessoa, ao mesmo profissional, cujos deslocamentos espaciais geraram, e foram gerados, numa relação de reciprocidade, na/pela construção do seu pensamento urbanístico. A estrutura da *Série Engenheiro-Urbanista* foi construída, além da pesquisa no Arquivo Geral da Cidade, pelo levantamento na Biblioteca do Clube de Engenharia do Rio de Janeiro, Arquivo Público e Histórico de Ribeirão Preto, Arquivo do Estado de São Paulo, Biblioteca da Faculdade de Arquitetura e Urbanismo da Universidade de São Paulo e Biblioteca do Instituto Brasileiro de Administração Municipal.

A terceira foi identificada como *Série Pensamento Urbanístico*. Por ela se construiu o que foi denominado de contexto profissional da engenharia e do urbanismo no Brasil; o lugar profissional da engenharia na construção do urbanismo: artigos publicados em revistas e livros sobre urbanismo, planejamento urbano, ensino do urbanismo, comissões de planos, seus interlocutores, tais com Armando de Godoy e Anhaia Mello no Brasil, Gaston Bardet, Thomas Adams e Alfred Agache de outros países, planos urbanísticos como o Plano de Avenidas para São Paulo, Plano Agache para o Rio de Janeiro, Economia-Humanismo e a Sociedade de Análises Gráficas e Mecanográficas Aplicadas aos Complexos Sociais – SAGMACS. Série construída a partir de um longo percurso de levantamento de textos nas principais entidades relacionadas aos debates urbanísticos brasileiros ao longo do século XX: Biblioteca do Clube de Engenharia do Rio de Janeiro, Bibliotecas da Escola Politécnica e Faculdade de Arquitetura e Urbanismo da Universidade de São Paulo, Biblioteca do Instituto Brasileiro de Administração Municipal, Biblioteca da Faculdade de Arquitetura e Urbanismo da Universidade Federal do Rio de Janeiro.

Por fim, uma série muito particular e que perpassa todas as outras, pois articula os trabalhos do engenheiro-urbanista José de Oliveira Reis, o contexto profissional da engenharia e urbanismo no Brasil e as próprias discussões sobre o urbanismo e as administrações municipais com o desfecho do Estado Novo: *Série Municipalismo*. Esta série apresenta uma relação fundamental com o movimento profissional do engenheiro José de Oliveira Reis, pois associada à consolidação do seu pensamento urbanístico. Sua aproximação com as problemáticas municipais, com a Associação

Brasileira de Planejamento, com a Associação Brasileira dos Municípios e com o próprio Movimento Municipalista são profícuos nesse sentido, especialmente a partir do I Congresso Nacional de Municípios Brasileiros em 1950, e sua análise apresentada na palestra realizada em Ribeirão Preto no ano de 1955.

O livro e sua organização

E foi justamente no trânsito pelas séries, assim como, na relação entre elas – *Administrativa, Engenheiro-Urbanista, Pensamento Urbanístico* e *Municipalismo* –, desde a compreensão sobre as características de cada novo documento e sua inserção a uma determinada série, que a estratégia de estruturação da narrativa foi definida. O texto foi construído mediante os estranhamentos que cada documento gerou em relação ao documento anterior, ao documento posterior, ao conjunto de sua série documental e das outras séries, sempre pautada pela lógica relacional de análise.

Nesse sentido, as perguntas e interpretações que ao longo da narrativa foram realizadas estão intimamente relacionadas às problemáticas geradas pelos documentos, pelos eventos, pelas respostas que o interlocutor (o indivíduo-objeto) produziu a cada nova indagação. Movimento que descolou a narrativa da temporalidade cronológica, da temporalidade do vivido em sua linearidade cotidiana para o campo da construção histórica, instituída na relação entre os vestígios e aquela pergunta inicial que orientou a interpretação desses mesmos vestígios.

A resultante estrutural do trabalho, após todo esse movimento pelos documentos e séries temáticas, está na organização do texto em quatro capítulos. Cada capítulo está organizado em dois tópicos que conformam em seu conjunto uma estrutura narrativa que acompanha o complexo processo de institucionalização do urbanismo na Prefeitura do Distrito Federal. No contexto deste complexo processo, portanto, cabe analisar a atuação profissional do engenheiro-urbanista José de Oliveira Reis desde suas posições no debate urbanístico municipal e nacional, quiçá internacional, suas deliberações e movimentos como representante maior dos setores públicos de urbanismo do Rio de Janeiro, entre outras realizações.

É importante também esclarecer que na organização do livro o segundo tópico de cada capítulo está diretamente relacionado com o primeiro tópico do capítulo seguinte, criando um elo de articulação da narrativa toda. Portanto, uma narrativa que se pretende "circular" em alguns momentos, recuperando eventos que ocorreram em períodos distintos da vida profissional do engenheiro, mas que amplificam o processo interpretativo: um procedimento de escrita caracterizado pelo já referido processo relacional de argumentação. O que se espera é a efetiva compreensão, por parte do leitor, deste movimento da narrativa.

Escapa um pouco a essa lógica organizacional dos capítulos e seus tópicos, inclusive intencionalmente, o primeiro tópico do primeiro capítulo denominado "O historiógrafo entre leituras e diálogos: o lugar profissional da engenharia na institucionalização do urbanismo".[3] É perceptível também que o recorte temporal deste tópico entre 1965-1992 está (supostamente) todo desvinculado do restante desta biografia profissional.

Um primeiro aspecto a ressaltar aqui é o interesse em "amarrar" a entrada da narrativa com o tópico que fecha o livro, recuperando a interlocução de José de Oliveira Reis na construção do seu pensamento urbanístico com o debate profissional. Uma recuperação que não é aleatória, mas que está informada no próprio escopo documental, no caso a "Apostila do Curso de Urbanismo da Faculdade Nacional de Arquitetura", datada de 1965.

O segundo aspecto a ressaltar passa pela compreensão da atemporalidade deste mesmo debate profissional sobre a construção e institucionalização do urbanismo no Brasil. A ideia de atemporalidade pretendida

---

3   Por praticamente outras três décadas a partir de 1965 e até 1992, José de Oliveira Reis desenvolveu um trabalho de pesquisa e escrita sobre a história urbanística e administrativa do Distrito Federal e do Estado da Guanabara. Um trabalho certamente delineado no campo da *autobiografia profissional*, mesmo que implicitamente e com raríssimas enunciações sobre si na parte dos estudos sobre as administrações municipais do Rio de Janeiro entre 1933 e 1966 (a partir de 1960, com a mudança do Distrito Federal, na atuação como funcionário do Estado da Guanabara). Trabalho construído mediante recortes interessados de construção histórica que definimos como *Historiógrafo*.

procura escapar à linearidade biológica da escrita, localizando o debate numa temporalidade que é histórica, como processo, e que, portanto, é parte da própria escrita. Não se pode, portanto, desconsiderar que neste processo histórico existam contradições, mudanças e amplificações do próprio pensamento urbanístico deste profissional, inclusive como parte das mesmas lógicas do contexto profissional e institucional de suas inserções. Nesse sentido, é esta atemporalidade que permite (ou propicia) iniciar neste livro a narrativa com o diálogo entre José de Oliveira Reis e Armando de Godoy, reconhecendo que são diálogos atemporais, ou, talvez, em temporalidades dissonantes, mas que, quando cotejados, explicitam a possibilidade historiográfica de realizar a interlocução entre ambos.

Portanto, não é uma ausência de temporalidade, mas a construção de uma temporalidade que pretende escapar aos "linearismos narrativos". Ao leitor, cabe a crítica sobre esta operação. Desta forma, iniciar a narrativa com aquela atuação profissional de José de Oliveira Reis proposta como "Historiógrafo do Rio de Janeiro", que é posterior à sua inserção e atuação profissional na administração municipal entre 1933 e 1965-66. Inclusive, pois, nesta temporalidade construída, foi possível perceber importantes movimentos do próprio engenheiro, do seu pensamento urbanístico. Perceber e iluminar deslocamentos conceituais e profissionais que acompanharam sua vida profissional, assim como, e fundamentalmente, como o lugar profissional da engenharia esteve para ele na crista do processo de construção e institucionalização do urbanismo. Um processo que não é oposto ou a negação daquele que passou pela relação de Le Corbusier com o Brasil, culminando na elaboração do Plano Piloto de Brasília, mas que neste livro estão conceitualmente desenvolvidos como distintos, com pressupostos e encaminhamentos contidos de particularidades, construindo genealogias distintas do urbanismo no Brasil.

Administração municipal: um percurso profissional

Por fim, deve-se salientar que independentemente do capítulo do livro, se o primeiro, terceiro ou quarto, um eixo de interpretação perpassa todo o texto: os trabalhos relacionados ao percurso profissional de José de Oliveira Reis na administração municipal. Ele está definido pelo interesse em compreender o processo de institucionalização do urbanismo nas administrações municipais e a própria prática do urbanismo. O que em si define um caminho interpretativo que não tem na depuração dos planos urbanísticos, dos desenhos, das soluções adotadas, o foco central de análise.

Este eixo interpretativo passa fundamentalmente pela análise dos processos administrativos de construção e institucionalização do urbanismo nas prefeituras. São os decretos, as leis, e o que resulta (e ao mesmo tempo é produtor) desses instrumentos jurídicos e administrativos, ou seja, as Diretorias de Obras, as Comissões de Plano da Cidade, os Departamentos de Urbanismo, as Superintendência de Urbanização, entre outras. E mais ainda, o que esses mesmos decretos e leis conferem a cada um dos lugares institucionais de prática do urbanismo, especialmente as estruturas organizacionais desses lugares e suas funções no exercício cotidiano do urbanismo, a prática em si.

Um eixo que permite afirmar, por exemplo, que a instituição jurídico-administrativa da Comissão do Plano da Cidade do Rio de Janeiro em 1937 não foi um ato isolado e desvinculado de todo um processo de discussão anterior sobre os problemas urbanos do Rio de Janeiro. Assim como este mesmo processo relacional foi o que produziu o Departamento de Urbanismo, a partir da referida Comissão, ao qual estavam vinculados vários profissionais, muitos atuantes nas comissões anteriores à de 1937.

Entender esta lógica pela interlocução de José de Oliveira Reis, pelo que é possível construir dela, mediante análise dos vestígios da sua presença profissional neste longo processo, está na base da pergunta central do estudo. José de Oliveira Reis ocupou por vários anos seguidos, ou intercalados com Eduardo Affonso Reidy (este vinculado ao lugar profissional da arquitetura moderna), o cargo diretivo do setor de urbanismo no Rio de Janeiro. Ele esteve no centro institucional e profissional das discussões que produziram os decretos e as leis que institucionalizaram o urbanismo no Rio de Janeiro.

Os documentos de toda sua vida profissional que hoje integram o Arquivo Geral da Cidade do Rio de Janeiro, especialmente os que trazem informações das administrações que serviu, explicitam a preocupação de um profissional com esta institucionalização. A preocupação de um profissional que acreditava na instrumentalização das administrações municipais, para efetivamente praticarem aquilo para o qual dedicou sua vida como funcionário público: o urbanismo. José de Oliveira Reis foi um profissional formado institucionalmente no século XX como engenheiro geógrafo e civil, e que se formou urbanista no exercício cotidiano das atividades administrativas públicas. Portanto, um urbanista em contínua construção. Um engenheiro-urbanista.

Para encerrar esta (longa, mas necessária) introdução, convém retomar a pergunta central: o que (foi) é o Urbanismo no Brasil na interlocução do engenheiro José de Oliveira Reis? No seu caso particular, o urbanismo no Rio de Janeiro, como proposto no recorte espacial de sua atuação profissional. Oferecemos uma interpretação, a que está delineada neste livro. Com absoluta certeza, não é a única possível.

Madri, fevereiro 2012

CAPÍTULO 1

O *historiógrafo* entre leituras e diálogos: o lugar profissional da engenharia na institucionalização do urbanismo

Antônio Prado Júnior, paulista, oriundo de tradicional família [...] foi o Prefeito do Distrito Federal escolhido pelo Presidente Washington Luis Pereira de Sousa. Homem viajado, de bom gosto, prestigiado pelo Presidente, pode realizar uma Administração dotada de bom senso e dinamismo.

Uma de suas mais notáveis iniciativas foi a de entregar a Alfred Agache, o estudo do primeiro plano de Remodelação, Extensão e Embelezamento da Cidade, obra de um grupo de técnicos estrangeiros especializados. Desse esforço resultou o Plano Agache, cuja projeção e importância até hoje são reconhecidos. O livro, dele resultante, representou o primeiro estudo sério dos problemas urbanísticos da cidade, visando a orientar seu crescimento normal, sistematizando sua expansão natural, metodizando sua vida coletiva e organizando-a administrativamente para atender suas necessidades futuras.

Efeito importante do Plano Agache foi o de alertar os engenheiros e arquitetos municipais e despertar interesse nos meios profissionais pelas questões de urbanismo, alargando-lhes a visão para além dos limites dos problemas de ordem local e atraindo para os mesmos a atenção dos munícipes.[1]

---

1 REIS, José de Oliveira. "As administrações municipais e o desenvolvimento urbano". In: *Rio de Janeiro em seus Quatrocentos Anos*. Prefeitura Municipal do Rio de Janeiro, 1965: 125-160. Observação: todos os documentos transcritos foram mantidos em sua grafia original.

José de Oliveira Reis realizou esta análise sobre a contratação e a importância do urbanista Alfred Agache no ano de 1965. Foi o primeiro estudo de um conjunto de outros trabalhos desenvolvidos até a última década do século XX. Em "As Administrações Municipais e o Desenvolvimento Urbano" iniciou um percurso profissional particularizado pelo interesse em compreender e relatar as principais atividades dos prefeitos que governaram o Rio de Janeiro. Orientado pelo interesse geral da "evolução urbanística da cidade", seu estudo articulou as administrações municipais e suas realizações para o que ele mesmo denominou de "desenvolvimento urbano" da cidade do Rio de Janeiro.

Estudos sobre administração municipal e urbanismo perfizeram a estrutura de uma etapa de sua vida profissional que não está contemplada no recorte temporal adotado (1933-1965/66) neste livro, pois uma atividade desenvolvida depois da sua aposentadoria como Engenheiro do Estado da Guanabara. Atividade aqui denominada de *historiógrafo* do município do Rio de Janeiro, e que foi desenvolvida ao longo de aproximadamente três décadas, entre 1965 e 1994. Todavia, uma atividade incorporada nesta parte inicial deste livro por fundamentar o argumento sobre sua compreensão em relação ao processo de institucionalização do urbanismo no Brasil, particularmente no Rio de Janeiro, em seu diálogo com o engenheiro Armando de Godoy, seja como leitor ou interlocutor.

Nesse primeiro estudo enunciou claramente o que considerou importante sobre as realizações do prefeito Antônio Prado Junior no âmbito das questões urbanísticas: o "efeito importante do Plano Agache foi o de alertar os engenheiros e arquitetos municipais e despertar interesse nos meios profissionais pelas questões de urbanismo" (REIS, 1965: 145).

Mais precisamente, uma ação do Prefeito Antônio Prado Junior – a realização é o próprio ato da contratação – que foi, segundo seu argumento, fundamental para a construção e institucionalização do urbanismo no Brasil, em especial no Rio de Janeiro. Foi também fundamental para despertar seu próprio interesse "pelas questões de urbanismo"? Ou, por outro lado, esse interesse já existia? E mais ainda, um interesse que se instituiria apenas posteriormente aos anos de realização dos trabalhos pelo urbanista francês Alfred Agache?

Uma resposta sobre o próprio engenheiro José de Oliveira Reis e seu interesse pelas questões de urbanismo não passa, ou não encerra, isoladamente nenhuma das perguntas. Passa pelo que será fundamental na construção da sua biografia profissional como engenheiro e funcionário público municipal absolutamente interessado nas questões de urbanismo: o processo relacional de interlocução profissional na construção do urbanismo no Brasil, em especial, o urbanismo constituído pela matriz do lugar profissional da engenharia brasileira. Neste processo, os lugares institucionais de atuação profissional do engenheiro José de Oliveira Reis são categorias imprescindíveis de análise, pois são os lugares em que se produziu a institucionalização do urbanismo: as Diretorias de Obras Públicas, as Comissões de Plano da Cidade, os Departamentos de Urbanismo, entre outras.

Para compreender aquela primeira análise estruturada na administração municipal e urbanismo – entre outras análises que José de Oliveira Reis elaborou –, no caso, sobre o processo de contratação e interlocução entre Alfred Agache e os engenheiros do Rio de Janeiro, principalmente Armando de Godoy, é preciso reforçar o lugar temporal-profissional da sua fala. Esta não ocorre, como mencionado, contemporaneamente à passagem de Alfred Agache pelo Brasil para elaboração do plano para o Rio de Janeiro, entre 1927 e 1930.

O lugar *profissional do historiógrafo* se configurou institucionalmente a partir do seu desligamento jurídico do setor de urbanismo do Rio de Janeiro, ou seja, sua aposentadoria como engenheiro do Estado da Guanabara.[2] Não são, no entanto, realizações que devam ser compreendidas distintamente,

---

2 Mesmo juridicamente aposentado, José de Oliveira Reis ocupou ainda os seguintes cargos na administração pública do Rio de Janeiro: [1966-1970] Primeiro Administrador do Bairro de Santa Teresa (XXIII R.A.); [1970-1971] Coordenador Geral das Administrações Regionais da Secretaria de Governo da Administração Negrão de Lima do Estado da Guanabara; [1972] Engenheiro da Secretaria de Planejamento e Coordenação Geral da Administração Chagas Freitas do Estado da Guanabara; [1978] Assessor da Secretaria de Planejamento e Coordenação Geral dos prefeitos Marcos Tamoyo, Israel Klabin, Julio Coutinho, Jamil Haddad, Marcello Alencar. Cargo ocupado até 1992.

isoladamente, pois perfazem o trabalho do mesmo profissional, do mesmo agente naquele processo relacional de interlocução profissional na construção do urbanismo no Brasil.

Não significa, nesse sentido, que, mesmo deslocado do seu tempo profissional como engenheiro-urbanista da Prefeitura do Rio de Janeiro, não corroborasse as opiniões favoráveis à contratação do urbanista francês pelo prefeito Antônio Prado Júnior. Da mesma forma, que não tenha se expressado anteriormente, ou seja, durante o tempo da sua atuação profissional na prefeitura do Rio de Janeiro; e que somente se expressaria a partir do estudo de 1965. Até porque, o artigo foi publicado neste ano, o que não deve fechar a possibilidade de localizar um início aos interesses e estudos sobre as administrações municipais muito anteriores à publicação do texto na coletânea "O Rio de Janeiro em seus Quatrocentos Anos".

No âmbito deste trabalho, a instituição-construção do texto "As administrações municipais e o desenvolvimento urbano" como origem da análise de José de Oliveira Reis sobre Alfred Agache e a importância do urbanismo para as municipalidades – e particularmente sobre o município do Rio de Janeiro – passa pelo próprio escopo documental. Nos documentos do acervo profissional de José de Oliveira Reis não existe nenhum vestígio de análise, opinião e consideração sobre o Plano Agache que seja anterior ao referido texto. Está, por isso, necessariamente vinculado à atividade profissional de *historiógrafo* das administrações municipais do Rio de Janeiro, iniciado no estudo "As Administrações Municipais e o Desenvolvimento Urbano", de 1965, cujo subtítulo é "O Rio e seus Prefeitos (1892 a 1960)".

Foi também no estudo iniciado em 1965 que o eixo da análise sobre as cidades, o urbanismo, os planos urbanos pautou-se pelas atividades de cada um dos prefeitos que administraram a cidade. E, sobretudo pela análise da importância e necessidade das atividades urbanísticas nas municipalidades, foi possível identificar uma dupla interlocução com aquele aqui considerado o principal responsável pela institucionalização inicial do urbanismo na administração municipal do Rio de Janeiro: o engenheiro Armando de Godoy.

O URBANISTA E O RIO DE JANEIRO   **33**

Na relação com Armando de Godoy, uma dupla interlocução, pois também construída historicamente no percurso da biografia profissional aqui desenvolvida, ao instituir um diálogo entre José de Oliveira Reis e Armando de Godoy sobre o lugar profissional da engenharia no processo de institucionalização do urbanismo no Brasil. Diálogos só tornados possíveis no contexto da escrita da biografia profissional do engenheiro José de Oliveira Reis, porque temporalmente deslocados um do outro.

Este aspecto produz a compreensão de uma primeira interlocução entre os dois engenheiros, qual seja, aquela em que José de Oliveira Reis é leitor de Armando de Godoy. Neste caso, uma interlocução não restrita ao tempo da escrita biográfica profissional de José de Oliveira Reis, mas exercida no tempo do vivido, do acontecido, da produção do documento, marcado pelos trabalhos realizados por ambos na prefeitura do Rio de Janeiro. Momento e movimento que definirão o que será enunciado no final como contingência de "uma origem" que instituiu o pensamento urbanístico do engenheiro José de Oliveira Reis.

Como a narrativa é sobre José de Oliveira Reis, a opção foi pelo percurso interessado ao seu processo de construção da história das administrações municipais, qual seja, aquele que analisa detidamente cada administrador público. No contexto deste percurso foi construída a segunda interlocução entre Armando de Godoy e José de Oliveira Reis, também estruturada pelo interesse no processo de institucionalização do urbanismo no Brasil: são os diálogos entre ambos.

Não é necessário recorrer exclusivamente às considerações realizadas por José de Oliveira Reis no estudo "As Administrações Municipais e o Desenvolvimento Urbano". É oportuno enveredar por outras análises sobre o mesmo prefeito – que em verdade são processos continuados de interpretação e documentação –, especialmente a que foi realizada a partir de 1977 na série "O Rio de Janeiro e seus Prefeitos", seu principal trabalho como *historiógrafo*:

> Antônio Prado Júnior, sem possuir qualquer título profissional, sem ser engenheiro, foi, entretanto um dos maiores prefeitos

da cidade do Rio de Janeiro, oriundo de tradicional família paulista, filho do velho e conceituado Conselheiro Antonio Prado era apenas dedicado à vida particular e social nos clubes esportivos de são Paulo. Homem viajado, de bom gosto, dinâmico, amigo pessoal do Presidente da República, este o foi buscar, como elemento de confiança, para dirigir os destinos da capital da república durante seu quadriênio. Foi uma feliz escolha, pois sem títulos e sem preconceitos técnicos, fez uma administração dotada de bom senso e com uma invulgar disposição para o trabalho. Prado Júnior, pela sua atuação não desmereceu a confiança nele depositada pelo Presidente da República, apesar das muitas restrições que, antecipadamente, os julgadores apressados faziam a seu respeito. Ao período mais ou menos tranqüilo, equilibrado da administração Alaor Prata, sucedeu a de outro prefeito de características dinâmicas, incansável trabalhador, revolvendo tudo, agitando problemas e deixando marcado, de modo indelével, a sua passagem pela prefeitura do Distrito Federal. Algumas de suas mais importantes iniciativas perduram até hoje, o que vem confirmar o acerto das mesmas. Por esse motivo a população carioca devota um carinho especial à memória de Prado Júnior, reconhecendo-o como um dos seus melhores prefeitos O Governo municipal não deixa de ser um reflexo do governo federal. A austeridade e seriedade do governo Washington Luis, reproduzia-se na administração da prefeitura, através da atuação do prefeito Prado Júnior, cuja personalidade marcante e austeridade no trato dos negócios publicados eram bem uma continuação do Presidente da república. Desse modo, pode-se caracterizar essa administração como severa, honesta, dinâmica e de resultados positivos para a cidade do Rio de Janeiro. É o que vamos ver, através da análise dos atos dela (REIS, 1977: 89).

E antes mesmo de saber o que José de Oliveira Reis considerou como atos dessa administração "honesta, dinâmica e de resultados", é preciso compreender como ele falou, já que o tempo da fala não só já foi explicitado anteriormente, como ele não ocorreu em um único momento.

A oportunidade de incorporar a análise realizada em 1977 no livro "O Rio de Janeiro e seus prefeitos" – evolução urbanística da cidade denota o interesse no processo relacional também presente em seu trabalho de *historiógrafo*. Se existe um estudo definido como matriz – aquele que foi publicado em 1965 – do trabalho de pesquisa histórica realizado por José de Oliveira Reis, ele só pode ser compreendido em seu conjunto, também processado em momentos diferentes e complementares, culminando na publicação em cinco volumes na série "O Rio de Janeiro e seus Prefeitos". Entre os estudos de 1965 e 1977 existe outro trabalho com a mesma linha narrativa: "Os prefeitos do Rio de Janeiro como capital de república, de 1892 a 1960", apresentado como conferência realizada no dia 26 de agosto de 1971, no auditório do Ministério de Educação e Cultura.

São, portanto, como mencionado, análises distantes do tempo em que o paulista Antônio Prado Júnior deteve em suas mãos, como prefeito do Rio de Janeiro, as decisões relativas aos problemas urbanos do Distrito Federal. Um distanciamento ainda hoje (por muitos) considerado necessário ao trabalho de "historiador" – a história do Rio de Janeiro –, que o próprio José de Oliveira Reis se atribui, e lhe é atribuído. Atribuir-lhe-emos, entretanto, aquela denominação de *historiógrafo* para expressar esse seu ofício de estudioso das administrações municipais do Rio de Janeiro, porque seus textos revelam uma organização referenciada nas estruturas tradicionais, lineares e evolutivas de escrita do passado. O próprio José de Oliveira Reis deixa isso muito claro em outra análise, mais recente ainda, realizada no ano de 1985: "Cronologicamente vamos remontar ao século passado".[3]

José de Oliveira Reis produziu vários trabalhos dedicados exclusivamente à interpretação da história administrativa do Rio de Janeiro no desenvolvimento de políticas urbanas municipais, que representam de certa forma, a sua própria história (uma autobiografia?) como agente na

---

3 Também como conferência realizada no dia 18 de julho de 1985, na Sociedade de Engenheiros e Arquitetos do Estado do Rio de Janeiro (SEAERJ). O título dado foi: "Planos e obras da cidade do Rio de Janeiro – engenheiros e respectivas realizações". Esse texto integra o acervo José de Oliveira Reis do Arquivo Geral da Cidade, depositado na seção Manuscrito do acervo.

estrutura pública municipal. Momento que revela um limite em sua atuação profissional como urbanista, responsável pela coordenação de órgãos de urbanismo e planejamento urbano, pela coordenação de planos diretores, entre outras atividades relacionadas à questão urbana.

Um limite marcado por inflexão em sua atividade profissional, não delimitada neste livro em sua temporalidade biológica, mas em sua temporalidade profissional. Nesse sentido, o biênio 1965/1966 (adotado como recorte temporal limite para este livro) não se define como "fim", principalmente de sua atuação profissional, mas como "tempo de transição", como "meio", em grande parte dedicado por José de Oliveira Reis àquela interpretação histórica.

A partir de 1965/1966 e até 1992, o engenheiro-urbanista José de Oliveira Reis abre espaço para a atuação do *historiógrafo* José de Oliveira Reis, em uma temporalidade também diversa do seu tempo biológico – este sim, findado no dia 23 de julho de 1994, na cidade do Rio de Janeiro. O próprio biênio 1965/66 apresenta uma convergência de eventos que acompanham tal inflexão, que em certo sentido envolvem José de Oliveira Reis, principalmente em 1965: é ano da publicação do texto "As administrações Municipais e o Desenvolvimento Urbano"; ano da entrega do trabalho "Guanabara, um plano para o desenvolvimento urbano", do escritório grego Doxiadis Associate, que teve José de Oliveira Reis entre seus opositores; e 1966, após sua aposentadoria como engenheiro do Estado da Guanabara: fator decisivo na abertura do caminho para suas pesquisas sobre a história administrativa e urbanística da cidade do Rio de Janeiro.

Todo o trabalho iniciado com o artigo de 1965 teve ainda os seguintes resultados, entre alguns já mencionados: "Os prefeitos do Rio de Janeiro como capital da República de 1889 a 1960", apresentado em conferência no Ministério da Educação e Cultura no dia 26 de agosto de 1971; "O Rio de Janeiro e seus Prefeitos", de 1977, publicado em quatro volumes – "Projetos de Alinhamento, Evolução Urbanística da Cidade e Logradouros e PAs respectivos" –, considerados em conjunto seu principal estudo, concluído pelo que é considerado o quinto volume, "A Guanabara e seus governadores", em 1979; "História da Legislação sobre o Uso do Sol", datado de 8 de maio de 1983;

"Planos e obras da cidade do Rio de Janeiro – Engenheiros e respectivas realizações", para uma palestra na Sociedade de Engenheiros e Arquitetos do Estado do Rio de Janeiro, em 18 de julho de 1985; "História urbanística do Rio de Janeiro nos séculos XVI – XVII – XVIII", publicado na *Revista Municipal de Engenharia*, em 1986; "História Urbanística do Rio de Janeiro no século XIX"; "As inundações do Rio de Janeiro"; "Sesquicentenário do nascimento de Pereira Passos", publicados na *Revista Municipal de Engenharia*, em 1990 e "Evolução urbana na cidade do Rio de Janeiro no século XX", em 1992, para o Fórum Global das ONGs durante a Conferência Rio-92.

Esse conjunto de estudos com forte caráter relacional pode ser definido por três temáticas centrais de interesse particular de José de Oliveira Reis sobre as cidades. A principal temática aborda as administrações municipais e suas realizações, com ênfase para o século XX até o ano de 1960, quando da criação do Estado da Guanabara pela Lei n° 3.752 de 14 de abril de 1960. Nem por isso deixa de apresentar estudo desde a fundação à época de Estácio de Sá no século XVI, ou mesmo dos governadores da Guanabara, até seu último mandatário, Antônio Chagas Freitas, governador do Estado da Guanabara entre 1971 e 1975.

Um segundo eixo de estudo perpassa os principais profissionais engenheiros que atuaram na cidade do Rio de Janeiro, numa abordagem que apresenta um caráter "biográfico" desses engenheiros em suas relações com as administrações públicas no desenvolvimento de projetos de urbanismo e realização de obras públicas. Encerra o conjunto dos eixos temáticos a abordagem sobre legislação urbanística, legislação de uso do solo e os importantes Planos de Alinhamentos – denominados de PAs –, iniciados com o PA de n° 1, aprovado pelo prefeito Pereira Passos, relativo à avenida Salvador de Sá.

No conjunto, são textos escritos com estruturas narrativas cronológica e linearmente organizadas pelos fatos e suas respectivas datas, apresentando as administrações municipais do Rio de Janeiro em suas particularidades: principais obras, planos urbanísticos realizados e, principalmente, os profissionais envolvidos. Neste último ponto é evidente o tom de exaltação biográfica aos engenheiros e demais profissionais diretamente envolvidos com a administração municipal. E não só a exaltação, mas a relação de importância que é atribuída a cada momento administrativo, com reflexo direto no detalhamento e argumentação de cada período administrativo, articulam os trabalhos numa lógica tradicional de escrita da história.

No entanto, em posição diametralmente oposta à exaltação que apresentou a alguns profissionais, prefeitos ou intervenções na cidade, como que tomando partido dessas pessoas e ações – em muitos casos ele mesmo diretamente envolvido –, não escapam críticas diretas aos planos de urbanismo, como o Plano Doxiadis, que para José de Oliveira Reis não é um plano, na acepção que teve o Plano Agache, limitando-se a um conjunto de projetos e sugestões. Crítica também direcionada a políticos, como o governador da Guanabara Carlos Lacerda, responsável pela criação da Comissão Executiva do Desenvolvimento Urbano do Estado da Guanabara (CEDUG), pelo Decreto "N" nº 159 de 19 de março de 1964, que foi responsável pelo cumprimento do contrato com o escritório grego Doxiadis.

Linearidade cronológica, exaltação de personalidades profissionais e certa parcialidade argumentativa são complementadas pela crença na construção da *verdade* primeira na história urbanística do Rio de Janeiro. Em seus textos, em especial o de 1977, a dimensão da verdade dos fatos é literalmente enunciada como um recurso aos perigos do esquecimento no tempo: "como verdade histórica é sempre conveniente repetir os fatos passados para que a posteridade não ignore, pelo esquecimento, as pequenas causas, suas repercussões futuras e sua influência nos destinos da coletividade" (REIS, 1977: 89).

Nesta dimensão da *verdade histórica*, exerceu de forma continuada, durante décadas, em conferências e importantes publicações, o papel de *historiógrafo* do Rio de Janeiro, aquele que é "a memória viva da cidade", ou ainda, "uma vida que se confunde com a história da engenharia da cidade", senão como "exemplo de servidor público e defensor da cidade e de sua memória".[4]

---

4   Tais menções estão presentes na edição comemorativa da *Revista Municipal de Engenharia*, edição especial de agosto de 1977, dos 65 anos da revista e homenagem ao engenheiro José de Oliveira Reis. Este número especial da *Revista Municipal de Engenharia* foi gentilmente

Títulos que o legitimam como importante pesquisador das administrações municipais do Rio de Janeiro, e que realmente foi, conferiram às suas falas aquela dimensão da *verdade histórica* supostamente irrefutável. Uma dimensão que lhe foi atribuída, porém, muitas vezes destituída de crítica historiográfica, e que está presente em diversos trabalhos de história urbana e do urbanismo no/do Rio de Janeiro, adotando-o como referência bibliográfica fundamental. Seria um receio dos trabalhos, pelo pouco distanciamento do tempo das obras, e mais ainda, do tempo do autor, que impossibilitou e ainda impossibilita a elaboração de questionamentos críticos – que são também recortes – sobre as escolhas por ele elaboradas nas narrativas sobre o Rio de Janeiro?

Diante de tal pergunta é necessário retornar, após este breve percurso sobre como e quando José de Oliveira Reis desenvolveu suas narrativas, àquela fala de 1977 e perceber que ela não se diferencia do conjunto e dos objetivos das outras análises realizadas por ele – principalmente as anteriores, de 1965 e 1971 – que é a de enunciar, por exemplo, os benefícios da ação paulista, pela administração Antônio Prado Júnior, em terras do poder federal naqueles idos dos anos de 1920. Na lógica da narrativa de exaltação de Antônio Prado Júnior, até o fato de não ter formação profissional, ou mais especificamente ainda, não ser engenheiro, quase um atributo à maioria dos considerados aptos para a condução das cidades e seus mais intensos e complexos problemas de infraestrutura urbana, habitação, saneamento, para mencionar alguns, não significou incapacidade de gestão da cidade, mas uma condução destituída de preconceitos técnicos.

Entretanto, não convém definir a escolha de Antônio Prado Júnior como uma regra, mas uma variável pouco exercida, como fica claro na enumeração dos prefeitos realizada no artigo "As administrações Municipais e o Desenvolvimento Urbano", de 1965: "entre a administração de Francisco Pereira Passos e Antônio Prado Júnior, é possível identificar do total dos 12 (doze) prefeitos, que 5 (cinco) são engenheiros, em cujas administrações ocorreram as principais intervenções na cidade. Entre eles, o próprio

---

cedida pela Sra. Marina Sardi, sobrinha de José de Oliveira Reis por parte de sua esposa, Sra. Georgette, numa visita à sua residência na Rua Toneleiros no Bairro de Copacabana.

Prefeito Pereira Passos durante o Governo Federal de Rodrigues Alves e o Prefeito Carlos Sampaio, durante a gestão do Presidente Epitácio Pessoa". (REIS, 1965: 125-160).

Obviamente o saber técnico-científico não era a única condicionante à ocupação de cargos públicos, como o de prefeito do Distrito Federal, mas passava também por relações políticas que, segundo Lúcia Silva, articulavam-se até mesmo em nível nacional (SILVA, 2003).[5] Até, pois, não só engenheiros administraram a cidade, apesar de sua predominância, mas também médicos, advogados e pessoas como Antônio Prado Júnior, sem formação acadêmica alguma.

Idêntica opinião sobre a administração Antônio Prado Júnior foi apresentada, muito anteriormente às falas de José de Oliveira Reis, pelo principal propagador da *ciência do urbanismo* na capital federal durante a década de 1920: o engenheiro Armando de Godoy. Trabalho que vinha sendo desenvolvido por Armando de Godoy desde o início da década de 1920 – fundamental para instituir aquela interlocução inicial entre ambos, a de leitor que José de Oliveira Reis desenvolveu com seus escritos –, e que foram organizados na coletânea "A Urbs e seus Problemas", de 1943. Entretanto, não somente leitor, mas adepto das ideias de Armando de Godoy sobre a importância do urbanismo para as administrações municipais; posicionamento que permitiu construir diálogos entre os dois engenheiros no âmbito da própria narrativa histórica desta biografia profissional de José de Oliveira Reis.

Um dos primeiros argumentos de Armando de Godoy foi desenvolvido no artigo "Algumas transformações e conquistas urbanas do Rio através de diferentes governos", de maio de 1936. No texto escrito logo após duas

---

5   Denise Cabral Stuckenbruck caminha na mesma linha de análise para o caso específico da nomeação de Antônio Prado. Segundo a autora, "é de se perguntar o que fizera com que um industrial paulista, sem experiências administrativas, fosse nomeado pelo presidente para gerir a Capital Federal". A própria Denise oferece uma resposta: "Diante do quadro de otimismo que parecia se instalar no País, mais uma vez as amizades e os acordos intra-elites prevaleceriam na escolha da direção do Distrito Federal. Antonio Prado Júnior era amigo pessoal de Washington Luis há mais de trinta anos..." (STUCKENBRUCK, 1996: 61).

administrações com posicionamentos diversos em relação à contratação do Plano Agache,[6] Armando de Godoy elaborou o seguinte argumento:

> O honrado Sr. Antônio Prado iniciou seu período de governo logo após uma larga propaganda feita por várias pessoas que têm grande amor ao Rio. Essa propaganda ecoou no Rotary Club, cujo objetivo era obter-se um plano geral de remodelação e expansão para a Capital, vítima de planos parciais condenados nos países adiantados pelos técnicos mais ilustres (...) O Sr. Antônio Prado, apesar de não ser engenheiro, atacou dois problemas de alta relevância, que professores notáveis da Escola Politécnica, quando prefeitos, não buscaram resolver. Quero referir-me ao levantamento da planta cadastral e à elaboração de um plano de remodelação e expansão para o Rio. Não preciso dizer mais nada para mostrar que a sua administração de destacou e se pôs em evidência entre as que teve a nossa capital (GODOY, 1943: 322-323).

Pelo argumento de Armando de Godoy, aquela atribuição profissional de alguns prefeitos com formação em engenharia e, mais ainda, como "professores notáveis da Escola Politécnica" do Rio de Janeiro que eram não proporcionara entendimento da necessidade de um plano de conjunto para a cidade. Somente com um plano como o de Alfred Agache seria possível resolver os problemas do Rio de Janeiro, e até a administração que antecedeu à de Antônio Prado Júnior não tinha havido "harmonia e continuidade de ação (...) tendo tal fato resultado da ausência de um plano aceito

---

6   Primeiramente a administração de Adolfo Bergamini (24 de outubro de 1930 a 21 de setembro de 1931) que segundo Godoy, em visita do prefeito ao Escritório do Plano de Remodelação da Cidade, este teria pronunciado palavras "de condenação à preferência dada a um profissional estrangeiro" (GODOY, 1936: 326), o que, por outro lado, não significou a impossibilidade de criação, na própria administração Bergamini, da Comissão do Plano da Cidade; a outra administração esteve sob a responsabilidade de Pedro Ernesto (30 de setembro de 1931 a 3 de abril de 1936) e, por ele, a Comissão do Plano da Cidade foi extinta, provocando, por parte de Godoy, a solicitação de sua transferência da Divisão de Urbanismo.

e imposto por meio de propaganda feita com o auxílio da imprensa, de conferências públicas e de palestras pelo rádio" (GODOY, 1943: 322-323).

Corroborando com o argumento de Armando de Godoy e na "análise dos atos dela" (a administração Antônio Prado Júnior) que José de Oliveira Reis mencionou realizar, não só a importância da contratação do urbanista francês Alfred Agache foi valorizada. José de Oliveira Reis apontou, assim como Armando de Godoy em outro trecho de seu artigo de 1936, a relevância da contratação da empresa inglesa Air Craft Corporation, para realização do levantamento aerofotogramétrico do Distrito Federal – identificado por Armando de Godoy como o levantamento da planta cadastral. Segundo José de Oliveira Reis,

> Foi por iniciativa de Prado Júnior que o Rio de Janeiro teve seu primeiro plano de Remodelação, extensão e embelezamento da cidade, estudado por um grupo de técnicos estrangeiros chefiados, pelo urbanista Alfred Hubert Adonat Agache, mais conhecido por Prof. Agache, e o plano, genericamente chamado por Plano Agache (REIS, 1977: 89);

ou especificamente sobre a Air Craft no caso da planta cadastral,

> Vejamos, porém, um dos maiores atos do Prefeito Antônio Prado Júnior que antecederam ao Plano Agache. Trata-se de sua mensagem nº 618 de 31-8-1927, ao Conselho Municipal, na qual solicitava autorização para abrir crédito especial até a importância de 2 mil contos, a fim de contratar com uma firma técnica especializada em imediata concorrência pública, os serviços de levantamento aerofotogramétrico do DF. Abrangia o cadastro predial da área urbana, ou seja a atualização da Carta Cadastral, que datava de 1893. Era prefeito Barata Ribeiro quando organizou em 1893 a Comissão da Carta Cadastral, chefiado pelo eminente engenheiro Pereira Reis. Os benefícios dos levantamentos topográficos da Comissão da Carta Cadastral foram colhidos pela prefeito Pereira Passos. Os resultados dessa concorrência adjudicaram os serviços à firma inglesa – Air

Craft Corporation, que somente entregou o trabalho parceladamente, a partir de 1930, não chegando a beneficiar, portanto, o Plano Agache, e conseqüentemente a administração Prado Júnior (REIS, 1977: 91-92).

Por outro lado, a compreensão dos fatos proporcionados pela gestão Antônio Prado Júnior, e as possibilidades que estes dois fatos – o Plano Agache e a atuação da Air Craft – poderiam representar, em especial o trabalho realizado pela empresa inglesa para a formação de um quadro técnico na própria estrutura administrativa, foi objeto de análise e de preocupação apenas do engenheiro Armando de Godoy. Ele avança em sua análise ao assumir uma crítica, mesmo concordando e propagando os benefícios dessa administração, em relação à atuação da Air Craft no Brasil, ao afirmar que,

> infelizmente, por haver faltado nesta administração o concurso de um técnico progressista, com suficiente ascendência sobre o espírito do Sr. Prado Junior, a orientação seguida com relação aos serviços da Air Craft, peço vênia para dizer que não foi mais conveniente. Penso que se deveria ter aproveitado a ocasião para a instrução de alguns engenheiros da Diretoria de Obras nos processos da aerofotogrametria, organizando-se assim um núcleo de técnicos capazes de prosseguir na obra, iniciada pela Cia. Inglesa (GODOY, 1936: 324).

A diferença da análise de Armando de Godoy em comparação à de José de Oliveira Reis está justamente centrada na necessidade de estabelecer a estruturação administrativa no que tange ao corpo técnico de engenheiros locados, naquele momento, na Diretoria de Obras. Seu argumento amplia, portanto, a importância da prática do urbanismo, sua divulgação e institucionalização, no caso do Rio de Janeiro, para o âmbito da municipalidade, estruturando-a para os fins de tal prática.

Nesse sentido, Armando de Godoy apresenta como crítica a perda da oportunidade de iniciar a organização de toda uma estrutura capacitada para realização dos preceitos do urbanismo – na concepção de Armando de Godoy como um plano de conjunto. E senão a realização dessa estruturação e institucionalização no Rio de Janeiro, e o principal, no âmbito da administração pública municipal – como ocorreu no caso da cidade de São Paulo, segundo Sarah Feldman, a partir de 1925 pela criação da Seção de Cadastro e Urbanismo no âmbito da Diretoria de Obras e Viação, "centrado numa visão de plano geral e como instrumento de previsão" (FELDMAN, 2005: 41), – ao menos a promoção, conforme Armando de Godoy, de um "ligeiro curso para os engenheiros da antiga Diretoria de Obras (...). O curso tinha por fim não instruir, mas convencer os nossos colegas de que se faz indispensável um plano de conjunto" (GODOY, 1936: 323).

E a divulgação da importância dos planos – ou como afirma Armando de Godoy, no título de um dos seus textos, "da necessidade de planos de remodelação e expansão das cidades"[7] – transformou-se na sua principal ação nos anos que se seguiram com os debates sobre os trabalhos de Agache no Rio de Janeiro. Na concordância com os argumentos de Armando de Godoy, especialmente sobre este ponto, José de Oliveira Reis é incisivo ao afirmar que

> O Plano Agache teve o mérito de alertar os engenheiros municipais e despertar o interesse nos meios profissionais sobre os problemas de urbanismo. Os problemas de ordem local foram substituídos por outros de âmbito mais largos, visando a áreas maiores, interessando cada vez mais o maior número de munícipes. Os pequenos grupos confinados, que a política estreita restringia a questões meramente locais, foram sendo ampliados e considerados como parte de um conjunto, tendo a cidade por um todo. Desse ponto de vista o urbanismo funcionou como revolucionador de mentalidade. Quem provocou essa alteração em nosso meio foi, sem dúvida, o Plano Agache (REIS, 1977: 90).

---

7   Artigo escrito em agosto de 1931 e publicado na coletânea "A Urbs e seus Problemas" no ano de 1943 pelo *Jornal do Commercio*.

Ao colocar em confronto, em diálogo, as falas de Aramando de Godoy e José de Oliveira Reis – que foram realizadas em momentos distintos e distante uma da outra –, engenheiros que atuaram na cidade do Rio de Janeiro mediante inserção na estrutura administrativa municipal, inclusive por algum tempo atuando juntos na mesma Diretoria de Engenharia,[8] revela-se o reconhecimento naquele contexto profissional da importância da contratação do urbanista Alfred Agache.

Uma contratação decisiva – independentemente de todas as reações opostas de uma parte importante dos profissionais e da sociedade, ou dos debates que ocorreram – ao processo de institucionalização do urbanismo no Brasil, particularmente no Rio de Janeiro; mais precisamente não a contratação em si, mas todo o processo de desenvolvimento do plano pela equipe de Agache, pela incorporação de variáveis históricas, estatísticas, geográficas, entre outras, na elaboração do plano geral.

Oportuno salientar neste momento o discurso do próprio poder público municipal sobre a contratação do urbanista francês, realizada pelo prefeito Antônio Prado Júnior em agosto de 1927. Nele estão enunciados os argumentos utilizados pela prefeitura para oficializar o contrato perante o Conselho Municipal do Rio de Janeiro:

> Senhores Membros do Conselho Municipal do Distrito Federal.
> Na minha mensagem de 1 de junho de último, tive ocasião de expor os motivos que me levaram a convidar o célebre especialista Sr. Alfred Agache para vir ao Rio de Janeiro fazer algumas conferências sobre urbanismo, procurando, deste modo despertar o interesse geral pela organização de um plano metódico de remodelação racional da cidade. A palavra autorizada

---

8   Nessa Diretoria é que nasce a *Revista da Directoria de Engenharia* e que depois se transforma em *Revista Municipal de Engenharia*. Ambas, publicações de extrema importância na divulgação dos debates sobre urbanismo no meio técnico profissional. Já no primeiro número da revista, quando *Revista da Directoria de Engenharia*, lançada em julho de 1932, João Augusto Penido escreve o artigo "Considerações sobre Urbanismo". É nesta revista que José de Oliveira Reis escreve seu primeiro artigo, já como engenheiro admitido por concurso na prefeitura do Distrito Federal, publicado em setembro de 1934 (ano III, nº 12): "Pedreiras do Districto Federal e sua contribuição nas construções".

do Sr. Agache logrou o almejado intento, conseguindo chamar, para o assunto, não só a atenção da opinião pública da capital, como, também, de alguns administradores estaduais.

Assim, a convite oficial dos respectivos governos, o Sr. Agache visitou Belo Horizonte e Recife. Julgo escusado encarecer a necessidade urgente a organização do plano de remodelação do Rio de Janeiro, segundo os princípios dessa ciência moderna que é o urbanismo. Condicionado à solução dos problemas essenciais à vida dos grandes centros, problemas de higiene, de estética, de transporte, de circulação, etc, o plano de remodelação da cidade não pode ser feito sem cuidados prévios, de natureza técnica e que demandam tempo. Justamente para subvencionar estes estudos e adquirir, depois, os resultados deles, – o plano definitivo de remodelação do Rio – é que venho solicitar-vos autorização para abrir os necessários créditos.[9]

Evidente na representação sobre o urbanismo como ciência moderna para realização de um plano metódico e racional para a cidade, o principal interesse nos argumentos de Antônio Prado Júnior está justamente centrado no lugar institucional da fala, ou seja, a administração municipal. Em seus argumentos o prefeito apontou para a oficialização e institucionalização do urbanismo no Rio de Janeiro, apoiado em toda uma estrutura social instituída no Conselho Municipal, construindo aí sua legitimidade, a despeito das reações às ações sobre a cidade pautada num plano urbano; um plano de conjunto cujo tempo de elaboração, capacidade de previsibilidade e caráter técnico são suas principais características.

Nessa lógica, aquela suposta diferença temporal entre as falas de Armando de Godoy e José de Oliveira Reis não é outra coisa senão a manutenção, no próprio tempo, do reconhecimento dos benefícios, tanto do plano em si como da própria presença de Alfred Agache – e o reconhecimento, por parte dos dois engenheiros, da importância do saber erudito que Agache representa. Em Armando de Godoy e José de Oliveira Reis há,

---

9   *Anaes do Conselho Municipal*, agosto de 1927.

portanto, a legitimação do saber, a filiação ao profissional e a crença irrefutável na prática, a prática do campo disciplinar do urbanismo.

Ainda hoje, ou mais precisamente, no final do século XX, tal referência pode ser anotada nas palavras de Margareth da Silva Pereira, em estudo sobre os planos de Agache e Le Corbusier para o Rio de Janeiro. Sobre o urbanista Alfred Agache, a autora afirma que

> Seu plano de intervenção, criticável em muitos dos seus aspectos pelo seu esquematismo, pela rigidez que introduz no zoneamento, pela segregação dos grupos sociais que assume e fomenta, não deixa de ser um modelo metodológico na forma de abordar a cidade (...). As marcas do plano de Agache, como dissemos, são sensíveis ainda hoje na estruturação da metrópole e, vez por outra, suas propostas são retomadas e discutidas pelos planejadores (PEREIRA, 1996: 363-376).

Entretanto, no mesmo texto a autora traça uma série de argumentos explicativos sobre procedimentos teóricos e referências profissionais de ambos, para, a partir disso, argumentar que os estudos de Le Corbusier, os "croquis futuristas e utópicos, não foram levados a sério e, como nos conta a historiografia oficial, sua interferência ficaria restrita à escala arquitetural" (PEREIRA, 1996: 373). Ainda nesse texto, a autora apresenta o argumento da "velocidade da internacionalização das discussões", o que significou a entrada de profissionais das mais diversas nacionalidades no debate sobre as questões do urbanismo no século XX. São debates presentes desde o primeiro congresso de *town-planning* na Inglaterra no final da década de 1910, que no bojo do processo de circulação das ideias aí expostas chega à América do Sul no Congresso de Montevidéu, estando o Brasil também representado, principalmente, pela figura do engenheiro Francisco Saturnino Brito.[10]

---

10 A referência à noção de "circulação" é assumida como oposição à noção de "tradução" ou "transferência", que já foram muito utilizadas pela historiografia do urbanismo no Brasil: por exemplo, "tradução", "transferência" foram norteadoras do livro *Cidade, povo e nação. Gênese do urbanismo moderno* (RIBEIRO e PECHMAN, 1996). Por outro, "circulação"

"Etude d'urbanisation de Rio de Janeiro". 1929 – 1930 – desenho a caneta, fragmento. In: Besset, Maurice. *Qui était Le Corbuseir?*. Genève: Editions d'Art Albert Skira, 1992: 146.

No entanto, mesmo concordando com Margareth Pereira em relação à velocidade das discussões, é possível apresentar outro caminho explicativo para o não entendimento dos "croquis futuristas e utópicos", não sendo "levados a sério". Neste outro argumento explicativo, construído em função da documentação utilizada para desenvolver esta biografia profissional, são consideradas as especificidades reguladas nos próprios processos municipais, relacionadas aos trabalhos desenvolvidos pelos engenheiros alocados, principalmente, na Diretoria de Viação e Obras da gestão Alaor Prata.[11]

---

amplia a possibilidade de a argumentação questionar a noção da origem pura das ideias. Nesse sentido, como Stella Bresciani em seu estudo sobre Oliveira Viana, ao afirmar que o seu trabalho "foi construído com base na recusa de pressupor um lugar determinado para o autor e sua produção" (BRESCIANI, 2005), a recusa ao conceito de "tradução", de "transferência", implica na recusa da impossibilidade de construção das ideias entre os profissionais brasileiros.

[11] Alaor Prata foi prefeito da cidade do Rio de Janeiro entre os dias 16 de novembro de 1922 e 15 de novembro de 1926. Como paralelo dessa mesma institucionalização, na cidade de São Paulo, é importante ressaltar o trabalho de Victor da Silva Freire na Diretoria de Obras desde 1899. Em seu último ano à frente da Diretoria, 1925, é criada a Seção de

Explicação – pautada pelas especificidades do lugar institucional de atuação dos engenheiros no Rio de Janeiro – estruturada na seguinte pergunta: o que interessava aos profissionais como Armando de Godoy (e mesmo José de Oliveira Reis, que no ano de 1928 já retornara ao Rio de Janeiro, após atuar como engenheiro na Comissão de Obras Novas do Abastecimento de Água da Capital de São Paulo nos anos de 1926 e 1927, sob a chefia do engenheiro Henrique de Novais) entre outros atuantes na esfera pública e privada pela institucionalização do urbanismo no Rio de Janeiro?

Uma resposta está não só na cidade Rio de Janeiro, por essa institucionalização do urbanismo na administração municipal da capital federal. Está também integrada a um processo amplo, inerente a outras importantes cidades brasileiras, como São Paulo, e de vários outros profissionais. Movimento que perpassa o entendimento de que todo o processo de estruturação publica municipal, no sentido da criação das primeiras seções de urbanismo, comissões de planta cadastral, entre outras, estava vinculada, naquele momento, aos profissionais advindos da engenharia em suas atividades profissionais, principalmente nas prefeituras municipais.

E o que esses profissionais pretendiam com o exercício do urbanismo no Brasil, passava já pelo que seria denominado de planejamento urbano: pensar a cidade mediante estudos prévios, concebendo a partir desses estudos, um plano geral de intervenção em áreas que necessitavam ações imediatas, assim como, de expansão da área urbana por uma previsão pautada nas informações coletadas, analisadas e aplicadas.

Nesse sentido, para o grupo de engenheiros articulados à estrutura administrativa municipal e, portanto, ao próprio poder político, Le Corbusier não representava esse pensamento; em nenhum momento seu nome passou pelas referências apresentadas pelo engenheiro Armando de Godoy, principal interlocutor naquele momento da necessidade de elaboração de

---

Cadastre e Urbanismo com o objetivo de elaboração de um plano para São Paulo. Uma segunda articulação administrativa ocorreria em 1931 com o desdobramento da Seção em duas, a de Cadastro e a de Urbanismo, numa continuidade de aperfeiçoamento que culmina em 1947 com a criação do Departamento de Urbanismo (FELDMAN, 2005).

um plano urbanístico para a cidade do Rio de Janeiro, e atuante no processo de contratação de Alfred Agache:

> Antes de tudo, mister é que se organize um plano completo de remodelação, compreendendo o aperfeiçoamento de todos os órgãos urbanos, plano que só pode ser traçado por um urbanista com a competência de um Jaussely, de um Agache, o glorioso autor da capital da Austrália (GODOY, 1926: 33).

Por esse mesmo percurso explicativo, que trabalha com a consolidação do urbanismo no Brasil na primeira metade do século XX, no âmbito do campo disciplinar da engenharia, e não *ainda* da arquitetura, também é possível argumentar em sentido distinto do que foi proposto por Denise Cabral Stuckenbruck sobre a disputa de mercado pelo urbanismo, do mercado emergente de intervenção na cidade (STUNCKENBRUCK, 1996). O entendimento aqui é de que são entradas diferentes nas questões urbanas por dois campos disciplinares: engenharia e arquitetura. No caso da engenharia não só pela intervenção em si, mas na conformação dos processos que necessariamente passavam pela criação daqueles serviços em âmbito público municipal. Os arquitetos não estavam ainda inseridos, naquele momento, na estruturação do urbanismo na esfera pública, na institucionalização do urbanismo como setor da administração municipal. Inserção que ocorreria com os arquitetos a partir da criação das faculdades de arquitetura e urbanismo no final de década de 1940 (LEME, 2003).

Somente após essa década é que a atuação dos arquitetos ocorrerá de forma mais incisiva, organizada, ainda assim, em dois eixos de orientação, sendo um deles a própria continuação da atuação dos engenheiros, e uma segunda, pela entrada das ideias do movimento moderno em arquitetura, articulado aos debates dos Congressos Internacionais de Arquitetura Moderna. É nesse sentido que não está corroborado neste livro a argumentação de que os *croquis* de Le Corbusier não foram levados a sério, ou que os profissionais arquitetos e engenheiros estavam travando uma disputa por um mercado que era o da intervenção urbana.

Primeiramente, tanto foram levados a sério que Le Corbusier teve uma atuação importante na elaboração do Projeto do Ministério de Educação e Saúde no Rio de Janeiro, determinante na consolidação da arquitetura e urbanismo modernos no Brasil a partir das escolas de arquitetura e urbanismo na vertente que esteve atrelada aos Congressos Internacionais de Arquitetura Moderna. A inserção de Le Corbusier no debate internacional sobre urbanismo configurava-se pela construção de outra ordem urbana, muito bem demonstrada no plano *Une Ville Contemporaine pour 3 Millions d'Habitants*, que foi apresentado no Salon d´Automne de 1922, ou ainda o Plan Voisin de 1925, apresentado no Pavillon de L´Esprit Nouveau – Exposition des Arts Décoratifs entre 1922 e 1925; ambos realizados antes da viagem ao Rio de Janeiro e da realização do estudo que culminou no desenho de uma megaestrutura, uma cidade-viaduto para o Distrito Federal (FRAMPTON, 1997).

No caso do Plan Voisin, que poderia ter alguma aproximação com os planos reclamados pelos engenheiros cariocas, por intervir em uma "cidade real", estava caracterizada a demolição de grande parte da área histórica de Paris.[12] Em nenhum momento essa orientação passou pelos engenheiros cariocas como forma de solução dos problemas urbanos da capital federal, ou estava presente nas discussões sobre a "ciência do urbanismo", como diria Godoy.

Le Corbusier não estava entre as referências intelectuais dos engenheiros municipais, sobretudo os de maior representação profissional naquele momento – como Armando de Godoy –, por não estar envolvido, portanto, com o que lhes interessava que era a prática do planejamento urbano, culminando com o desenvolvimento dos planos diretores a partir das décadas de 1930 e 1940, mediante a realização de

---

12 Segundo Reyner Banham, "notou-se imediatamente, quando o Plan Voisin foi exposto em 1925, que ele envolveria a demolição da maior parte da Paris histórica ao norte do Sena, uma vez que ocupa um setor que se estende desde a Place de la République até a extremidade oeste da Gare St. Lazare e, ao norte, até a Gare de L´Est. Dentro desse par de retângulos que se sobrepõe, uns poucos monumentos reconhecidos iriam ser preservados, nem sempre em seus locais originais, embora a Praça Vendôme, que Le Corbusier admirava enormemente, iria ser deixada intacta e em seu lugar" (BANHAM, 1979: 399).

> (...) um plano completo de remodelação, compreendendo todas as faces do nosso problema urbano, a reconstituição lenta e a expansão respectiva de todos os órgãos desta cidade, e visando o estabelecimento de sua harmonia, como já se fez para várias cidades dos Estados Unidos, Inglaterra, Alemanha, Espanha, França, Japão, etc (GODOY, 1926: 39).

Assim, a escolha de Alfred Agache não recaiu simplesmente no reconhecimento do seu trabalho, já que outros urbanistas foram citados pelo próprio Armando de Godoy. A escolha recaiu no nome evidentemente, mas principalmente na própria prática do urbanismo que se caracterizava pelos planos de remodelação, mediante estudo metódico de informações sobre a cidade para desenvolver um plano do conjunto da área urbana existente, não se furtando à previsão do crescimento e expansão urbana.

Sobre aquela segunda indagação, a da disputa de mercado entre os profissionais, é preciso pensar em intervenção urbana nas cidades brasileiras entre as décadas de 1900 e 1940, no sentido da implementação de um sistema de infraestrutura de água, de esgoto, viário, arrasamento de morros, sistemas de portos, canalização de rios, expansão das cidades. Contudo, esse não era o ambiente de atuação dos profissionais com formação e atuação em arquitetura. Portanto, são entradas de atuações profissionais diversas, com atuações em desenvolvimentos diversos, mas que poderiam ocorrer em complementaridade, como no concurso de fachadas das edificações na construção da Avenida Central.[13] Ocorreu também nos trabalhos das edificações da Exposição do I Centenário na administração Carlos Sampaio, após a parte do arrasamento do Morro do Castelo que foi, naquele momento, possível realizar.[14]

---

13 Segundo Cristina Leme, "para a construção dos novos edifícios de seis pavimentos é realizado um concurso de fachadas. Os novos proprietários poderia adquirir fachadas de duas a dez janelas, fazendo no interior a planta que quisessem" (LEME, 2003: 112).

14 Segundo Lúcia Hellena, "a arquitetura, por intermédio da Escola Nacional de Belas Artes e do IAB, participou ativamente da remodelação da cidade ao projetar todos os pavilhões do Centenário. Para isso, foi necessária a fundação de uma instituição que assegurasse a lisura do concurso de fachadas promovido pela prefeitura. Essa instituição foi denominada inicialmente de IBA, Instituto Brasileiro de Arquitetos, passando em 1924 a denominar-se Instituto Central de Arquitetos. Somente em 1936 passou a chamar-se

Por fim, e para reforçar o caminho argumentativo aqui delineado, salienta-se que as discussões e referências do urbanismo no Brasil naqueles anos de 1920 não se dariam por Le Corbusier, e sim pela linha de continuidade do lugar profissional da engenharia. Desde Saturnino de Brito, Victor da Silva Freire, Aarão Reis, Armando de Godoy, Anhaia Mello e outros, articularam-se pela institucionalização e legitimação do urbanismo na esfera pública municipal. Um movimento que vai dos planos de expansão e saneamento de Saturnino de Brito, passando pelas proposições dos planos de conjunto de Victor da Silva Freire, os planos diretores em Armando de Godoy, até culminar no planejamento como processo, o *planning*, em Anhaia Mello.

Quando da atuação dos profissionais arquitetos – aqueles formados pelas escolas de arquitetura no Brasil – no campo do urbanismo, este já estava totalmente consolidado, institucionalizado e legitimado no Brasil. A problemática não estava, portanto, no profissional, mas, e neste ponto vale um retorno aos argumentos de Margareth Pereira, nas referências profissionais, procedimentos teóricos e metodológicos de Alfred Agache e Le Corbusier. Segundo a autora,

> Curioso salientar é que, se, para Agache, seu plano de intervenção resulta de um trabalho contínuo e evolutivo das observações ao longo de certo período de tempo (de 1926 a 1930), no caso de Le Corbusier seus croquis foram executados em duas etapas precisas (1929 e 1936) e, embora os desenhos feitos nestas duas ocasiões apresentem algumas diferenças, seus últimos estudos não contrariam os primeiros em seus princípios. Em resumo, é quase como se não pudéssemos falar em evolução, no caso de Le Corbusier, e sim de retomada.
>
> Isto é resultado de dois fatores. Por um lado, a atitude dos dois arquitetos em relação à situação urbana que contemplam e a atividade projetual, que é completamente diferente. Por outro lado, pelo fato de Le Corbusier trabalhar a partir de um olhar

---

de IAB (...). A preocupação principal desses arquitetos era com o estilo das fachadas; a cidade não aparecia como problema, a não ser pela falta de um conjunto estético das edificações" (SILVA, 2003: 52-53); o que não deixa de significar uma entrada nas questões urbanas, por mais que reduzidas à preocupação estética.

poético que dita ao espírito racional e sensível as linhas de força da concepção, pode-se dizer que o episódio de sua viagem à América Latina e ao Brasil, em 1929, marca o início de uma nova escala de observação, que começaria a investir o seu exercício projetual de forma mais nítida, justamente no Rio (...) Ao contrário de Agache, para Le Corbusier não é da cidade existente – e da prospecção de suas características funcionais, demográficas, econômica – que surgem as diretrizes e leis que engendram o projeto. Para Le Corbusier, a cidade existente é lida antes de tudo como fato poético – plástico – na forma que se relaciona com seu sítio, com sua geografia. Assim, é o gesto arquitetural que instaura, corrige, retoma ou potencializa uma "qualidade" plástica que "sensibiliza" o olhar do arquiteto, reorganizando a totalidade do sistema urbano. Só depois deste primeiro gesto é que a observação do arquiteto penetra na cidade e se detém em suas ruas, nos seus bairros, para analisá-los caso alguma "emoção plástica e visual" o tenha provocado (PEREIRA, 1996: 372).

A extensão da citação colabora com o entendimento das nítidas diferenças entre as abordagens de um e outro – respectivamente, Alfred Agache e Le Corbusier –, por percursos assimétricos na ação sobre o território. Em ambos a arquitetura estava presente, também com suas interlocuções distintas nitidamente estabelecidas desde a maneira de "analisar" ou "perceber" o lugar, sua geografia e sua paisagem. Entretanto, nem é essa a fundamental contribuição de Alfred Agache no Brasil, e especificamente no Rio de Janeiro; haja vista que Prestes Maia também desenvolvera naquele momento um sistema arquitetônico em seu Estudo para um plano de Avenidas para a Cidade de São Paulo.

Alfred Agache é peremptório no que diz respeito ao urbanismo brasileiro por inaugurar, instituir e permitir a propagação dos planos diretores municipais através da realização do seu plano para o Rio de Janeiro, mediante o qual realizou estudos de sistemas de abastecimento de água e esgoto, limpeza pública, legislação urbanística (gabaritos, loteamentos), edificações, habitações operárias. Todos pautados no longo tempo de análise – como menciona a própria Margareth Pereira – segundo ele próprio, da "história e da geographia do logar no seu passado, (além de) interpretar as estatísticas para a previsão do futuro" (AGACHE, 1930).

Não era essa a entrada urbanística interessada por Le Corbusier no Brasil. Como argumentou Margareth Pereira, no país essa entrada não se caracteriza pelo tipo de estudo que Agache inaugura, mas pelo "gesto arquitetural que instaura, corrige, retoma ou potencializa uma qualidade plástica que sensibiliza o olhar do arquiteto" (PEREIRA, 1996: 372). Ter-se-á que esperar o tempo de organização dos cursos de arquitetura e urbanismo na década de 1940 e, principalmente, segundo Cristina Leme, a década de 1950, com o concurso para o Plano Piloto de Brasília em 1956, para, enfim, delinear e consolidar esta orientação urbanística em interlocução com Le Corbusier.

Portanto, o Plano de Remodelação, Extensão e Embelezamento do Rio de Janeiro desenvolvido por Alfred Agache é a resposta para a pergunta sobre o que interessava aos engenheiros brasileiros na institucionalização do urbanismo. Todo o procedimento metodológico desenvolvido no plano, suas interpretações e observações *cientificamente* determinadas, como a ciência do urbanismo exigia, vinham legitimar o trabalho em desenvolvimento nas administrações municipais.

As Comissões da Carta Cadastral e do Código de Obras da administração Alaor Prata, a Comissão do Plano da Cidade da administração Adolfo Bergamini, a reforma administrativa da gestão Pedro Ernesto com a criação da Diretoria Geral de Engenharia, todas no Rio de Janeiro, além da Seção de Cadastro e Urbanismo, criada na Diretoria de Obras e Viação em 1925 e desdobrada em seções separadas na administração Anhaia Mello de 1931, e mais tarde Divisão de Urbanismo, no ano de 1935, estas em São Paulo, representam um trabalho que foi coletivo e com divergências nas suas conceituações, porém embebidos do desejo e da crença de que a institucionalização do urbanismo na administração municipal era um caminho necessário.

É nessa crença e no que foi possível desenvolver – mesmo com os possíveis erros e desvios de um trajeto que hoje se evidencia com a criação do Ministério das Cidades –, no âmbito dos planos diretores, projetos urbanos, planos regionais, planos integrados, planos de urbanismo básico, que devemos entender a manutenção dos argumentos expostos no debate, e a instauração do diálogo entre Armando de Godoy (1936) e José de Oliveira Reis (1965 e 1977) nesta biografia, no reconhecimento que ambos apresentaram em relação ao Plano Agache; falas realizadas não apenas distantes no tempo como não são contemporâneas dos debates entre os anos da administração Antônio Prado Júnior, responsável administrativo pela contratação do urbanista francês.

Entre os dois, Armando de Godoy foi quem diretamente envolveu-se com a contratação de Alfred Agache, com a própria realização do plano e com os debates tanto na administração pública como nas rádios, jornais, associações e entidades profissionais sobre urbanismo. Até sua ida para trabalhar no desenvolvimento do Plano de Goiânia como contratado da firma Coimbra Bueno & Cia. Ltda., sua atuação no contexto do Plano Agache tinha o respaldo, como o próprio Armando de Godoy afirmou, dos "grandes resultados da boa aplicação das doutrinas do urbanismo às cidades" (GODOY, 1943: 291).

Por outro lado, José de Oliveira Reis não só teceu seus argumentos muito tempo depois, como também não presenciou uma parte importante do acalorado debate que se instaurou na capital federal, no ano de 1926, com o início da gestão Antônio Prado Júnior. Neste ano, após formatura como engenheiro politécnico (Turma de 25, como afirma o próprio José de Oliveira Reis; atuação discente iniciada após as tramitações entre o exame vestibular e autorização de matrícula expedida pelo engenheiro e professor Paulo de Frontin no dia 31 de março de 1921) segue para São Paulo, atuando até 1928, como engenheiro da Comissão de Obras Novas do Abastecimento de Água Capital (São Paulo), coordenada pelo engenheiro Henrique de Novaes.

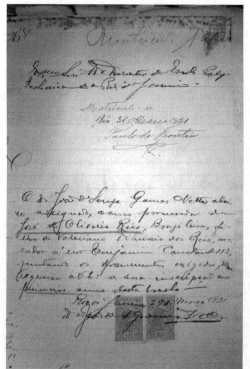

Autorização de matrícula pelo engenheiro Paulo de Frontin, Diretor da EP-RJ. Transcrição: "Exmo. Senhor Director da Escola Polytechnica do Rio de Janeiro (matricule-se, Rio 31 de março de 1921 – Paulo de Frontin), O Sr. João de Souza Gomes Neto, abaixo assignado, como procurador de José de Oliveira Reis, Brasileiro, filho de Valeriano Tiburcio dos Reis, morador à rua Benjamim Constant 113, juntando os documentos exigidos, vem requerer a V. Exa. a sua incrição no primeiro anno desta Escola. Rio de Janeiro, 29 de março de 1921". Acervo da Escola Politécnica da UFRJ. (AEPUFRJ), Maço n° 18, n° de Ordem 2254.

Experiência fundamental em sua atividade posterior no setor de urbanismo e obras urbanas do Distrito Federal a partir de 1933, pela oportunidade de trabalhar na área de engenharia urbana, a Comissão de Obras Novas e Abastecimento de Água da Capital foi sua primeira atividade profissional, talvez a primeira aproximação com os *problemas urbanos*. É nesse sentido que, diferentemente de Armando de Godoy, seus argumentos como *historiógrafo* são inerentes ao ofício que o permitiu pensar o Rio de Janeiro não mais pela perspectiva da técnica, das obras de transformações urbanas que a formação em engenharia lhe forneceu e os cargos que ocupou a partir da década de 1930 lhe propiciaram realizar, mas a partir de 1965, na perspectiva da memória, em parte como que numa narrativa de autocrítica, obviamente selecionada por escolhas interessadas, como as escolhas que qualquer historiador faz, e ele como *historiógrafo* fez, e que estão presentes em todas as narrativas produzidas até o ano de 1992.[15]

Sua inserção profissional na esfera pública carioca, esta sim intimamente vinculada ao discurso técnico, das transformações urbanas ocorreu somente no ano de 1933, após aprovação em concurso público para o cargo de Engenheiro da Prefeitura do Distrito Federal, durante a gestão Pedro Ernesto, momento de importante reforma administrativa. Essa inserção foi estrutural ao seu processo profissional de formação como urbanista. Urbanista formado no exercício cotidiano das atividades administrativas públicas dos setores de urbanismo da prefeitura municipal do Rio de Janeiro.

Diretoria de Engenharia da Prefeitura do Distrito Federal: o urbanista em formação

Cópia do edital do concurso para o cargo de Engenheiro da Prefeitura do Distrito Federal. Documento reproduzido na *Revista Municipal de Engenharia* – edição Especial de Agosto de 1997. Comemoração dos 65 anos da revista e homenagem ao Engenheiro José de Oliveira Reis. Exemplar do autor.

---

15 Palestra "Evolução Urbana da Cidade do Rio de Janeiro no século XX", realizada no Fórum Global (ONGs) durante a Conferência Internacional Rio-92. Entre todos os documentos compilados este representa o último texto escrito. Outros escritos que porventura tenham sido elaborados até seu falecimento em 1994, não foram localizados. Acervo José de Oliveira Reis do Arquivo Geral da Cidade do Rio de Janeiro.

No âmbito da estruturação administrativa conduzida na gestão do prefeito Pedro Ernesto a partir de setembro de 1931, o concurso para engenheiro municipal realizado por José de Oliveira Reis não pode ser interpretado como simples regulamentação jurídica da contratação profissional. Essa realização contém dois aspectos importantes. O primeiro é que ele representa um avanço, talvez uma ampliação qualitativa das suas características, particularmente a transição do campo jurídico-administrativo para o campo intelectual, ao determinar a existência de um saber *a priori* como condição de inserção na administração pública. Saber, ou saberes, conforme as diversas áreas de atuação da administração municipal no âmbito das políticas públicas espaciais que estiveram no bojo da (re)estruturação da administração municipal iniciada na década de 1930, sendo essa (re)estruturação o segundo aspecto importante.

Não é, todavia, um processo de modernização da administração pública circunscrito ao Rio de Janeiro como capital federal, mas integrado à política nacional de modernização dos setores públicos iniciada no governo Getúlio Vargas a partir de 1930. Para Octavio Ianni, "nos anos de 1930 a 1945, o governo brasileiro, sob Getúlio Vargas, adotou uma série de medidas econômicas e realizou inovações institucionais que assinalaram, de modo bastante claro, uma fase nova nas relações entre o Estado e o sistema político-econômico" (IANNI, 1986: 26). Ainda que não seja objetivo central discutir se essas mudanças ocorrem no contexto do debate histórico sobre a Revolução – essa discussão está colocada, por exemplo, no trabalho de Edgar De Decca no livro "1930 – O silêncio dos Vencidos", ao delinear uma crítica conceitual, histórica e política contundente sobre a construção ideológica do "fato histórico" 1930 como parte do processo de uma revolução burguesa no Brasil –, a abordagem aqui se faz pelo reconhecimento de que no (re)arranjo de forças que estruturou o evento 1930 no Brasil e seu posterior desenrolar, ocorreram mudanças ou inovações institucionais resultantes da compreensão por parte dos agentes e grupos sociais da "inadequação das superestruturas político-administrativas então em vigor. Por essa razão, os novos governantes começaram a reformular, redimensionar e integrar órgãos governamentais preexistentes; ou a criar novos" (IANNI, 1986: 34). Integrou esse processo federal de mudanças institucionais, e especificamente relacionado com a modernização da administração pública a criação, por exemplo, do Departamento de Administração do Serviço Público (DASP) em 1938, cuja função passou também por certo controle pelo poder central governamental de todo o sistema administrativo, inclusive com a criação dos Departamentos das Administrações Municipais na esfera estadual.

No caso desses Departamentos das Municipalidades, ainda que formalmente criados para prestar assistência técnica e jurídica para o desenvolvimento municipal, sua atuação esteve também atrelada ao controle político dos municípios (SILVA e RIBEIRO FILHO, 2010). Nesta mesma década de 1930 e início dos anos 1940 também foram elaborados planos de desenvolvimento com alguma implicação sobre o território: o Plano Geral de Viação Nacional (1934), o Plano de Obras Públicas e Aparelhamento de Defesa (1939) e o Plano de Obras e Equipamentos de 1942.

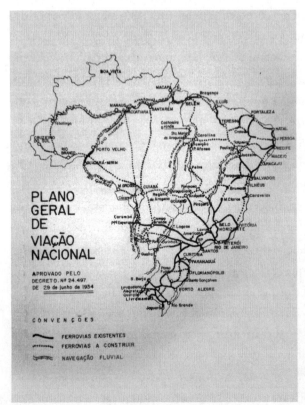

Plano Geral de Viação Nacional aprovado pelo Decreto Nº 24.497 de 29 de junho de 1934. In: BRASIL, 1973: 137.

O URBANISTA E O RIO DE JANEIRO   61

Todos, de uma forma geral, associando a infraestruturação do território basicamente nos campos da energia e transporte ferroviário-rodoviário com o processo de industrialização de base (siderurgia) em construção no país, por exemplo, com a Companhia Siderúrgica Nacional, a Fábrica Nacional de Motores, Companhia Nacional de Álcalis e Usina Siderúrgica de Volta Redonda.

Outros órgãos e instituições importantes também foram criados pelo governo Vargas na década de 1930, ainda que não diretamente relacionados com a modernização das administrações estadual e municipal nas áreas urbana e urbanística das políticas públicas espaciais, mas que informam a compreensão geral do Estado sobre a importância do planejamento governamental: o Conselho Federal do Comércio Exterior (considerado por Octávio Ianni o primeiro órgão brasileiro de planejamento governamental), o Instituto Nacional de Estatística (INE), ambos de 1934, e o Instituto Brasileiro de Geografia e Estatística (IBGE) no mesmo ano de criação do DASP, 1938.

No caso do Conselho Federal de Comércio Exterior, segundo Ianni, "foi talvez, a primeira ocasião em que se reuniram funcionários governamentais, empresários e técnicos para estudar e propor soluções para vários problemas do sistema econômico-financeiro e administrativo nacional" (IANNI, 1986: 40). Em relação ao INE e o IBGE, conjuntamente com o DASP, conformam uma tríade estrutural de gestação inicial da nova elite burocrática que formulou o municipalismo programático da década de 1940 (MELO, 1993). A mesma elite burocrática que minimamente fundamentou a conceituação proposta por Octavio Ianni como sendo a "tecnoestrutura estatal" e que, como ele mesmo informa, correspondeu ao novo estágio do desenvolvimento do Poder Executivo (Ianni aborda a construção desta tecnoestrutura estatal na esfera federal) ao incorporar cada vez mais sistematicamente o pensamento técnico e científico e as técnicas do planejamento (IANNI, 1986: 37).

No âmbito da esfera municipal – que é o eixo de análise neste livro –, e nesse contexto de mudanças do aparelho do Estado pautado pelo fortalecimento do saber técnico e científico, os urbanistas se colocaram como *experts* e portadores de um conhecimento eminentemente técnico, atuando "em órgãos estaduais – os Departamentos das Municipalidades – e nas Comissões de Planos (...) que se disseminam pelo país (...) ao nível das administrações municipais" (FELDMAN, 2009: 3). Uma inserção profissional estruturada em parâmetros teóricos e científicos apreendidos ao longo da formação nas Escolas Politécnicas, no caso de José de Oliveira Reis e alguns dos seus colegas, a Escola Politécnica do Rio de Janeiro. Contexto que também definiu um processo inicial de especialização das atividades desenvolvidas na administração municipal na parte relativa às questões urbanas: infraestrutura de saneamento, sistemas de circulação, transporte, equipamentos urbanos, áreas verdes, entre outras.

E se já na década de 1930 estava no município a principal área de atuação dos profissionais que foram selecionados no primeiro concurso público, o saber erudito por eles representado após aquela formação nas Politécnicas era um só: o da engenharia. No entanto, tal aprovação não significou apenas a passagem de um campo de atuação profissional autônoma com formação superior, para a categoria jurídico-administrativa de funcionários públicos da prefeitura do Distrito Federal. Eram antes, como mencionado, engenheiros por formação, alguns inclusive com experiências profissionais anteriores, sobretudo em obras de saneamento e abastecimento de água, infraestrutura, construção civil e ensino.

Como profissionais engenheiros de formação, e após publicação no dia 2 de março de 1933 dos Actos do Sr. Interventor Federal como funcionários públicos locados na Directoria de Engenharia, puderam construir um percurso cujos encaminhamentos e direções eram os mais variados e complexos possíveis; muitos percursos decorrentes, inclusive, das experiências profissionais anteriores ao trabalho público. No contexto de cada percurso pessoal-profissional, muitos dos engenheiros aprovados e nomeados provavelmente direcionaram suas atuações conforme os interesses da administração municipal do médico Pedro Ernesto. Gestão focada na implantação de uma política pública educacional e de saúde mediante construção de equipamentos urbanos apropriados a estes serviços públicos.

Cópia da nomeação dos engenheiros aprovados no concurso para o cargo de Engenheiro da Prefeitura do Distrito Federal. Documento reproduzido da *Revista Municipal de Engenharia* – edição especial de agosto de 1997. Comemoração dos 65 anos da revista e homenagem ao Engenheiro José de Oliveira Reis. Exemplar do autor.

Outros profissionais possivelmente desenvolveram suas atividades conforme as particularidades dos serviços realizados pelos órgãos internos da Directoria de Engenharia ao qual foram incorporados, capacitados que supostamente estavam pela formação como engenheiros politécnicos. Profissionais que aglutinaram informações e experiências ao longo dos anos e das atividades na máquina administrativa municipal para construírem uma trajetória profissional que extrapolava a condição pura de funcionário público. Nesse sentido, processaram uma alteração nesta própria condição – a de funcionário público – e, através dela, perscrutaram caminhos e saberes que o processo de formação acadêmica como engenheiro não lhes permitiu incorporar. Portanto, saberes plausíveis de aproximações-diálogos e fundamentações no bojo do próprio caminho construído como servidores públicos, cuja resultante seria a constituição de um contínuo processo de formação definido no interesse profissional e intelectual de cada um.

José de Oliveira Reis estava entre aqueles 15 profissionais aprovados e nomeados como engenheiros de 3ª Classe e, da mesma forma que todos os aprovados, sua atuação profissional foi naquele momento incorporada e, a partir daí, construída no âmbito da administração municipal. Titulado

Engenheiro Geographo e Civil pela Escola Politécnica do Rio de Janeiro no dia 29 de abril de 1926, ele empreenderia, entretanto, um percurso particular na prefeitura do Rio de Janeiro. A partir e por dentro dela – a administração municipal –, sua atuação profissional estaria associada aos caminhos e debates sobre um saber e campo disciplinar em processo de construção, legitimação e institucionalização no Brasil entre final do século XIX e início do século XX: o urbanismo.

Todavia, essa particularidade do seu percurso profissional não deve excluir a (possível) constatação de que outros profissionais tenham feito percurso análogo, seja no Rio de Janeiro ou qualquer outra cidade brasileira e independentemente do lugar de formação como engenheiro. Em sua vida profissional, e aqui reside a particularidade (não entendida como exclusiva e única), uma relação entre a "formação e atuação como urbanista" na Prefeitura do Rio de Janeiro durante 32 anos – entre 1933 e 1965 – e o urbanismo como prática profissional, em contínuo processo de construção.

Portanto, no caso de José de Oliveira Reis não é possível pensar na mudança para uma determinada área de atuação, o urbanismo, em relação à área de formação, a engenharia, ao longo das décadas de 1930, 1940, 1950 e 1960, mas numa profícua relação entre ambas. Tal relação se funde justamente no e pelo campo jurídico-administrativo de sua inserção profissional, ou seja, a de funcionário público. Todos os seus deslocamentos ocorreram associados a esse eixo central de atuação profissional, mesmo que, em determinados momentos, distanciado das instituições decisórias que ocupou, e em alguns casos ajudou a criar, como o Departamento de Urbanismo da Prefeitura do Rio de Janeiro, então Distrito Federal.

Daquela lista dos 15 profissionais aprovados – publicada pela secretaria do concurso no dia 02 de março de 1933, na pessoa da 2ª oficial Sra. Maria de Lourdes de S. Alves –, apenas uma parte consta como nomeado ao cargo de engenheiro de 3ª Classe da Directoria de Engenharia, conforme os Actos do Sr. Interventor Federal publicados no mesmo dia. Foram eles: Arnaldo da Silva Monteiro Junior, Mario de Souza Martins, Armando Carneiro Monteiro, Luiz Onofre Pinheiro Guedes, Paulo Pinheiro Guedes, José de Oliveira Reis e Raymundo Barbosa de Carvalho Neto.

Particularmente José de Oliveira Reis teve sua inserção na administração pública pela 3ª Divisão da 5ª Subdiretoria da Directoria Geral de Engenharia, como engenheiro ajudante, e num momento em que, se por um lado foi caracterizado pela diminuição dos debates sobre urbanismo que o Plano elaborado por Alfred Agache havia anteriormente promovido, por outro significou a reestruturação administrativa da prefeitura do Distrito Federal. Como mencionado, a administração municipal do médico Pedro Ernesto focou sua gestão na política pública educacional e de saúde pública. Segundo Lucia Silva,

> dentro da prefeitura, pouca coisa aconteceu para a consolidação do urbanismo, mas a reforma administrativa da gestão Pedro Ernesto permitiria que a gestão seguinte confirmasse a vocação dos técnicos enquanto portadores de uma razão científica capaz de cuidar de todos os problemas da cidade (SILVA, 2003: 107).

Trata-se de uma reestruturação decisiva para a conformação organizacional da Comissão do Plano da Cidade do Rio de Janeiro durante todo o Estado Novo, assim como do Departamento de Urbanismo – que também foi inicialmente chefiado por José de Oliveira Reis –, instituído no processo de redemocratização com o final do governo Getúlio Vargas. Entretanto, até a gestão Pedro Ernesto (1931-1936)[16] ocorrera uma alternância no movimento favorável à institucionalização do urbanismo na prefeitura, conjuntamente com a estruturação administrativa para a prática do urbanismo realizada por profissionais que já integravam o quadro administrativo municipal.

Apenas como comparação sobre tal alternância, é possível retroceder à gestão Antônio Prado Júnior (1926-1930), quando se deu a contratação de Alfred Agache para a realização do Plano de Remodelação, Extensão e Embelezamento do Rio de Janeiro, e constatar que nesse momento o movimento deslocou-se mais favoravelmente para os debates sobre a importância do urbanismo e a necessidade de planos urbanos para as cidades.

---

16 Pedro Ernesto administrou a cidade do Rio de Janeiro entre o dia 30 de setembro de 1931 e 3 de abril de 1936.

Contudo, não se desencadeou nesse período o processo de estruturação de um órgão de urbanismo na administração municipal, com alocação de profissionais capacitados para o trabalho com a *nova ciência* – o urbanismo –, como diria Armando de Godoy. Aliás, na opinião de Armando de Godoy sobre a gestão Antônio Prado Júnior, perderam-se oportunidades importantes de formação de um quadro profissional no âmbito da própria prefeitura para trabalhar com urbanismo, particularmente quando da contratação da empresa Air-Craft Corporation.

Por outro lado – e aqui um aspecto positivo dos anos entre 1926 e 1930 –, independentemente de polêmicas ocorridas entre profissionais e entidades como Rotary Club pela contratação de um profissional estrangeiro, ou ainda, a não criação na estrutura administrativa de um setor de urbanismo, ocorreram intensos debates urbanísticos durante a gestão Antônio Prado Júnior. O próprio Alfred Agache, em suas conferências iniciais, tanto no Rio de Janeiro como em outras cidades brasileiras, propiciava a conformação do debate entre profissionais, que em certo sentido se propagava inclusive até a população, através dos noticiários publicados na imprensa.

Assim, ainda que não se tenha criado oficialmente qualquer instância administrativa de urbanismo até outubro de 1930 – entrega por Alfred Agache do Plano para a capital federal, assim como da passagem de Le Corbusier pela cidade –, é inquestionável a importância dessa gestão e do período como um todo na construção de uma *cultura de urbanismo* entre os profissionais. Construção fundamental na intensificação daquele movimento inicial direcionado para a estruturação dos setores de urbanismo na administração municipal, resultando posteriormente na criação de instâncias administrativas específicas às questões urbanísticas – inicialmente a Comissão do Plano da Cidade do Rio de Janeiro em 1937, e na sequência o Departamento de Urbanismo em 1945. Tanto que as mudanças políticas ocorridas em 1930 e o consequente encerramento da administração Prado Júnior em outubro deste ano não representaram o abandono das discussões sobre urbanismo, nem mesmo do próprio plano desenvolvido pelo urbanista francês, sendo inclusive oficializado (paradoxalmente na gestão

Pedro Ernesto), segundo Armando de Godoy, mediante ato oficial da prefeitura municipal em maio de 1932 (GODOY, 1943, 328-330).[17]

Entre as três administrações municipais do Distrito Federal que sucederam Antônio Prado Júnior (1926-1930) até a eclosão do Estado Novo – e a definição de Henrique Dodsworth para prefeito a partir do dia 3 de julho de 1937 –, a segunda, a do médico Pedro Ernesto, promoveu definitivamente aquela inversão do movimento para o lado administrativo. Não significou, entretanto, a negação do plano elaborado por Alfred Agache, mas, pelo eixo analítico de Armando de Godoy, a oficialização e abandono do plano, focando sua gestão na construção de escolas e hospitais públicos. Segundo o próprio Armando de Godoy,

> ao Dr. Pedro Ernesto também se deve a oficialização das linhas gerais do Plano Agache. Estou certo que S. Ex. foi levado a isso pela influência do Capitão Delso da Fonseca, seu primeiro Diretor de Obras. Apesar de se tratar de um ato de grande alcance para a nossa capital, apenas três pessoas assistiram S. Ex. assinar no momento a lei referente ao plano Agache. Essas três pessoas fomos o Dr. Amaral Peixoto, o Capitão Delso da Fonseca e eu (...) o ambiente da assinatura do decreto foi como o prenúncio de sua falência. O Plano Agache foi apenas oficializado no papel, tendo sido posto de lado em relação a soluções belíssimas, tanto pelo governo municipal quanto pelo governo federal. A solução referente à Central do Brasil, que se impôs à aprovação de técnicos conhecedores do assunto, não foi respeitada pelo Governo Federal, acontecendo o mesmo com as indicações do Plano Agache com relação ao centro cívico, a Universidade e ao Aeroporto, cuja colocação foi um golpe tremendo no plano em apreço. Logo que o Capitão Delso da Fonseca deixou a Prefeitura, a lei que oficializou o Plano Agache passou a ser letra morta (GODOY, 1943: 328-330).

---

17 O engenheiro F. V. de Miranda Carvalho apresentou o decreto (n° 3873 de 10 de maio de 1932) de aprovação em artigo ("O Aeroporto do Rio de Janeiro" – originalmente uma conferência no Clube de Engenharia) na *Revista do Clube de Engenharia*. Novembro de 1934: 135-136.

José de Oliveira Reis foi ainda mais incisivo na crítica ao prefeito Pedro Ernesto (1931-1936) ao afirmar – como constam naqueles trabalhos de *historiógrafo* do Rio de Janeiro, especialmente no primeiro, em 1965 – que nesta "Administração (a administração Pedro Ernesto) foi revogado o Plano Agache, aceito e aprovado pelo seu antecessor" (REIS, 1965: 147). Todavia, uma crítica que não considera a aprovação em si do plano pelo prefeito Pedro Ernesto, como informado na explanação feita por Armando de Godoy sobre a assinatura do decreto e, mais ainda, pela apresentação do número do decreto pelo engenheiro F. V de Miranda Carvalho (nota de rodapé n° 20).

Adolfo Bergamini, interventor na prefeitura do Distrito Federal (1930-1931) após a revolução, cuja gestão tivera início no dia 25 de outubro de 1930, foi o primeiro sucessor de Antônio Prado Júnior. Em sua gestão mantiveram-se as discussões sobre o Plano Agache, mesmo sendo o próprio Adolfo Bergamini contrário à contratação de profissional estrangeiro. E novamente é Armando de Godoy quem estava presente no ato de condenação realizado por Adolfo Bergamini sobre a contratação do profissional Alfred Agache. Segundo as palavras de Armando de Godoy,

> algumas pessoas que acompanhavam o interventor por ocasião da visita ao escritório do Plano de Remodelação da Cidade, em face das plantas gráficas, maquetes e perspectivas referentes ao plano, manifestaram repulsa ao belo esforço da administração que a revolução viera interromper. As palavras pronunciadas pelo Dr. Bergamini foram de condenação à preferência dada a um profissional estrangeiro (GODOY, 1943: 326).

Tal condenação não impediu Armando de Godoy de defender o plano elaborado por Alfred Agache, de quem sempre foi um dos principais interlocutores. Não se absteve, por conveniência profissional, em expor segundo suas referências e convicções quão importante seria para a cidade do Rio de Janeiro o Plano de Remodelação, Extensão e Embelezamento, mesmo que supostamente contrariando Adolfo Bergamini. Se o principal objetivo do engenheiro em seu discurso de defesa do plano de Alfred Agache era demonstrar ao político que aquele esforço precisaria ter continuidade, até surpreendentemente, o resultado foi o aceite por parte de Adolfo Bergamini das suas considerações. Armando Godoy sustentara uma conduta do administrador público que se revelou superior em relação a outros prefeitos, que não aceitariam qualquer tipo de oposição às suas ideias, sobretudo quando questionadas por um profissional do segundo ou terceiro escalão da estrutura administrativa.

Armando de Godoy deslocou o seu discurso para o plano em si, em suas qualidades e na importância que aquele trabalho de urbanismo representaria para o crescimento da cidade do Rio de Janeiro, evitando, dessa forma, polêmicas maiores com o prefeito, caso a defesa se respaldasse na pessoa do urbanista Alfred Agache – por quem o prefeito mantinha oposição à contratação. Uma estratégia diferente da utilizada pelo próprio Armando de Godoy à época do prefeito Antônio Prado Júnior, quando, entre as principais justificativas, os argumentos recaíram sobre o profissional Alfred Agache, reconhecido profissionalmente pelos diversos planos urbanísticos elaborados (GODOY, 1943).

O aceite de Adolfo Bergamini produziu o reconhecimento por parte de Armando de Godoy, em relação àquele que supostamente entendeu suas justificativas técnicas, no interesse claro que tinha para continuar os estudos e proposições existentes no plano entregue em 1930. Tanto que a criação de uma Comissão do Plano da Cidade pelo prefeito Adolfo Bergamini, cujo objetivo era oferecer um parecer sobre tais proposições do plano, representou o ápice desse reconhecimento propagado por Armando de Godoy sobre a gestão do primeiro interventor pós-revolução, pronunciando-se assim sobre ela:

> A referida Comissão foi composta, com exceção da minha pessoa, de elementos técnicos e intelectuais de valor desta Capital. Em seus pareceres e trabalhos, a Comissão sempre se viu acatada e considerada pelo primeiro interventor no Rio. Compunham a Comissão as seguintes pessoas: Drs. José Mariano Filho, seu brilhante relator, Arquimedes Memória, Henrique de Novaes, Raul Pederneiras, Ângelo Bhruns e Lúcio Costa, bem como minha humilde pessoa. Fui presidente da

> referida Comissão, podendo atestar o seu elevado ponto de vista, o amor à cidade e a imparcialidade com que sempre encarou as questões, que lhe foram submetidas. Trabalhou muitos meses sem a menor remuneração e só se demitiu, quando sentiu que o plano diretor começava a ser desprezado e diminuído o seu prestígio junto ao Dr. Pedro Ernesto. A referida Comissão fez uma larga propaganda dos princípios do urbanismo, recorrendo a palestras pelo rádio, artigos e entrevistas nos jornais e revistas (GODOY, 1943: 327).

Entretanto, a declarada euforia com a criação e os trabalhos da comissão, cujos pareceres poderiam produzir resultados importantes para a legitimação e institucionalização do urbanismo no Rio de Janeiro, assim como para a efetivação do plano de Alfred Agache, foi rapidamente abolida. O curto período administrativo de Adolfo Bergamini (outubro de 1930 a setembro de 1931), menor que um ano, seguida da nomeação de Pedro Ernesto para prefeito ainda em 1931, resultou na rápida mudança das deliberações e encaminhamentos do poder público municipal. Significou também o esfacelamento da comissão, assim como o abandono do plano elaborado pelo urbanista francês.

As profundas alterações no direcionamento das políticas públicas empreendidas por Pedro Ernesto, a partir de setembro de 1931, foram também responsáveis pela solicitação de demissão, por parte de Armando de Godoy, da administração municipal. No entanto, não deixou de tecer críticas duras aos que ele chamou de "colegas", que "não obstante os conhecimentos e ilustração que possuem, ainda não aceitaram os planos diretores" na coordenação dos serviços urbanos (GODOY, 1943: 330). Tais críticas foram apresentadas e corroboradas por José de Octacílio de Saboya Ribeiro, engenheiro da 5° Divisão da Inspetoria de Águas e Esgotos ao afirmar que "apezar do pouco prestígio que a engenharia municipal vem dando ao chamado Plano Agache o certo é que poucos se atrevem a alterar-lhe a estrutura, e quando o fazem quase sempre incidem em erros" (RIBEIRO, 1934: 139-141).

A observação de Saboya Ribeiro aponta ainda para outra questão importante, até por contradizer aquela versão de 1965 elaborada por José de

O URBANISTA E O RIO DE JANEIRO   71

Oliveira Reis, quando afirmou ter sido o Plano Agache revogado. Assim como Armando de Godoy, Saboya Ribeiro trabalhou com a oficialização de plano, que foi renegado e não revogado. Uma versão corroborada também pelo engenheiro F. V. de Miranda Carvalho, em artigo publicado na *Revista do Clube de Engenharia* no ano de 1934 sobre "O Aeroporto do Rio de Janeiro". Nesse artigo, Miranda Carvalho apresenta o decreto de aprovação em plena gestão do prefeito Pedro Ernesto: "plano approvado pelo decreto 3.873 de 10 de maio de 1932" (CARVALHO, 1934: 135-136).[18] Todos os três, portanto, como a mesma opinião oposta à que foi apresentada por José de Oliveira Reis trinta anos depois.

Na prática, a aprovação realmente não significou a possibilidade de continuação das discussões das propostas para a cidade do Rio de Janeiro, provocando a nulidade da própria comissão criada pelo prefeito Bergamini (1930-1931). Afirmar, como o fez José de Oliveira Reis em seu primeiro trabalho como *historiógrafo*, que o plano foi revogado indica ou um erro interpretativo, ou impossibilidade de acesso ao decreto – o que é muito pouco provável –, ou ainda, a transferência da responsabilidade para si sobre os eventuais acertos ao (re)colocar o plano de Alfred Agache novamente em discussão à época de sua gestão como chefe da Comissão do Plano da Cidade do Rio de Janeiro, já durante a administração municipal de Henrique Dodsworth (1937-1945).

O que se verifica, pela revogação ou não, é a manutenção das discussões sem efetiva aprovação durante a gestão Adolfo Bergamini (1930-1931), e a aprovação seguida de total desinteresse pelo plano na gestão Pedro Ernesto

---

18   Aliás, a polêmica sobre o projeto do Aeroporto Santos Dumont, projetado pelo Engenheiro Henrique de Novaes, segundo informação de Saboya Ribeiro (RIBEIRO, 1934), está centrada na localização entre Manguinhos, como proposto por Alfred Agache, ou na Ponta do Calabouço como estava se propondo à revelia do plano. Vários engenheiros associados do Clube de Engenharia entraram no debate, publicando artigos ou realizando conferência: Octacílio Saboya Ribeiro, Carvalho Miranda, José Franco Henriques, Maurício Joppert, César Grillo. As críticas passavam por argumentos que apontavam desde a própria negação da área apresentada pelo Plano Agache que estava aprovado, por questões relativas ao zoneamento, aos problemas ambientais-acústicos e de uso e ocupação do solo, proximidade com a área central e/ou outros sistemas de transporte como os trens.

(1931-1936). Paradoxo caracterizado por uma diferença de orientação nas políticas públicas associadas a uma distinção no tempo de gestão de cada um dos dois interventores, com consequências também diversas ao urbanismo. Tão pouco tempo de gestão para o interventor Adolfo Bergamini (1930-1931), menor que um ano de mandato em tempos iniciais pós-revolução, não obstante o fato de ser correligionário de Getúlio Vargas, não implicou na paralisação dos debates entre profissionais interessados nas questões urbanas e no urbanismo, especialmente aqueles que atuaram como membros da Comissão do Plano criada em 1931.

Um debate que não estava mais restrito aos membros da comissão e profissionais da administração pública. Nesse mesmo ano, Lúcio Costa organizou a cadeira de Urbanismo na Escola Nacional de Belas Artes (ENBA) – movimento que implicou na primeira grande mudança da estrutura curricular da ENBA. Fato significativo não só para a ampliação das instâncias de discussão sobre urbanismo na cidade do Rio de Janeiro, mas, igualmente, por não ter sido processado na própria Escola Politécnica do Rio de Janeiro, mediante estruturação curricular do curso de engenharia. Importante salientar que é nesse movimento de mudança e ampliação que profissionais importantes para o debate urbanístico brasileiro atuaram na ENBA. Entre eles, Atílio Correia Lima na cadeira de urbanismo, após diplomar-se no curso de Urbanismo do Instituto de Urbanismo da Universidade de Paris, no ano de 1930, com a tese Aménagement et extension de la ville de Niterói, sob a orientação de Henri Proust.[19]

Retomando a diferenciação temporal entre as gestões de Adolfo Bergamini e Pedro Ernesto, este último governou a cidade do Rio de Janeiro por quatro anos e sete meses. Portanto, um tempo longo e viável para a implementação de políticas públicas – no seu caso, educacionais e de saúde – que, todavia, desconsideraram as questões urbanísticas e o plano elaborado por Alfred Agache. Período também marcado por certo desmantelamento daquela conjuntura favorável aos debates urbanísticos

---

19 O trabalho de Atílio Correia Lima foi publicado no ano de 1932 pelo próprio Institut d´Urbanisme de Paris, com o título *Avant projet d`amenagement et extension de la ville de Niterói au Brésil.*

durante as administrações de Antônio Prado Júnior e Adolfo Bergamini. Contexto profissional e institucional cujos fatos convergiram para a saída de Armando de Godoy da estrutura administrativa municipal do Rio de Janeiro, ao deslocar seus interesses para outra importante experiência urbanística brasileira: Goiânia.[20]

Seu pedido de demissão esteve, nesse sentido, não somente vinculado ao direcionamento das políticas públicas da gestão Pedro Ernesto, aliando-se também ao convite que lhe foi feito pelo interventor em Goiás, Pedro Ludovico Teixeira, para a realização de um parecer sobre a escolha do sítio para construção da capital Goiânia. Nesse sentido, sua presença no longo processo de estruturação administrativa municipal do Rio de Janeiro limitou-se aos anos iniciais da gestão Pedro Ernesto. Não participou nem mesmo da criação da *Revista da Directoria de Engenharia*, mais tarde *Revista Municipal de Engenharia*, cuja responsabilidade editorial a partir de 1978 passou para José de Oliveira Reis – até o ano de 1994, quando editou número especial da revista em homenagem ao centenário de Edison Passos.[21]

---

20 Segundo Célia Manso, "não resta dúvida, portanto, que Godoy contribuiu decisivamente para as alterações procedidas na planta do Setor Central da cidade proposta por Atílio Corrêa Lima e que, de diversas maneiras, colaborou para o estabelecimento das linhas básicas do plano geral esboçado para Goiânia pela firma Coimbra Bueno" (MANSO, 2001: 221-222).

21 A *Revista da Directoria de Engenharia* foi criada pela Prefeitura do Distrito Federal em 30 de janeiro de 1932, através do Decreto 3.759, com o primeiro número lançado em julho de 1932. Seu corpo editorial para o primeiro número foi assim organizado: Redator-Chefe Prof. Everardo Backheuser; Gerente Eng. Manoel Santos Dias; Secretário Eng. Carmem Velasco Portinho. Para o próprio José de Oliveira Reis a *Revista Municipal de Engenharia* foi criada sob a orientação do Diretor de Engenharia à época, Capitão Delso Mendes da Fonseca, não fazendo nenhuma referência ao engenheiro Armando de Godoy (REIS, 1965: 147). Para Lucia Silva os técnicos alocados na Directoria de Engenharia criaram, sob a inspiração de Godoy, a *Revista da Directoria*, sem uma menção direta da sua ação no lançamento do periódico (SILVA, 2003: 107).

Sobre a participação de Armando de Godoy na criação da revista, em todas as referências, sua influência foi fundamental. Em alguns casos ele não esteve presente, em outros chegou a ocupar o cargo de diretor da revista. Esta última opção consta do editorial do número comemorativo de 65 anos de existência da *Revista Municipal de Engenharia*, que foi lançado em agosto de 1997. Frontispício da *Revista da Directoria de Engenharia*, Anno I, Número 1, julho de 1932. Documento reproduzido na *Revista Municipal de Engenharia* – Edição Especial de Agosto de 1997. Comemoração dos 65 anos da revista e homenagem ao Engenheiro José de Oliveira Reis. Exemplar do autor.

No bojo do processo de estruturação administrativa da prefeitura do Rio de Janeiro iniciado em setembro de 1931, aquele concurso realizado para o cargo de engenheiro municipal, no qual José de Oliveira Reis figurava entre os aprovados e nomeados, é outra peça importante. Esse foi o primeiro concurso público para o provimento de cargos técnicos na estrutura municipal, aglutinando na Directoria Geral de Engenharia[22] profissionais recém-formados – como José de Oliveira Reis e colegas de turma de 1925 da Escola Politécnica (entre eles Raymundo Barbosa de Carvalho Neto) – e profissionais com vasta experiência, como Henrique de Novaes e Armando de Godoy.

Foi um importante e inicial período, portanto, da construção-formação profissional de José de Oliveira Reis como urbanista na administração

---

22 Segundo Lucia Silva, "com a instauração da Câmara Municipal, Pedro Ernesto pôde fazer a reforma administrativa pretendida pelos outros governos. Com o decreto 29 de 19/2 de 1935 do Executivo – ratificado em maio de 1935 pela Câmara –, a prefeitura foi totalmente reorganizada" (SILVA, 2003: 106). A Directoria Geral de Engenharia foi criada por essa reestruturação.

pública, pela própria mudança do ambiente de trabalho que tinha exercido nos anos anteriores ao concurso. Da mesma forma, pela proximidade com profissionais interessados nas questões urbanísticas, e que foram referências fundamentais nessa sua trajetória. E não só por sua inserção no ambiente administrativo municipal da engenharia, mas, também, em entidades atuantes nos debates sobre as mais diversas problemáticas da época, como foram o Clube de Engenharia e o Centro Carioca.

Club de Engenharia – Proposta para admissão de José de Oliveira Reis como sócio do clube. Fonte: Biblioteca do Clube de Engenharia.

A própria ata do Clube de Engenharia fornece indicativo da aproximação de José de Oliveira Reis com outros profissionais engenheiros (distintos daqueles que se formaram também na turma de 25). Entre eles, Henrique de Novaes, com importante atuação nas áreas de saneamento e abastecimento de água de cidades brasileiras, ou ainda, Edison Passos, que foi Secretário Municipal de Viação e Obras Públicas durante o período em que José de Oliveira Reis chefiou a Comissão do Plano da Cidade do Rio de Janeiro, a partir de 1937.

Ambos os engenheiros – Henrique de Novaes e Edison Passos – tiveram participação decisiva na inclusão de José de Oliveira Reis como novo associado – pela indicação e apoio, conforme regras estatutárias do *Clube de Engenharia* –, cuja aprovação ocorreu em sessão do dia 20 de abril de 1934.[23] Sua entrada no Clube de Engenharia pode ser interpretada como a consolidação de dois instantes particulares e relacionados de sua própria e particular vida profissional: um primeiro, pela entrada no poder público municipal mediante "comprovação" em concurso dos conhecimentos adquiridos na área da engenharia; outro, pouco depois, pela entrada numa instância representacional de debates técnicos e políticos (o Clube de Engenharia), mediante reconhecimento sócio-profissional de colegas engenheiros já integrados às duas, como é o caso do engenheiro Edison Passos.

O Clube de Engenharia não era, todavia, a única entidade com atuação profissional. O Centro Carioca também teve atuação importante naquele momento. Fundado em 1917, o Centro não direcionou seu foco inicial de interesse unicamente para os problemas urbanos, abordando todo tipo de assunto considerado relevante para a sociedade. A ampliação de sua esfera de atuação ocorreu entre a década de 1930 e início da década de 1940, exemplificada na realização do I Congresso Brasileiro de Urbanismo no ano de 1941. Época em que aglutinava vários profissionais interessados nas questões urbanísticas.

---

23 Transcrição do currículo apresentado na Ata de Admissão: "O proposto reside atualmente na Rua Tavares Bastos 4 – Catete. Ex-engenheiro da Comissão de Obras Novas do Abastecimento de Água da cidade de São Paulo – sob a chefia do Eng. Henrique de Novaes; Ex-engenheiro da Empresa Engenheiros Empreiteiros; Ex-engenheiro sócio da Firma Barbosa, Reis Cia. Ltda. com serviços de construção civil no Distrito Federal e empreiteiros de Obras de Saneamento no Estado do Rio de Janeiro; empreiteiro de Serviços de Saneamento no Distrito Federal – Serviços Topográficos no Estado de São Paulo; Engenheiro por Concurso da Directoria Geral de Engenharia da Prefeitura do Distrito Federal – engenheiro ajudante da 3ª. Divisão da 5ª. Sub-diretoria; Assistente técnico da Cadeira de Hidráulica da Escola Politécnica do Rio de Janeiro do curso equiparado do Livre Docente Dr. Carvalho Neto; Eng. Geographo e Civil pela Escola Polytechinica do Rio de Janeiro, Turma de 1926". Acervo do Clube de Engenharia do Rio de Janeiro.

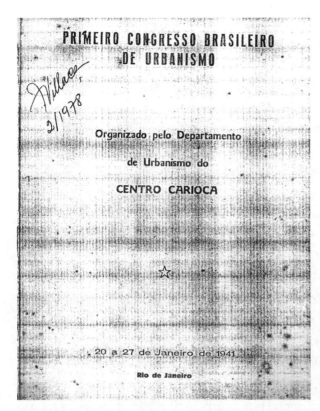

Frontispício dos Anais do I Congresso Brasileiro de Urbanismo. Documento cedido pela Profa. Dra. Maria Cristina Leme da Faculdade de Arquitetura e Urbanismo da Universidade de São Paulo.

Entre eles o próprio José de Oliveira Reis, que esteve na organização do Congresso, atuando na função de "vogal" e como presidente da 7ª Comissão, denominada de "Exposição de Urbanismo". Segundo Lucia Silva,

> o Centro Carioca procurou agir no Legislativo, através de relatórios técnicos sobre os assuntos nos quais queria influenciar (...) fazendo relatórios sobre os problemas da cidade, e levando-os aos vereadores da Câmara Municipal, o Centro Carioca começava a tornar-se influente. Ao longo dos anos 1930, manteve essa estratégia, mas procurou atrair para seus quadros, mediante a criação do Departamento de Urbanismo, em 1937, os principais profissionais que discutiam o urbanismo (tais como J. de Oliveira Reis, F. Batista de Oliveira, Godoy e Mário de Souza Martins) (SILVA, 2003: 114-115).

É nesse contexto da década de 1930, entre o trabalho na administração municipal e a participação em entidades sociais e profissionais, que José de Oliveira Reis incorpora informações, aproxima interesses no debate sobre os problemas urbanos, delineia seu pensamento sobre o próprio urbanismo como saber técnico, corroborando com o argumento profissional do distanciamento e desvinculação das questões políticas.

Nessa mesma década de 1930, José de Oliveira Reis publica seus primeiros artigos, inicialmente caracterizados pelos problemas técnico-construtivos com estudos sobre as "Pedreiras do Distrito Federal" (1934), a "Drenagem do Aeroporto Santos Dumont" (1938) ou "Diagramas Hidrológicos" (1937), assim como assume em 1937, já voltado para as questões do urbanismo e dos municípios, a chefia da Comissão do Plano da Cidade do Rio de Janeiro, criada pelo Decreto nº 6092 de 8 de novembro de 1937.

O ambiente profissional da engenharia no Rio de Janeiro, especialmente durante a década de 1930, foi intenso e concatenou profissionais como Armando de Godoy, Henrique de Novaes, Ângelo Bruhns, Lúcio Costa, Archimedes Memória, Francisco Baptista de Oliveira, José Octacílio Saboy Ribeiro, o próprio José de Oliveira Reis, Carmem Portinho, Edison Passos, Paulo de Frontin, Atílio Correia Lima entre muitos outros, cujos interesses pelas cidades, seu crescimento e desenvolvimento fundamentaram a consolidação e institucionalização do urbanismo no Brasil, particularmente no Distrito Federal. Outras municipalidades também aglutinavam profissionais referenciais nessa legitimação e institucionalização do urbanismo como Anhaia Mello – que em 1929 publicou o importante texto *Problemas de Urbanismo* –, Prestes Maia e João d'Ulhoa Cintra, todos três ligados ao município de São Paulo.

O grande interesse pelo debate urbanístico desse conjunto de profissionais que atuava no Rio de Janeiro, não foi, assim, prejudicado pela administração Pedro Ernesto e pelo direcionamento em sua gestão para os já referidos problemas da educação e saúde. Tal administração não representou, portanto, impedimento para que esses engenheiros se mantivessem articulados mediante estudos sobre o urbanismo. Para tal articulação outros canais foram criados, como a participação dos profissionais nas mencionadas entidades (Clube de Engenharia e Centro Carioca), nos congressos e nas revistas especializadas, como o caso do n° 1 da *Revista da Directoria de Engenharia do Rio de Janeiro*, de 1932, ao publicar o artigo *Considerações sobre urbanismo*, do engenheiro João Augusto Penido.

Da mesma forma que esses canais de debate, a possibilidade de executar trabalhos e conferências em outras localidades que não o Rio de Janeiro, também contribuiu para a continuidade da discussão. Foi o caso do Plano de Abastecimento de Água de Juiz de Fora realizado pelo engenheiro Henrique de Novaes, ou as conferências de Armando de Godoy, tanto em Juiz de Fora, em 1935, sobre "As conseqüências sociaes e econômicas dos princípios do urbanismo", ou ainda, na cidade de São Paulo, para a Sociedade dos Amigos da Cidade, cuja abordagem percorreu "Algumas transformações e conquistas urbanas do Rio de Janeiro através de diferentes governos", realizada no ano de 1936. Ou seja, se administrativamente as questões urbanísticas foram esquecidas, profissionalmente, pelos engenheiros, os debates se mantiveram em canais diversos.

Findada a gestão do médico Pedro Ernesto em abril de 1936, o cargo de prefeito foi ocupado pelo cônego Olímpio de Melo. Uma administração também com curta duração, mas responsável pela criação e aprovação de importante documento para a cidade do Rio de Janeiro: o Código de Obras do Distrito Federal, denominado Decreto N° 6000, assinado no último dia do seu governo, em julho de 1937. Outro documento reforça e aponta para uma eventual retomada dos debates sobre os problemas urbanos e o urbanismo no âmbito da estrutura administrativa municipal, abandonados na gestão Pedro Ernesto (1931-1936): denominado de "Caixa para financiamento da execução do Plano de Transformação e Extensão da Cidade", esse documento é importante – para a estrutura argumentativa da narrativa deste livro – enquanto referência à elaboração de um Plano Geral para a cidade do Rio de Janeiro. Pelo Artigo 2° do Decreto N° 5.934 de 31 de março de 1937,

> A Directoria de Engenharia providenciará no sentido de ser organizada uma planta geral da cidade com indicações de todos os projetos de alinhamento, de melhoramentos, e de aberturas

de ruas approvadas pelo prefeito, os quaes ficam, desde já, consideradas como constituindo parte integrante do Plano de Transformação e Extensão da Cidade", a saber: traçados principaes; linha limite de regularização do littoral; direcção dos logradouros dominantes e de penetração, e das suas principaes ramificações; assim como os esboços dos bairros residenciaes, industriaese fabris dos povoados satellites; da regularização dos rios e circunvalação de morros; de aproveitamento dos morros; das direcções de viação superficial e subterrânea; da conservação dos aspectos naturaes; afim de ser a referida planta submetida á apreciação do Poder Legislativo para approvação, devendo servir, uma vez approvada, para a orientação e organização do Plano Geral no seu desenvolvimento ulterior.[24]

Não foram localizados documentos que permitam afirmar a implementação do plano. No entanto, o texto é claro ao incumbir a Directoria de Engenharia pela elaboração de uma planta geral, e nela delimitar os mais diversos projetos de interesse à municipalidade. É provável que essa necessidade de elaboração antecipada da planta tenha sido definida para, a partir dela, desenvolver o Plano de Transformação e Extensão da Cidade, como claramente está no texto do decreto; até porque sua aprovação pelo Legislativo foi determinante da organização do referido plano.

Por outro lado, se efetivamente realizado ou não o Plano de Transformação e Extensão da Cidade conforme normatização do Decreto Nº 5.934 de 31 de março de 1937, interessa e é mais importante perguntar sobre a retomada dos debates urbanísticos – e não especificamente sobre o próprio plano em si – entre os profissionais engenheiros da Prefeitura. Entendemos que é fundamental argumentar na direção desta retomada, pela possibilidade de José de Oliveira Reis ser um dos interlocutores nesse movimento de rearticulação. O próprio texto do decreto da Caixa de Financiamento denota a importância das questões viárias entre os projetos que a planta geral deveria apresentar para a realização do Plano Geral; justamente a principal preocupação de José de Oliveira Reis durante os

---

24 Acervo José de Oliveira Reis – Arquivo Geral da Cidade do Rio de Janeiro.

trabalhos na Comissão do Plano da Cidade do Rio de Janeiro a partir do mesmo ano de 1937, já sob os auspícios do Estado Novo.

Dois, portanto, são os documentos aqui considerados fundamentais por recolocar o urbanismo no centro dos debates entre os engenheiros municipais do Rio de Janeiro. O Decreto N° 6.000, claramente elaborado para empreender ordenamento e regulamentação das construções, e os artigos constantes do decreto de instituição da Caixa de Financiamento, por abordarem a elaboração do Plano de Transformação e Extensão da Cidade. Pensados conjuntamente, eles articulam de forma inovadora as relações entre edificações e áreas livres na cidade, tanto as já existentes como aquelas que seriam ocupadas em projetos de expansão.

Argumentarão alguns que o Decreto N° 6.000 foi colocado em prática na cidade do Rio de Janeiro, e que o Plano de Transformação e Extensão, proposto pelo interventor Olímpio de Melo, não. Para os que consideram apenas as variáveis *materializadas* do pensamento urbanístico, e desconsideram as possibilidades de argumentação sobre o que não se construiu na cidade, o Plano de Transformação e Extensão de fato não pode ser pensado, por exemplo, como o evento decisivo na articulação da Comissão do Plano da Cidade do Rio de Janeiro a partir de novembro de 1937, bem como no que esta comissão realizaria durante o Estado Novo. Fundamental, portanto, não restringir a argumentação sobre o que se *construiu na* cidade, mas perguntarmo-nos o que se *construiu sobre* a cidade. Vale empreender, nesse sentido, uma análise sobre os movimentos que antecederam a conformação da Comissão do Plano da Cidade na gestão Henrique Dodsworth (1937-1945), e mais ainda, da articulação favorável ao engenheiro José de Oliveira Reis para assumir a chefia da referida comissão. Um exercício que implica caminhar por questões ainda não abordadas e com reduzidos vestígios documentais – neste caso, delinearemos duas, entre outras possíveis, variáveis não problematizadas.

Uma primeira e instigante pergunta é, ao mesmo tempo, objetiva e complexa: o que levou um engenheiro ajudante – com passagem pela Divisão de Geologia e Sondagens da Directoria de Engenharia – da Segunda Divisão de Viação da Secretaria de Viação e Obras a assumir o segundo cargo mais importante na estrutura administrativa responsável pelas propostas e obras ante os problemas urbanos do Rio de Janeiro?[25]

Uma segunda pergunta está relacionada à atuação do engenheiro José de Oliveira Reis nos problemas da cidade do Rio de Janeiro: em que momento dessa atuação as questões do urbanismo e aquelas relativas ao sistema viário nos municípios brasileiros, especialmente o Rio de Janeiro, tornaram-se centrais? A resposta para esta segunda pergunta atravessa necessariamente a experiência de José de Oliveira Reis na mencionada Segunda Divisão de Viação da Secretaria de Viação e Obras. Deve perpassar também todo seu movimento interno na administração municipal até essa divisão, após a reestruturação administrativa determinada pelo Decreto Nº 6040 de 18 de agosto de 1937, culminando com sua nomeação à chefia da Comissão do Plano da Cidade do Rio de Janeiro.

Nessa nova organização da prefeitura do Rio de Janeiro, a denominada Directoria de Engenharia – nomenclatura vigente até o início da gestão Henrique Dodsworth (1937-1945) – foi desdobrada em duas novas diretorias: a Directoria de Obras Públicas e a Directoria de Fiscalização de Obras e Instalações, ambas subordinadas ao Secretário Edison Passos, da *Secretaria Geral de Viação, Trabalho e Obras Públicas*. A *Divisão de Viação* em que José de Oliveira Reis atuou estava vinculada à 2ª Sub-Diretoria de Viação e Saneamento da recém-criada Directoria de Obras Públicas.

O que reforça essa interpretação da atuação de José de Oliveira Reis, principalmente na Divisão de Viação, é a própria documentação existente, ou melhor, como um paradoxo mesmo, a não existente no arquivo pessoal do engenheiro,[26] corroborada pela documentação encontrada em outros arquivos. Não existe no acervo pessoal do engenheiro documento que

---

25 A referência sobre atuação de Oliveira Reis na Segunda Divisão de Viação da Secretaria de Viação e Obras Publicas é do próprio engenheiro, em seu depoimento para o Arquivo Geral da Cidade do Rio de Janeiro no dia 23 de abril de 1986. O primeiro escalão da estrutura administrativa, ou seja, o cargo de Secretário de Viação estava sob a responsabilidade do engenheiro Edison Passos, no mesmo momento em que José de Oliveira ocupou o cargo de chefe da Comissão do Plano da Cidade do Rio de Janeiro.

26 Arquivo que foi organizado pelo próprio engenheiro José de Oliveira Reis e doado ao Arquivo Geral da Cidade do Rio de Janeiro.

possibilite relacionar seu trabalho com questões viárias no período anterior ao ano de 1933; exatamente o ano de sua nomeação como engenheiro da municipalidade do Rio de Janeiro. Ou seja, sua aproximação e interesse pelas questões viárias aconteceram a partir da nomeação como engenheiro municipal, – muito pouco nos anos iniciais em função dos interesses da gestão do prefeito Pedro Ernesto –, mas fundamentalmente a partir da sua inserção na referida Divisão de Viação.

Os debates sobre a cidade e o urbanismo aconteceram, como já mencionado, fora da administração Pedro Ernesto (1931-1936), por exemplo, no âmbito da *Revista da Directoria de Engenharia*, desde sua criação em julho de 1932, com artigos de Carmen Portinho, José Estelita, Armando de Godoy, José Augusto Penido, entre outros.[27] Uma situação também paradoxal, pois, a Revista integrava a estrutura da Directoria de Engenharia e foi criada na própria gestão Pedro Ernesto, em 1932. Talvez a revista caracterizasse o interesse por parte do corpo técnico da Directoria de Engenharia da permanência pelos debates sobre urbanismo.

José de Oliveira Reis, diferentemente destes autores que escreveram sobre urbanismo, direcionou seus estudos iniciais, publicados na mesma *Revista da Directoria de Engenharia,* para outras áreas distantes ainda das questões viárias e urbanísticas, porém, estreitamente vinculadas ao seu trabalho à época. Seus dois primeiros artigos, publicados em setembro e novembro de 1934, relacionaram-se aos problemas das pedreiras e da construção de edificações em geral, e ambos foram intitulados "Pedreiras do Districto Federal e sua contribuição nas construções"; são mais precisamente duas partes de um artigo só. Na época das publicações (1934), José de Oliveira Reis ainda estava vinculado à Divisão de Geologia e Sondagens,

---

27 Entre os vários artigos, por exemplo, "Considerações em torno dos planos geraes de remodelação e expansão das cidades", de Paulo Peltier de Queiroz (março de 1936); "Como vivem o município, a cidade e a metrópole no Brasil" de H. Almeida Gomes (janeiro de 1936); "Os problemas do urbanismo no Japão", de José Estelita (janeiro de 1936); "Plano de remodelação e extensão da cidade do Recife", de José Estelita (setembro de 1934); "O ensino do urbanismo", de Carmen Portinho (julho de 1934); "O critério científico do urbanismo", de Carmen Portinho (janeiro de 1933); "Considerações sobre urbanismo", de João Augusto Penido (julho de 1932).

que fora criada no âmbito da Directoria Geral de Engenharia pelo Decreto Nº 3759 de 30 de janeiro de 1932.[28]

Os artigos denotam conhecimento muito particular da formação geológica da cidade do Rio de Janeiro, em uma análise cuja abordagem recaiu sobre a localização das pedreiras, as características das formações rochosas e seus eventuais usos na construção. Entre os 35 distritos analisados no artigo, um dos mais apropriados à compreensão dessas três relações é o Distrito da Glória. Segundo José de Oliveira Reis,

> as pedreiras deste Districto assumem uma notável responsabilidade nas principaes obras architectonicas do Rio de Janeiro. Ellas são exploradas nos morros da Viúva e Nova Cintra (face leste). No primeiro, na Av. Ruy Barbosa, actualmente acham-se em actividade quatro pedreiras, inclusive a da Prefeitura. O typo de rocha é o gnais porfiróide facoideanocom feldspatos ortoclasios brancos e róseos com 5 cm, em média, de comprimento, formando os facoides bem distribuídos na massa,

---

28 Esta data e número do decreto que criou a Directoria Geral de Engenharia constam de documento publicado na *Revista Municipal de Engenharia*, lançada em novembro de 1937: 415-419; integra também o conjunto do texto toda a reestruturação promovida na municipalidade pelo prefeito Henrique Dodsworth. Segundo o texto na revista, "A Directoria de Engenharia, outrora Directoria Geral de Engenharia, que por suas vez sucedeu a antiga Directoria Geral de Obras e Viação quando da reforma de 30 de janeiro de 1932 (Decreto Nº 3.759), era, certamente, uma das repartições municipais cujas atribuições abrangiam um campo vastíssimo e de grande importância (...) Assim, com a reforma havida em 1932, nasceram novos serviços especializados taes como o de Geologia e Sondagens, o de Ensaio de Materiais, de transporte, etc." (p. 415) Verificamos algumas divergências nas datas e números dos decretos apresentados em outras publicações e já utilizadas no trabalho. Uma delas consta do trabalho de Lúcia Silva (SILVA, 2003). A autora apresenta o Decreto 29 de 19 de fevereiro de 1935 para a reestruturação da prefeitura, que segundo o texto acima da *Revista Municipal de Engenharia* ocorreu em 1932. Como a data e decreto de criação da *Revista da Directoria de Engenharia* é o mesmo da reforma administrativa apresentada pela *Revista Municipal de Engenharia* (nome posterior da *Revista da Directoria de Engenharia* a partir de agosto de 1937) no referido texto de 1937 (p. 415-419), ou seja, Decreto Nº 3759 de 30 de janeiro de 1932, entendemos que ocorreu um erro na apresentação do decreto no texto de Lucia Silva (SILVA, 2003), ou faz-se ali referência a outra reforma empreendida na gestão Pedro Ernesto. Ficaremos com o Decreto nº3759.

envolvidos pela mica e quartzo dando uma textura regular e homogênea à rocha.

Do Morro da Viúva sahiram toda a cantaria que constitue a murada do cães da Avenida Beira Mar e os grandes blocos que formam o enrocamente de protecção a este cães (...) Na architectura colonial era obrigatório o emprego de alvenaria de pedra nas construcções, particularmente em elementos constructivos característicos como os cunhaes onde o seu emprego era indispensável (...) No Morro da Nova Cintra na face que dá para as ruas Pedro Américo, Bento Lisboa, Tavares Bastos, existia a pedreira da Candelária, uma das mais importantes do Districto Federal; hoje está completamente paralysado a exploração do local que forneceu para as obras architectonicas maximas do Rio de Janeiro, como Theatro Municipal, Bibliotheca Nacional e outras que mais adiante falaremos. A rocha é lepitinito, gnais leucocratico, por vezes com coloração rósea regular, typo fanerocristalino, estructura lamelar clássica, rico em quartzo e feldspato alcalino e com granadas almanditas. Clica-se com extrema facilidade em Lages e lajotas; é susceptível de fino apicoamento e se presta aos finos trabalhos de cantaria, esculptura e estatuaria. Realmente a rocha é bella na sua homogeneidade e si não fosse a granada almadita que ao fim de algum tempo entra em decomposição, impregnando a rocha de ferrugem, sua belleza seria duradoura (REIS, 1934: 111-118).

Se por um lado este breve trecho do artigo revela conhecimento muito particular da estrutura geológica da cidade do Rio de Janeiro, característico da sua formação como engenheiro, em nada ainda indica seu conhecimento sobre o urbanismo. Em relação ao urbanismo, a aproximação a essa prática profissional poderia ocorrer pela aproximação com profissionais da prefeitura municipal interessados no tema e na leitura de artigos sobre urbanismo da própria *Revista da Diretoria*. No entanto, se essa aproximação aos profissionais e leituras efetivamente aconteceram ainda não respondem àquela segunda pergunta anteriormente elaborada, qual seja: em que momento de sua atuação profissional irrompe o interesse pelo urbanismo e as questões relativas ao sistema viário nos municípios?

Uma resposta deve passar, necessariamente, pela relação entre vários acontecimentos desencadeadores de um processo que culminou com a nomeação e atuação de José de Oliveira Reis na chefia da Comissão do Plano da Cidade do Rio de Janeiro, a partir de 1937. Um desses acontecimentos, já abordados no livro, ocorreu no mesmo ano da publicação dos primeiros artigos, ou seja, 1934: a sua admissão como sócio do Clube de Engenharia, e as possibilidades de aproximação dos debates e dos profissionais atuantes no clube, por tudo que de expressivo na engenharia brasileira passava por lá. Segundo Vania Maria Cury,

> O Clube de Engenharia está situado entre as instituições que maior influência exerceram sobre o moderno urbanismo brasileiro. Fundado em 24 de dezembro de 1880, na cidade do Rio de Janeiro, a entidade procurou atuar em vários segmentos da infraestrutura e das forças produtivas, exercendo papel de destaque na formulação e na execução dos principais projetos implementados com vistas à modernização do Brasil. Uma relevância significativa deve ser dada à sua atuação na construção de ferrovias e na urbanização das cidades brasileiras, tanto as de grande, quanto as de pequeno porte (CURY, 2004: 1).

Na relação de proximidade que José de Oliveira Reis estabeleceu, a partir de 1934, com profissionais já atuantes nessa estrutura do Clube de Engenharia, um deles em especial foi um dos articuladores da aproximação de José de Oliveira Reis aos problemas urbanos e, ao mesmo tempo, o responsável, três anos mais tarde pela sua nomeação como chefe da Comissão do Plano da Cidade. A referência aqui é para o engenheiro Edison Passos, que assumiu a chefia da Secretaria Geral de Viação, Trabalho e Obras Públicas após reestruturação administrativa realizada pelo prefeito Henrique Dodsworth, mediante publicação do Decreto Nº 6.040/1937.

Outros dois acontecimentos importantes foram o próprio Decreto Nº 6.040 e o Decreto Nº 6.092, de 08 de novembro de 1937, que criou a Comissão de Elaboração do Plano da Cidade. Não os dois decretos em si, mas sim algumas particularidades deles representam a continuação do movimento do engenheiro José de Oliveira Reis na estrutura administrativa. Oportuno ressaltar o reduzido tempo de publicação entre os dois decretos: o Decreto N° 6.040 de agosto de 1937 e o Decreto N° 6.092 de novembro do mesmo ano. Porém, tal diferença de quatro meses não parece ser apenas uma questão temporal, mas, também, variável determinante entre a admissão de José de Oliveira Reis como engenheiro municipal e a chefia da Comissão do Plano da Cidade do Rio de Janeiro.

Uma primeira particularidade aparece no texto do Artigo 3° do Decreto N° 6.040. Consta no referido artigo autorização ao Secretário Geral de Viação, Trabalho e Obras Públicas para criar, em caráter provisório, uma Comissão de Obras Novas necessariamente dirigida por profissional engenheiro do quadro de funcionário da secretaria. São, portanto, quatro meses entre uma Comissão de Obras Novas provisória, que talvez nem tenha realizado qualquer tipo de trabalho, e a Comissão do Plano da Cidade do Rio de Janeiro, criada pelo Decreto N° 6.092, que perdurou durante todo o Estado Novo.

Qual seria a relação entre tais comissões? Ou melhor, invertendo a pergunta, qual o significado da presença do engenheiro e funcionário público José de Oliveira Reis, em sua trajetória de formação como urbanista, na construção programática das referidas comissões? Para dificultar uma eventual analogia entre as comissões, documentos relativos à estrutura administrativa existentes no seu acervo particular não elucidam nem a efetiva existência da Comissão de Obras Novas, e, muito menos, qualquer vinculação institucional entre ambas, ainda que criadas sob os auspícios da mesma secretaria, a de Viação, Trabalho e Obras Públicas. A resposta não surge do conjunto documental resultante das atividades administrativas, nem corrobora a existência da Comissão de Obras Novas, mesmo em seu caráter provisório. Elucida, por outro lado, a importância das relações profissionais, e muito provavelmente das relações pessoais, de José Oliveira Reis nos anos iniciais de sua atividade como funcionário público.

Não existe, todavia, nenhum interesse em estabelecer juízo de valor sobre as competências profissionais de José de Oliveira Reis para o cargo de chefe da Comissão do Plano da Cidade do Rio de Janeiro. Este certamente não é um dos objetivos desta biografia profissional. Da mesma forma, não é pertinente restringir sua indicação e atuação profissional à frente da comissão como resultante única de eventual proximidade com a estrutura político-administrativa. É necessário transitar por outros vestígios que não somente aqueles que demarcaram a atividade administrativa. Nesse sentido, uma provável resposta para a sua inserção na estrutura administrativa municipal e na temática dos problemas urbanos-urbanísticos, quem nos dá é o próprio José de Oliveira Reis, em seu depoimento para o projeto Urbanismo do Arquivo Geral da Cidade do Rio de Janeiro:

> Eu estava trabalhando na Secretaria de Viação e Obras e trabalhava naquela ocasião exatamente como engenheiro ajudante na sede da Segunda Divisão de Viação, que era perto do túnel João Ricardo, quando foi nomeado prefeito – pelo presidente da República, Getúlio Vargas – o Dr. Henrique Dodsworth, e convidou para secretário de Viação o engenheiro, o grande engenheiro que foi, Edson Junqueira Passos. Nessa ocasião, Edson Junqueira Passos, que já me conhecia, me chamou para o gabinete dele; então eu fiquei trabalhando no gabinete junto ao secretário, e lá tive a oportunidade de fazer vários projetos, desenhos, etc. sobre urbanismo. Nessa ocasião também sugeri ao secretário que, uma vez tendo sido a cidade do Rio de Janeiro objeto de um estudo especial, que foi na administração do prefeito Prado Júnior, com o Plano Agache... Ele chamou o urbanista Alfred Agache para vir orientar a cidade e o crescimento da cidade, que não havia. Havia um órgão na prefeitura que era a Planta Cadastral, essa Planta Cadastral era quem fazia os projetos, projetos mais de alinhamento, mas sem uma ordenação geral de um plano de conjunto, e por isso chamado – por sugestão alias do engenheiro Armando de Godoy – foi sugerido o nome de um grande urbanista e foi mandado então para cá o Alfred Agache, e que fez o primeiro plano da cidade do Rio de Janeiro, um plano objetivo, evidentemente. Agora, como esse plano foi aprovado, então foi relegado a um segundo... mais para um esquecimento do que propriamente um arquivo. E nessa ocasião, quando o Henrique Dodsworth subiu na Prefeitura, foi sugerido então que se criasse novamente um Plano da Cidade do Rio de Janeiro e eu tive a oportunidade de

apresentar uma série de... de projetos, ou de... a respeito do plano, então fui chamado para ficar chefiando o Plano da Cidade.[29]

Obviamente sua fala não esclarece o motivo do convite de Edison Passos para a realização "de projetos, desenhos, etc. sobre urbanismo". Também não esclarece seu possível interesse profissional, até aquele momento, pelos mesmos "projetos, desenhos, etc. sobre urbanismo". Por outro lado, se não esclarece seu interesse pelas questões urbanísticas, oferece uma porta considerável de entrada nessas questões pelo interesse que despertou-lhe a atuação de Alfred Agache; no caso, menos o urbanista francês e mais o próprio Plano de Remodelação e Extensão do Rio de Janeiro, e todos os debates sobre urbanismo e o plano em si ocorridos entre o final da década de 1920 e toda década de 1930. Em seu depoimento é evidente o interesse pelo Plano Agache, ao afirmar tê-lo estudado detalhadamente.

Ainda assim, não é possível identificar qualquer particularidade, um evento único capaz de proporcionar resposta "definitiva" para a relação do profissional José de Oliveira Reis e o urbanismo. É imprescindível, portanto, uma compreensão contextual entre cada nova condicionante, cada novo evento que desde a contratação de Alfred Agache e ao longo da década de 1930 ocorreu, assim como ocorreria com sua atuação profissional no âmbito da administração pública.

A resposta é necessariamente relacional e localizada somente na relação temporal-conjuntural entre os debates nas revistas, as mudanças organizacionais da administração municipal que proporcionaram a estruturação do poder público para trabalhar com a questão urbana e o Plano de Remodelação, Embelezamento e Extensão do Rio de Janeiro. José de Oliveira Reis não chegou à chefia da Comissão do Plano da Cidade do Rio de Janeiro isolado de toda essa conjuntura. É parte integrante e agente de todo o movimento – como seus colegas engenheiros da prefeitura do

---

29 Depoimento realizado no dia 23 de abril de 1986. Auditório Noronha Santos do Arquivo Geral da Cidade do Rio de Janeiro. Os "cortes" no texto são resultantes da própria transcrição realizada pelo Arquivo Geral da Cidade. Depoimento cedido pela direção do Arquivo Geral da Cidade do Rio de Janeiro.

Distrito Federal, da Escola Politécnica, do Clube de Engenharia – que culminou com a institucionalização do setor de urbanismo na prefeitura. Sua trajetória de formação como profissional do urbanismo esteve integrado diretamente nesse mesmo movimento.

Nesse sentido, não é prematuro nem superficial compreender a existência da circulação de assuntos sobre urbanismo entre os engenheiros da municipalidade, mediante publicação e divulgação na revista oficial do poder publico, a *Revista da Directoria de Engenharia*. E não só esta revista como também a *Revista Brasileira de Engenharia* que, na mesma década de 1930, publicara artigos sobre as cidades. Circulação que contribuiu para formação do profissional urbanista no âmbito da institucionalização do setor de urbanismo na administração municipal. Oportuno esclarecer que esta circulação não pode ser pensada isoladamente dos debates já ocorridos durante a gestão do prefeito Antônio Prado Júnior sobre o Plano Agache, até porque as disputas ocorridas no âmbito do plano não ficaram restritas ao período de sua elaboração e entrega. A própria *Revista da Directoria de Engenharia* publicou vários artigos durante a gestão Pedro Ernesto sobre o plano desenvolvido por Alfred Agache.[30]

Ainda sobre os dois decretos de 1937 (Decretos n° 6.040 e 6.092, respectivamente, de agosto e novembro de 1937) da Prefeitura Municipal do Rio de Janeiro, em especial agora o Decreto 6092, uma segunda particularidade amplia essa compreensão temporal e relacional na instituição da Comissão do Plano da Cidade chefiada por José de Oliveira Reis. E não apenas amplia, como impõe um olhar retrospectivo até a curta administração do Cônego Olímpio de Melo (que antecedeu Henrique Dodsworth: 1937/1945), para compreender como aquele movimento entre os dois decretos (6.040 e 6.092) orientaram o percurso profissional de José de Oliveira Reis até a referida Comissão do Plano da Cidade. Pelo texto do Decreto N° 6092 do

---

30 O primeiro artigo foi publico na *Revista da Directoria de Engenharia*, ano II, n° 5 de julho de 1933 com o seguinte título: "O problema do Plano Diretor". Os artigos continuaram no formato de capítulos. O segundo artigo, de setembro de 1933, foi sobre a "Ossatura do Plano Director". O terceiro, de novembro de 1933, foi sobre "Os elementos funcionais do Plano Diretor", todos transcritos do plano.

Interventor do Distrito Federal, Henrique Dodsworth, logo em sua primeira consideração aparece a seguinte referência: "Considerando que o Decreto Nº 5.934, de 31 de Março de 1937, instituiu a Caixa para Financiamento da Execução do Plano de Transformação e Extensão da Cidade".

A consideração do interventor no momento da criação da Comissão do Plano da Cidade no Estado Novo retoma o documento aprovado pela administração do Cônego Olímpio de Melo. Tratava-se, nesse sentido, do movimento de instauração, de gestação da Comissão do Plano da Cidade criada juridicamente em novembro de 1937. Um processo de institucionalização legitimado na retomada, durante a gestão Olímpio de Melo (1936-1937), dos debates entre os engenheiros da prefeitura municipal sobre os problemas urbanísticos do Rio de Janeiro. Diferentemente, portanto, do período da gestão Pedro Ernesto (1931-1936), quando esses debates restringiram-se, muito provavelmente, às revistas especializadas, à imprensa, conferências e debates em entidades como o Clube de Engenharia. Ou seja, uma retomada dos debates, das proposições e das realizações dentro da administração pública municipal.

A relação entre José de Oliveira Reis, as questões urbanísticas e a Comissão do Plano da Cidade do Rio de Janeiro só podem ser pensadas nesse contexto histórico-temporal da década de 1930. Contexto decisivo a articular o sujeito, o saber e a premissa para se processar o pensamento e a ação sobre o Rio de Janeiro, e no Rio de Janeiro, cujas particularidades não se restringiam a cada um em si, mas se processavam nas diversas interfaces de movimentos relacionais, contextuais e, claro, individuais. É uma relação em permanente circulação, assim como uma trajetória de formação do profissional urbanista também em constante movimentação, articulação e apropriação.

Portanto, não existe uma data, uma origem fundadora ou evento específico para responder àquelas duas perguntas anteriormente formuladas sobre a chegada de José de Oliveira Reis à chefia da Comissão do Plano, e a sua relação com o urbanismo. O urbanista em formação não é um dado, não está acabado. Está em movimento. O mesmo ocorre com o próprio saber, o urbanismo. Essa situação perpassou não somente o saber, mas a construção profissional do próprio indivíduo, aproximando-o de conhecimentos e práticas particulares que não compunham a estrutura educacional da sua formação em engenharia. Uma formação consolidada qualitativamente com a criação da Comissão do Plano da Cidade do Rio de Janeiro, no bojo do importante processo de reestruturação administrativa implementada na gestão do prefeito Henrique Dodsworth já no contexto político do Estado Novo, fundamental para a consolidação da institucionalização do urbanismo na prefeitura do Distrito Federal.

CAPÍTULO 2

Comissão do Plano da Cidade do Rio de Janeiro: um processo de institucionalização do urbanismo na administração pública brasileira

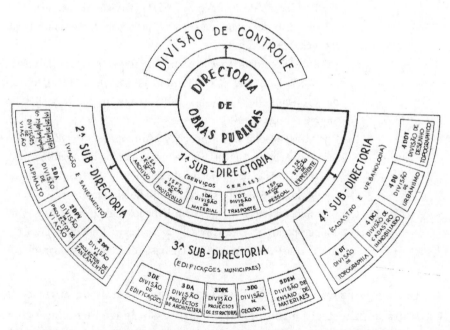

Organograma da Diretoria de Obras Públicas realizada após a oficialização do Decreto N° 6.040 de 18 de agosto de 1937. Atentar para a nomenclatura da 4ª Sub-Directoria: "cadastro e urbanologia" e sua Divisão de Urbanismo. Publicado na *Revista Municipal de Engenharia*, novembro de 1937: 415.

Urbanologia. O vocábulo – conceito que poderia significar o estudo da área urbana do município – foi a resposta apresentada pela administração municipal aos questionamentos e críticas sobre a inexistência de ordenação urbanística da cidade do Rio de Janeiro. *Urbanologia* foi o termo empregado para caracterizar, juntamente com *Cadastro*, as atividades da 4ª Sub-Directoria da Directoria de Obras Públicas criada pelo Decreto N° 6.040, de 18 de agosto de 1937, na Secretaria de Viação, Trabalho e Obras Públicas da Prefeitura do Distrito Federal. Cadastro e Urbanologia estavam organizados, assim como as outras três sub-directorias, em divisões técnicas: Divisão de Topografia, de Cadastro Imobiliário, de Urbanismo e de Desenho Topographico. No conjunto, a Directoria de Obras foi assim estruturada:

> • 1ª Sub-Directoria (Serviços Geraes): 1ª SA (Secção de Arquivo), 1ª SPT (Secção de Protocolo), 1ª DM (Divisão de Material), 1ª DT (Divisão de Transportes), 1ª SP (Secção de Pessoal). 1ª SE (Secção de Expediente);
> • 2ª Sub-Directoria (Viação e Saneamento): 1ª a 11ª DV (Divisões de Viação), 2 DA (Divisão de Asphalto), 2DPV (Divisão de Projectos de Viação), 2 DPS (Divisão de Projectos de Saneamento);
> • 3ª Sub-Directoria (Edificações Municipaes): 3ª DE (Divisão de Edificação), 3ª DA (Divisão de Projectos de Architectura), 3ª DPE (Divisão de Projectos de Estructuras), 3DG (Divisão de Geologia), 3DEM (Divisão de Ensaio de Mateiais);
> • 4ª Sub-Directoria (Cadastro e Urbanologia): 4ª DT (Divisão de Topographia), 4ª DCI (Divisão de Cadastro Imobiliário), 4ª DU (Divisão de Urbanismo), 4ª DDT (Divisão de Desenho Topographico).

Uma organização que aponta as áreas fundamentais de atuação da estrutura administrativa municipal em processo de (re)formulação nos meses iniciais sob os auspícios do Estado Novo: a primeira sub-directoria possuía caráter organizacional-administrativo e as outras três definiam as tais áreas: 1. sistema viário – em suas mais diversas especificidades – e saneamento; 2. produção das edificações públicas em todas as etapas do processo de construção civil – análise de solo, tecnologias construtivas e projeto de arquitetura; 3. a problemática dos planos urbanos, passando pela compreensão da geografia natural e catalogação dos imóveis urbanos.

Tal estrutura proporcionou a continuação do processo de definição das atribuições da engenharia municipal – iniciadas certamente com o concurso para engenheiro municipal na administração Pedro Ernesto –, gerando, consequentemente, uma especialização da atividade dos próprios engenheiros municipais que estariam alocadas em diretorias específicas. O próprio Decreto N° 6.040 direcionou a especialização ao declarar, em suas *Instruções n° 1*, que a Divisão de Urbanismo criada na Secção de Cadastro e Urbanismo deveria cuidar do que era o Serviço do Plano Geral de Transformação e Extensão da Cidade, sob a responsabilidade da extinta 2ª Sub-Directoria da Directoria de Engenharia.[1]

Todo esse movimento aqui enfatizado como concernente à década de 1930 pode ser ampliado se considerarmos a criação das várias comissões municipais anteriores, entre elas a da Carta Cadastral e a do Código de Obras, ambas durante a gestão de Alaor Prata (1922 e 1926); e especialmente a comissão criada e presidida pelo próprio prefeito Prata, de Estudo e Confecção do Plano da Cidade. O que não deve significar, no entanto, que é possível pensar em uma institucionalização do urbanismo na administração municipal no Rio de Janeiro antes da década de 1930.

Por outro lado, e para reforçar tanto a possibilidade quanto a necessidade de compreensão dessa institucionalização como um processo

---

[1]   A Directoria de Engenharia foi extinta justamente pelo Decreto N° 6.040. A mudança referida na Instruções n° 1, consta do seu Artigo 3° que declara: "Os serviços a cargo das Directorias de Obras Públicas e de Fiscalização de Obras e Installações obedecerão as disposições legaes e regulamentares relativas ás da extincta Directoria de Engenharia, na parte correspondente aos mesmos, observadas as seguintes modificações: a) Quanto á Directoria de Obras Públicas: 1) – As Divisões de Material, Transporte, Asphalto, Edificações, Projectos de Achitectura, Projectos de Estrutura, Ensaio de Materiais Topographia e Urbanismo; cabe a execução dos serviços que de accordo com as disposições legaes e regulamentares relativas á extincta Directoria de Engenharia, eram, respectivamente, de atribuição da Secção de Material e das Divisões de Garage e Officinas, Usina de Asphalto, Edificações Municipaes, Architecture, Escriptório Téchnico da 1ª SubDirectoria e Escriptorio Technico da 2ª SubDirectoria, na parte relativa á estructuras, Laboratório de Ensaios de Materiaes, Topographia e Nivelamento e Plano Geral de Transformação e Extensão da Cidade". *Revista Municipal de Engenharia*, novembro de 1937.

temporal não restrito à década de 1930, a própria administração Alaor Prata produziu outro fato importante: a criação da Comissão de Construção e Zoneamento, que segundo Lucia Silva (SILVA, 2003) conseguiu produzir uma legislação através do Decreto Nº 2.087 de 19/01/1925. Lucia Silva credita a esse decreto a criação do primeiro código de obras, sob o título de "Regulamento para Construções, acréscimos e modificações de prédios no Distrito Federal". Conforme a autora,

> por este regulamento, a cidade estava dividia em quatro zonas: central, urbana, suburbanas e rural. Além de procurar disciplinar os usos das áreas do município, por meio do zoneamento, o código demonstrava a preocupação com o uso indiscriminado do concreto armado (SILVA, 2003: 63).

É ainda Lucia Silva quem oferece interpretação interessante sobre a gestão Alaor Prata e a atuação da Comissão do Plano, principalmente ao reconhecer na criação dessa e das outras comissões a possibilidade de aglutinação dos profissionais engenheiros atuantes no Distrito Federal, na década de 1920. Não deixa, porém, de elucidar, segundo sua perspectiva de análise, que a Comissão do Plano não cumpriu seu objetivo, que era o de implementar um plano na gestão Alaor Prata:

> "Essa comissão tinha uma característica a diferenciá-la das demais: seu resultado não seria tão concreto como as outras, na medida em que o plano não seria implementado imediatamente. As anteriores apresentavam regulamentos que buscavam solucionar diretamente problemas concretos mais visíveis, como o do tráfego e o das construções, por isso entraram logo em aplicação. A comissão do plano tinha como objetivo confeccionar um plano que não seria implementado naquele momento, ficaria como referencial para o próximo prefeito. Nesse contexto, as outras foram reconhecidas socialmente, enquanto que essa não, até porque não foi possível cumprir seu objetivo (...)

No entanto, ainda conforme Lucia Silva,

> (...) A constituição da comissão do plano, mesmo que na prática não tenha conseguido realizar objetivamente nada, pelo menos conseguiu aglutinar os profissionais que tinham os problemas da cidade como objeto de investigação, permitindo que a discussão que antes se fazia de forma isolada, através de alguns indivíduos, se tornasse mais organizada e pública. Foi nessa nova conjuntura que Prado Júnior convidou Agache para vir ao Brasil" (SILVA, 2003: 68-69).

Em meio a reações de oposição e apoio à proposta de contrato com Alfred Agache, o prefeito Antônio Prado Júnior conseguiu os recursos financeiros para providenciar a vinda do urbanista francês ao Rio de Janeiro. Entre o ano de 1927, quando da chegada de Alfred Agache ao Brasil, e 1930, quando entregou o Plano de Remodelação, Extensão e Embelezamento do Rio de Janeiro, as disputas no campo profissional tornaram-se acirradas, até com críticas sobre eventual plágio que Alfred Agache teria cometido com projeto do escritório dos arquitetos Ângelo Bruhns e José Cortez.

Algumas entidades como o Clube de Engenharia apoiaram a decisão do prefeito Antônio Prado Júnior (1926-1930). Outras se opuseram, como o Instituto Central dos Arquitetos (Silva, 2003), à contratação de profissional estrangeiro. Como anteriormente apresentado, oposição que Adolfo Bergamini (1930-1931), sucessor de Antônio Prado Júnior na prefeitura, fez questão de apresentar em relação à contratação de um urbanista estrangeiro. Adolfo Bergamini seguiu de certa forma, a posição da Escola Politécnica, que era favorável à confecção de um plano, mas contrária à vinda de profissional de outro país. Tanto que em 1931 determinou a criação da Comissão do Plano da Cidade do Rio de Janeiro, mesmo, segundo Silva, diversamente da proposta contida no Plano Agache, que deveria ser "um departamento permanente que cuidaria dos problemas da cidade" (SILVA, 2003: 104). Para a autora, "a comissão instituída por Bergamini tinha função diversa daquela prevista pelo plano, pois fora criada para resolver as divergências internas entre arquitetos e engenheiros" (SILVA, 2003: 104).

Entretanto, independentemente das reações expostas ou mesmo das orientações que a gestão Adolfo Bergamini conferiu à comissão do plano que criou, o plano de Alfred Agache é momento ímpar no movimento pela institucionalização do urbanismo no Rio de Janeiro e, por que não, no Brasil. Não é, por outro lado, movimento único, já que no mesmo ano de 1930 o engenheiro Prestes Maia publicou o *Estudo de um plano de avenidas para a cidade de São Paulo*. Esse evento possibilita, inclusive, empreender uma compreensão relacional entre as duas cidades – Rio de Janeiro e São Paulo –, e suas respectivas particularidades no processo de institucionalização do urbanismo nas administrações municipais brasileiras.

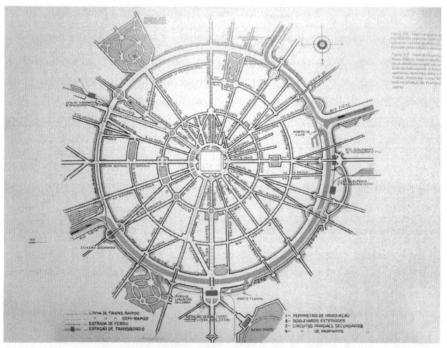

Esquema do Plano de Avenidas – Prestes Maia. Imagem reproduzida em *Prestes Maia e as origens do urbanismo moderno em São Paulo* (TOLEDO, 1996: 297).

Não parece oportuno, entretanto, para o eixo analítico adotado neste livro, uma interpretação na mesma direção da realizada por Flávio Villaça no artigo "Uma contribuição para a história do planejamento urbano no

Brasil" (Villaça, 1999), no qual o autor produziu uma categorização para cada um dos dois planos: Alfred Agache e Prestes Maia. No percurso metodológico de Flávio Villaça, o *Estudo de um plano de avenidas para a cidade de São Paulo* é considerado o último dos planos de melhoramento e embelezamento, enquanto o Plano Agache é o primeiro dos superplanos.

O maior interesse é entender o lugar e a forma de inserção de cada um dos planos nos processos de institucionalização do urbanismo nas suas respectivas municipalidades. Não interessa, nesse sentido, qualquer análise dos planos, nem mesmo a corroboração ou não da categorização implementada por Villaça, pois a pergunta que estrutura o texto não é "o que é o Plano Agache?" ou " o que é o Plano de Avenidas?". A pergunta está estruturada numa questão mais geral: o que é o urbanismo no Brasil no século XX na interlocução da atuação profissional do engenheiro José de Oliveira Reis? E entender o que é o urbanismo no Brasil passa pela necessária compreensão da institucionalização do urbanismo nas administrações públicas e sua legitimação na sociedade.

Os dois planos ocupam lugares distintos nessa institucionalização, menos, porém, relacionados com suas formulações, proposições ou orientações teóricas. A distinção ocorre não por eles, e sim pelos movimentos particulares que caracterizaram a institucionalização do urbanismo em São Paulo e Rio de Janeiro. Essas particularidades certamente marcaram a criação dos Departamentos de Urbanismo no Rio de Janeiro e São Paulo, respectivamente em 1945 e 1947, e que certamente estiveram também associadas à criação nas duas cidades, no mesmo ano de 1937, de Comissões do Plano da Cidade: no Rio de Janeiro, mediante publicação pelo chefe do poder executivo, do Decreto Nº 6.092, e em São Paulo, pelo poder legislativo, com a Lei Municipal 3.611, de 23 de junho de 1937.

Todavia, as particularidades dos dois processos não são perceptíveis apenas na origem institucional-política de criação de cada Comissão do Plano da Cidade (uma pelo Prefeito e outra pela Câmara Municipal). Uma particularidade fundamental recai na esfera do próprio saber, do urbanismo, ou ainda, na relação entre as discussões e proposições urbanísticas e os profissionais urbanistas que atuavam nas administrações municipais.

O *Estudo de um plano de avenidas para a cidade de São Paulo* integra processo já institucionalizado na estrutura administrativa municipal, desde a criação, no ano de 1925, da Seção de Cadastro e Urbanismo.[2] Como também informado por Sarah Feldman,

> o Estudo para um Plano de Avenidas também é um trabalho que se desenvolve no interior da administração, ao longo dos anos 20. De autoria de Prestes Maia, em sua forma final, o plano incorpora idéias e trabalhos que já vinham sendo elaborados no setor de Urbanismo, tanto por Vitor da Silva Freire, como por Ulhoa Cintra. E uma das questões abordadas por Prestes Maia no Plano é, também, a valorização do engenheiro municipal, principalmente na área de transportes, frente ao conflito de atribuições que vinha se esboçando entre empresas concessionárias de serviços públicos e administração municipal (FELDMAN, 198: 7-8).

Ainda conforme Feldman, a Seção de Cadastro e Urbanismo estava "com a incumbência de elaborar o plano geral, organizar o cadastro, fixar e fiscalizar alinhamentos e nivelamentos, e tratar de todas as questões referentes ao problema do Urbanismo" (Feldman, 2005: 41). Nesse caso de São Paulo, processo resultante do intenso trabalho do engenheiro Victor da Silva Freire durante as décadas de 1910 e 1920, à frente da Diretoria de Obras da Prefeitura de São Paulo, assim como, da continuidade dessas ações, empreendidas por João d´Ulhoa Cintra ao promover nova organização administrativa em 1931. Neste ano, inclusive, o momento em que Anhaia Mello ocupou o cargo de Prefeito da cidade de São Paulo, João d'Ulhoa Cintra providenciou o desdobramento da Secção de Cadastro e Urbanismo em duas "secções" específicas: a Secção de Cadastro e a Secção de Urbanismo. Segundo Feldman,

> à primeira compete a organização da planta cidade, cadastro e serviços; fixação de alinhamentos e nivelamentos, e

---

2   Esta análise integra também o texto "Planejamento e zoneamento". São Paulo: 1947-1972, que é resultado da tese de doutorado de Sarah Feldman (FELDMAN, 2005: 65).

nomenclatura das vias públicas e numeração de imóveis. A Seção de Urbanismo passa a ser responsável pelo estudo geral de viação, remodelação, embelezamento, extensão e sistematização da cidade; estudos de canalização e retificação do rio Tietê e de outros rios do Município; todas as questões referentes ao problema da urbanização (FELDMAN, 2005: 42).

Nesse sentido, em São Paulo, os profissionais engenheiros municipais produziram, já na década de 1920, a instauração das discussões sobre as questões do urbanismo na organização administrativa mediante aprovação de legislação específica, mesmo que por seção administrativa. O próprio Plano de Avenidas é produzido nesse contexto, independentemente das divergências que caracterizaram as discussões entre Anhaia Mello e Prestes Maia, ou as propostas de Victor da Silva Freire (como representante da estrutura administrativa municipal) e Samuel das Neves (como representante da estrutura administrativa estadual) para o Anhangabaú. O Estudo de um plano de avenidas se conformou no debate entre esses profissionais, ao mesmo tempo intimamente relacionado com as pesquisas realizadas por Prestes Maia e Ulhoa Cintra desde 1924. São produções e discussões endógenas e que, segundo Feldman,

> espelham concepções assumidas e defendidas pelos técnicos da prefeitura e presentes em estudos e planos (...) ou seja, há uma linearidade no processo de construção do pensamento urbanístico nas três primeiras décadas, que é gestado no interior da administração e que é, gradativamente, incorporado na estrutura organizacional da administração municipal (FELDMAN, 2005: 43)

Em relação ao Plano de Remodelação, Extensão e Embelezamento do Rio de Janeiro, a compreensão aqui assumida é a de que ele informa um processo inicialmente exógeno com participação diminuta dos profissionais engenheiros do Rio de Janeiro.[3] O Plano elaborado por Alfred Agache se instaura

---

3   Segundo Lucia Silva, os profissionais brasileiros que participaram dos trabalhos no escritório que Agache montou no Rio de Janeiro foram: Arnaldo Gladosch, D. Albuquerque, Afonso

como ruptura num contexto em que inexistia um processo oficial de institucionalização do urbanismo no poder público municipal. Apenas a ocorrência de algumas instâncias para se discutir um plano para a cidade, formadas sim por profissionais da estrutura administrativa, mas sem respaldo legislativo, como ocorreu na cidade de São Paulo com a lei que criou a Seção de Cadastro e Urbanismo. O Plano Agache não foi produzido no contexto de contínua reestruturação da organização municipal, como foi o Plano de Avenidas; o Plano Agache foi o que gerou o contexto favorável de institucionalização do urbanismo, mesmo com as críticas e oposições de toda ordem que seus defensores, e o próprio Alfred Agache, sofreram.

São, portanto, dois planos urbanísticos distintos, incorporados também de forma diversa na administração municipal, concebidos por dois autores de nacionalidades diferentes, para duas cidades totalmente opostas em sua geografia natural. O Plano de Avenidas representa a ação do poder executivo municipal, pois colocado em prática pelo seu autor, engenheiro Prestes Maia, quando assumiu a prefeitura em 1938 (LEME, 1982; LEME, 1999). E até o ano de 1938, ou seja, entre a sua elaboração-publicação no ano de 1930 e o início da execução das obras propostas no plano, nova reestruturação administrativa paulistana proporcionaria a continuação do movimento de institucionalização do urbanismo. Conforme Feldman,

> em 1935 (...) o Setor de Obras passa a Departamento de Obras Públicas e a Seção de Urbanismo a Divisão de Urbanismo. A Divisão de Urbanismo é constituída por duas subdivisões: a de Topografia e Cadastro, responsável pelos serviços topográficos, fixação de alinhamentos, cadastro e planta da cidade; e a do Plano da Cidade, responsável pelos estudos relativos à estética da cidade: estudos de parques, jardins, cemitérios e campos de recreio; estudos relativos aos rios, portos fluviais e aeródromos; estudo do plano; loteamento e zoneamento (FELDMAN, 2005: 43).

Reidy, Santos Maia, M. Barroso, H. Pelagion e Atílio Correa Lima. Entre os estrangeiros: os arquitetos E. Groer e W. Palanchon e o engenheiro A. Duffieux (SILVA, 2003: 73).

O URBANISTA E O RIO DE JANEIRO **103**

Diferentemente de Prestes Maia durante a implantação do Plano de Avenidas, Alfred Agache, responsável técnico pelo Plano de Remodelação, Extensão e Embelezamento do Rio de Janeiro não teve participação direta no momento da implantação das propostas sugeridas, ou de parte delas, a partir de 1937/38. Na Comissão de Elaboração do Plano da Cidade, criada pelo Decreto Nº 6.092 de 1937, Alfred Agache foi (apenas) referência autoral e intelectual do conjunto de proposições presentes no plano para a cidade do Rio de Janeiro. E talvez uma referência mais relacionada com sua interlocução com Armando de Godoy e outros engenheiros, pelo o apoio ao seu trabalho no Rio de Janeiro durante a elaboração do plano, que em função do próprio plano. Isso porque, para o prefeito do Distrito Federal durante o Estado Novo – o médico e advogado Henrique Dodsworth – "nunca houve plano Agache. Houve apenas esboço de planos de urbanização sistemático da Cidade, elaborado pelo ilustre arquiteto-urbanista, de 1928 a 1930" (DODSWORTH, 1943: 3).

Um discurso que só corrobora as diversas inconstâncias que recaíram sobre o Plano de Remodelação, Extensão e Embelezamento do Rio de Janeiro desde o momento inicial da sua elaboração, em 1927: fase de execução com muitas críticas e oposições, fase de avaliação sem maiores resultados, fase de aprovação legal e, paradoxalmente, abandono. Mas afinal, qual diferença poderia existir para o prefeito Henrique Dodsworth entre plano e esboço de plano? Convém elucidar que essa afirmativa da inexistência do Plano Agache pelo chefe do executivo municipal do Distrito Federal é também apresentada logo no início da sua gestão, na construção do texto do próprio Decreto Nº 6.092 de 1937, ao enunciar genericamente a seguinte constatação:

> Considerando não existir o Plano da Cidade"; "Considerando ser premente a necessidade de elaboração desse plano, a fim de prosseguir a execução de obras urgentes e inadiáveis, adotando-se um programa racional e sistemático de melhoramentos.[4]

---

4   O Decreto Nº 6.092, de 8 de Novembro de 1937, foi publicado na *Revista Municipal de Engenharia*, janeiro de 1938: 22.

Entretanto, no texto do decreto não existe referência específica ao Plano Agache, muito menos ainda a qualquer outro plano, apontando apenas a constatação de que, em 1937, não existia plano para o Distrito Federal. Importante salientar que o texto do Decreto Nº 6.092 conta com o respaldo, quando da sua publicação e, portanto, das suas considerações e proposições, da assinatura do engenheiro Edison Passos, que era o secretário de Viação, Trabalho e Obras Públicas.

Condição que propicia apreender e enunciar com a situação, uma observação-afirmação tanto política, pelo prefeito, quanto técnica, pelo secretário de Viação, Trabalho e Obras Públicas. "Nunca houve plano Agache" foi a consideração apresentada pelo prefeito Henrique Dodsworth em 1943, no artigo "Problemas da cidade", publicado na *Revista Municipal de Engenharia.* Afirmação que permite indagar o executivo municipal sobre o tempo que passou no poder negando a pré-existência de um plano urbanístico para o Distrito Federal. E mais ainda, se assim o fez, pautou seus discursos nos anos subsequentes a 1937 por esta negação, já que o artigo publicado na *Revista de Municipal de Engenharia* é de 1943 e o Decreto Nº 6.092 de 1937?

No sentido puro da negação do plano, e do tempo em que passou negando, possivelmente criou uma divergência entre o seu argumento – o do prefeito Henrique Dodsworth – e o do chefe da Comissão do Plano da Cidade, engenheiro José de Oliveira Reis, que em todas as suas análises colocou o Plano Agache como estruturador dos trabalhos pós-1937; ou seja, não corroborava com a posição enunciada pelo chefe do poder executivo municipal. Se a resposta passa pela compreensão e explicação do prefeito sobre a diferença entre plano e esboço de plano, seria plausível pensar que Henrique Dodsworth também se opôs ao contrato com Alfred Agache, quando do anúncio pelo Prefeito Prado Júnior?

Naquele momento, 1943, continuaria a promover um esquecimento-apagamento das proposições contidas no plano em função das críticas que a administração vinha sofrendo na imprensa?[5] Uma possível resposta

---

5   No artigo "Problemas da Cidade", Henrique Dodsworth elabora resposta para as críticas do jornal *Diário de Notícias* sobre três questões particulares abordadas pelo jornal: "O aterro de Botafogo (30 de março) – "Adeus à Guanabara (31 de março) – "São Paulo-Rio (4

para compreender o argumento da negação do plano consta no mesmo artigo publicado em 1943, todavia, ainda que resposta muito clara ao mesmo tempo muito problemática: "O esboço elaborado não foi convertido, por ato oficial, em plano, razão pela qual não foi obedecido, e muito menos desobedecido como é corrente invocar-se" (DODSWORTH, 1943: 3).

A problemática incorre na desconsideração ou desconhecimento da aprovação do Plano Agache, justamente no momento de maior inconstância ao longo da sua existência, qual seja, aquela durante a administração Pedro Ernesto, que paradoxalmente aprovou e abandonou o trabalho. Oportuno relembrar, como já mencionamos, que os engenheiros Armando de Godoy, Sabóia Ribeiro e Miranda Carvalho são categóricos em afirmar a aprovação do Plano Agache pelo prefeito Pedro Ernesto. Principalmente os engenheiros Miranda Carvalho, por apresentar o decreto de aprovação do plano – Decreto Nº 3.873 de 10 de maio de 1932 –, e Armando de Godoy, ao relatar o ato de assinatura do referido decreto:

> ao Dr. Pedro Ernesto também se deve a oficialização das linhas gerais do Plano Agache. Estou certo que S. Ex. foi levado a isso pela influência do Capitão Delso da Fonseca, seu primeiro Diretor de Obras. Apesar de se tratar de um ato de grande alcance para a nossa capital, apenas três pessoas assistiram S. Ex. assinar no momento a lei referente ao plano Agache. Essas três pessoas fomos o Dr. Amaral Peixoto, o Capitão Delso da Fonseca e eu (...) o ambiente da assinatura do decreto foi como o prenúncio de sua falência. O Plano Agache foi apenas oficializado no papel, tendo sido posto de lado em relação a soluções belíssimas, tanto pelo governo municipal quanto pelo governo federal (GODOY, 1943: 329).

de abril)". Dodsworth usa o argumento da inexistência do plano Agache para rebater os receios da destruição da área do Calabouço à Glória pela sua administração, justificando, no artigo de 1943, que, "de todos os projetos feitos para a urbanização da enseada – Carlos Sampaio, Sabino Pessoa, Agache e o da atual administração da Prefeitura – o de maior aterro é o Agache. No espaço resultante do aterro é que deveria surgir então o "algo como um jardim" e a "praça monumental", "sem dúvida de extraordinária beleza", como afirma o tópico [o do jornal sobre o plano Agache para a mesma área], mas à custa do "capricho dos contornos" que o mesmo tópico pretende proteger" (DODSWORTH, 1943).

Entretanto, a desconsideração ou desconhecimento por parte do executivo municipal sobre o decreto que aprovou o plano – como os engenheiros Miranda Carvalho e Armando de Godoy explicitaram – não teve, certamente, a força política suficiente, caso tenha sido esse seu objetivo, para inviabilizar a recuperação dos estudos realizados por Alfred Agache. O argumento do Decreto Nº 6.092 é enfático ao discorrer sobre a inexistência do plano, o que impossibilita uma interpretação linearmente constituída da implementação do Plano Agache pela Comissão de Elaboração do Plano da Cidade, no sentido do jogo político entre os principais profissionais envolvidos. Se considerarmos o texto do referido decreto, Henrique Dodsworth e Edison Passos devem ser tratados como interlocutores oposicionistas em relação à existência do Plano Agache?

O mesmo decreto não possibilita, porém, a constatação definitiva da posição de cada um, proporcionando, por outro lado, na relação plausível entre o decreto de 1937 e o artigo de 1943, assinado pelo prefeito, um questionamento sobre a eventual divergência entre Henrique Dodsworth e José de Oliveira Reis. Assumindo esse eixo argumentativo da divergência entre o prefeito e o chefe da Comissão do Plano da Cidade criada em 1937, duas outras perguntas devem ser elaboradas. A primeira se refere ao próprio José de Oliveira Reis: se, pela lógica sócio-profissional, ele foi partidário dos argumentos de Armando de Godoy sobre a importância do Plano Agache e, nesse sentido, um propagador dos trabalhos que Armando de Godoy e outros engenheiros minimamente realizaram nas comissões que existiram, o que justificaria sua nomeação como chefe da Comissão do Plano da Cidade?

O próprio José de Oliveira Reis oferece como justificativa para o cargo, como já abordamos, a sua proximidade pessoal e profissional com Edison Passos, que ocupava o cargo de secretário de Viação, Trabalho e Obras Públicas, por isso, o grande responsável político-técnico, em última instância, pelos trabalhos da Comissão do Plano da Cidade. Mas a justificativa não pode ficar restrita ao trânsito pessoal, ainda que o cargo ocupado por ele tenha sido determinado por um Ato Oficial, de 20 de outubro de 1938, do próprio Edison Passos, designando-o como Engenheiro Chefe.

O que amplia a complexidade do trânsito das relações profissionais na administração municipal é que o ato não cria um cargo inexistente até o momento. Ao contrário, o cargo de engenheiro chefe já existia e era ocupado pelo engenheiro Romeu de Sá Freire, segundo o ato, destituído interinamente do cargo de engenheiro efetivo por um "impedimento". Os motivos do "impedimento" ao engenheiro Romeu de Sá Freire não estão esclarecidos na transcrição do Ato Oficial – documento cuja autoria provável é do engenheiro Stélio Roxo, em que constam outras informações anexadas a um texto produzido para comemorar o XL Dia Mundial do Urbanismo no Clube de Engenharia do Rio de Janeiro. Ainda assim, oito dias após o referido ato, portanto, no dia 28 de outubro de 1938, José de Oliveira Reis tomou posse e passou a ocupar interinamente o cargo de engenheiro chefe; sendo promovido efetivamente à chefia da Comissão por "merecimento", por Ato de 30 de maio de 1939 do Prefeito Henrique Dodsworth.[6]

Ainda assim, não existe no documento qualquer informação que possibilite relacionar diretamente a nomeação sua como engenheiro chefe e a incorporação das atividades da Comissão do Plano da Cidade do Rio de Janeiro. As datas corroboram com o momento em que José de Oliveira Reis passou a responder pela Comissão do Plano. O certo é que não existe menção sobre o retorno de Romeu de Sá Freira ao cargo de engenheiro chefe, impossibilitando-o, provavelmente, de ser o chefe da Comissão do Plano da Cidade – caso o referido cargo estivesse diretamente relacionado com a comissão, ou seja, o engenheiro chefe era necessariamente o chefe da Comissão do Plano. Fato é que José de Oliveira Reis foi empossado efetivamente no cargo de engenheiro chefe no dia 03 de junho de 1939, em pleno funcionamento das atividades da Comissão do Plano da Cidade.

Entretanto, não seria essa opção do engenheiro Edison Passos uma contradição ao seu próprio ato legislativo representado no Decreto N° 6.092, que considerou inexistir Plano da Cidade? Se Edison Passos, assim como o prefeito, afirmou tal inexistência ao criar a nova Comissão de Elaboração do Plano da Cidade, porque alocar no cargo de chefe da comissão engenheiro

---

6   Documentação disponível no Fundo José de Oliveira Reis do Arquivo Geral da Cidade do Rio de Janeiro.

que sempre partilhou da existência e importância do Plano Agache, além, também, de providenciar a sua implementação, ou melhor, o que seria possível do plano implementar? Uma lacuna provavelmente insolúvel, mas, que, poderia ser transposta por um estudo detalhado da própria conjuntura pessoal-profissional da Secretaria de Viação, Trabalho e Obras Públicas para se chegar numa interrogação, que pode ser lida como uma afirmação: toda a estrutura profissional da secretaria coadunava com as análises e proposições do engenheiro Armando de Godoy sobre a validade, a eficácia e a necessidade de implantar o plano elaborado por Alfred Agache para a cidade do Rio de Janeiro?

Dessa interrogação-afirmação surge uma consideração contextual: a de que qualquer engenheiro que assumisse o cargo de chefe da comissão do Plano da Cidade, a partir de 1937, permaneceria pautado pela continuidade dos trabalhos de Armando de Godoy, ou seja, pelo estudo, avaliação e implantação do Plano Agache?! Neste ponto é como se ocorresse uma inversão--sobreposição àquele movimento conceitualmente definido como exógeno para a institucionalização do urbanismo na prefeitura municipal do Rio de Janeiro. Do evento Plano de Remodelação, Extensão e Embelezamento do Rio de Janeiro, este sim inegavelmente exterior-exógeno ao campo profissional-administrativo da cidade do Rio de Janeiro, conformou-se outro movimento, interior-endógeno, no mesmo campo profissional-administrativo que, a partir do evento Plano de Remodelação, Extensão e Embelezamento do Rio de Janeiro, se articulou pela estruturação desse plano para o Rio de Janeiro – talvez o primeiro plano diretor do Brasil.

Por outro lado, convém apresentar outra indagação: deste movimento interior-endógeno partilhavam todos os profissionais da estrutura administrativa municipal? Edison Passos seria exceção, por considerar inexistir, juntamente com o Prefeito Henrique Dodsworth, um Plano da Cidade do Rio de Janeiro? Tais questões apontam novamente para a seguinte constatação: a de compreender que é impossível pensar o urbanismo fora do âmbito político, neutro como pretendiam e propagavam os engenheiros. Mais ainda, pois, nesse caso, houve evidente antecipação da questão política em relação à questão técnica, declarada neutra, na promulgação do Decreto Nº 6.092. Essa característica supostamente referencializou os trabalhos da Comissão de Elaboração do Plano da Cidade na realização de importante contingente de obras até 1945, sempre sobre a chefia do engenheiro José de Oliveira Reis.

Se a pergunta sobre as possíveis divergências não produziu resposta definitiva, uma segunda pergunta não direcionada diretamente aos profissionais envolvidos na criação e atuação da Comissão do Plano da Cidade em 1937 permite retomar aquela problemática da *urbanologia*: a negação do plano urbano, enunciada por Edison Passos e Henrique Dodsworth (Edison Passos era mesmo contrário ao plano?), inviabilizou a organização da estrutura administrativa municipal para as questões urbanísticas?

A resposta é não e está no Decreto Nº 6.092 de 1937. A organização existiu e se prorrogou nos moldes gerais da sua criação até o ano de 1945. Por outro lado, não significa que não seja possível pensar, sim, na existência das divergências entre as instâncias pessoais e jurídicas envolvidas neste evento, mas apenas que as divergências sobre o plano elaborado por Alfred Agache ou qualquer outro plano não barraram a criação e atuação da Comissão do Plano da Cidade. Não barraram também a determinação pelo engenheiro José de Oliveira Reis para o cargo de chefe da comissão até sua extinção. Conforme o Decreto Nº 6.092, uma comissão que tinha os seguintes objetivos:

> a) – elaborar um plano geral de transformação e extensão da Cidade do Rio de Janeiro, nele compreendido a localização geral do sistema de parques, espaços livres, centros desportivos, monumentos, sistema de comunicação, pontes, estações de estradas de ferro, aeroporto, etc.;
> b) – examinar todos os projetos de zoneamento, planos e sugestões relativas a quaisquer modificações da Cidade, eliminando definitivamente os que se tenham tornado antiquados ou não oferecem possibilidade material de execução.;
> c) – colaborar nos projetos de obras públicas, de iniciativa do Governo da União, nesta Cidade, de forma a harmoniza-los com o plano geral da Prefeitura, tendo em vista a localização

em determinados centros urbanos dos principais edifícios da Administração e dos que, por sua natureza, são franqueados ao acesso público.;

d) – organizar um programa de realizações sistemáticas dentro do Plano da Cidade e cujas varias etapas sejam determinadas anualmente;

e) – resolver sobre os casos omissos do Plano da Cidade e do Código de Obras, estabelecendo, de acordo com o progresso urbano, os novos limites de zoneamento;

f) – dar parecer, quando solicitado, sobre os casos relativos ao Código de Obras, que se ligam, por sua natureza, ao Plano da Cidade;

g) – estudar e elaborar a legislação em tudo que se referir à organização urbanística;

h) – entrar em entendimento com as autoridades públicas, estaduais e municipais do Estado do Rio de Janeiro, no sentido de coordenar os empreendimentos a que as mesmas se proponham e que possam interessar zonas do Distrito Federal.[7]

Todos estes objetivos estabelecidos estiveram a cargo de duas subcomissões que também foram criadas pelo Decreto Nº 6.092. A Subcomissão de elaboração composta pelos profissionais da estrutura administrativa municipal, e a Subcomissão de colaboração com caráter consultivo em função das possibilidades de profissionais designados opinarem sobre os trabalhos do Plano da Cidade. Entre os profissionais que atuaram como consultores, destacamos duas importantes colaborações: a de Saboya Ribeiro e a de Paulo de Camargo e Almeida.

Entre os objetivos da Comissão de Elaboração do Plano da Cidade, o primeiro denota mudança em relação ao Plano Agache, na pretensão exposta no próprio nome do plano. Agache apresentou o Plano de Remodelação, Extensão e Embelezamento do Rio de Janeiro, e a comissão criada pelo Decreto Nº 6.092, o Plano de Transformação e Extensão da Cidade. Mantémse o pressuposto do trabalho com o processo de crescimento da cidade,

---

7   Publicado na *Revista Municipal de Engenharia* em janeiro de 1938: 22.

provavelmente pela categoria Extensão, com a ocupação de novas áreas nas regiões norte e sul. Impõe-se, por outro lado, nova nomenclatura em relação aos trabalhos nas áreas já existentes, principalmente na região central da cidade, com estudos sobre o sistema viário e urbanização das áreas do Castelo e Santo Antônio. "Remodelação" e 'Embelezamento" são palavras subtraídas do título do Plano de Alfred Agache, sendo incorporada a palavra "Transformação, provocando certo distanciamento em relação ao plano de 1930, por mais presente que fosse a sua referência entre os membros da Comissão do Plano da Cidade.

E seriam essas mudanças na nomenclatura dos planos apenas dispositivos diferenciadores de autoria, ou desejo de forjar novos conceitos, categorias e olhares sobre os problemas urbanos? Obviamente não é uma simples mudança nominativa e sim mudança do próprio vocabulário erudito, como diria Topalov e Dapaule, sobre os "especialistas do ordenamento urbano",[8] produzindo o distanciamento pela mudança da própria significação dos termos. O próprio José de Oliveira Reis oferece indicação dessa mudança, à época dos seus trabalhos de *historiógrafo*, ao afirmar que, "com a criação da Comissão do Plano da Cidade e do Serviço Técnico do Plano da Cidade foram retomados os estudos e planos urbanístico do Prof. Alfred Agache e readaptados às novas condições da cidade" (REIS, 1977: 110).[9]

E, sobretudo, o vocábulo "Transformação", presente no título do plano coordenado por José de Oliveira Reis a partir de 1938, pode constituir novo campo conceitual multidisciplinar sobre a cidade, quando, segundo

---

8   "A cidade através de suas palavras". In: BRESCIANI, Maria Stella (org.). *Palavras da Cidade*. Porto Alegre: Editora da UFRGS, 2001: 17-38.

9   REIS, José de Oliveira. *O Rio de Janeiro e seus Prefeitos: evolução urbanística da cidade*. Rio de Janeiro: Prefeitura da Cidade do Rio de Janeiro, 1977: 110. José de Oliveira Reis desenvolveu o mesmo raciocínio em trabalho anterior: "Havendo dado particular ênfase às atividades do Serviço Técnico do Plano da Cidade, pôde o Governo valer-se do mesmo para projetar as novas obras que vieram a ser reunidas no Plano Diretor da Cidade, apresentado em 1941. Para tal fim, foi retomado, reformulado e modificado o Plano Agache para que o mesmo pudesse atender à situação irremovível devido às obras dos governos federal e municipal (...) e a impossibilidade de executar outras e a necessidade de adaptá-las às novas condições da cidade". In: *O Rio de Janeiro em seus Quatrocentos Anos*. Rio de Janeiro, 1965: 148.

Cristina Leme, a "transformação da cidade através da intervenção", surge como matriz comum da compreensão do urbanismo nas duas vertentes existentes no Brasil: a da engenharia e a da arquitetura moderna (LEME, 2001: 77). E o que mais poderia produzir mudança no vocabulário erudito dos "especialistas do ordenamento urbano", mudando a significação-representação dos usos desse vocabulário, senão a *realidade* da cidade constituída a cada processo histórico?

Melhoramentos urbanos, urbanismo [urbanismo modernista] e planejamento urbano, palavras que trafegam no vocabulário intelectual brasileiro (LEME, 2001), ora se sobrepondo, ora se amalgamando e em determinados momentos extintas do vocabulário, são também constituídas em determinados processos históricos; processos que certamente produzem o que José de Oliveira Reis denominou de "novas condições da cidade". É justamente a partir dessas novas condições que podemos encontrar um movimento de aproximação entre engenheiros e seus estudos em urbanismo-planejamento urbano e os arquitetos e seus estudos pelo urbanismo modernista. Portanto, fundamentalmente uma interlocução entre engenharia e arquitetura, ainda que distintas e com genealogias particulares, mas longe de qualquer noção de oposição ou sobreposição entre as duas vertentes.

Partimos do pressuposto da própria "transformação da cidade através da intervenção", ou seja, da transformação da engenharia e da arquitetura moderna pela interação a que seus representantes se submeteram e foram submetidos entre 1937/38 e 1945 – para restringirmos o tempo, neste momento, ao tempo da Comissão do Plano da Cidade do Rio de Janeiro –, por tudo que aquelas "novas condições da cidade" proporcionaram e exigiram dos profissionais, assim como suas respostas no campo da "transformação" da cidade. Um procedimento necessário e ainda por fazer (que não é objeto deste livro), já enunciado por Topalov e Depaule, mediante as constituições de

> *corpora* que permitam resgatar usos de grupos relativamente homogêneos de locutores e em pontos particulares do tempo e do espaço. Trata-se igualmente de observar as migrações de

termos de um grupo de locutores a outro, as mudanças de sentido ou de forma que as acompanham e, assim, a formação e as mudanças da língua comum. Trata-se, enfim, de determinar os sistemas classificatórios que organizam em cada momento os léxicos, que se confrontam e se transformam (TOPALOV; DEPAULE, 2001: 17-38).

O Plano de Remodelação, Extensão e Embelezamento do Rio de Janeiro proporcionaria as mesmas observações? Seria possível identificar movimentos e transformações dos termos utilizados aqui no Brasil, distintos, portanto, do seu lugar intelectual, a França? Talvez não, e por isso pensar, como já definido, no processo enfaticamente exógeno do plano elaborado por Alfred Agache. Mas, ao mesmo tempo, o movimento-mudança dos termos pode ter proporcionado aquele processo endógeno de institucionalização do urbanismo na administração pública, não só pela incorporação-transformação dos termos no vocabulário intelectual, mas, também, pela compreensão da significação conceitual dos termos desde o primeiro contato de Alfred Agache com os profissionais brasileiros.

Nesse sentido, o Decreto Nº 6.092, quando pressupõe um Plano de Transformação e Extensão da Cidade pela Comissão do Plano da Cidade, e apresenta o que deve ser e conter o plano, assim como quais são os objetivos da comissão, sinaliza a ocorrência de mudanças dos usos dos termos em função da incorporação e compreensão das suas respectivas significações pelos vários agentes envolvidos nesse processo. Esses agentes, necessariamente vinculados aos seus lugares profissionais específicos não podem ser pensados como agentes isolados, independentes e fechados nesses lugares.

Se a engenharia e a arquitetura moderna são estes *lugares profissionais* e, portanto, constituem agentes distintos num primeiro momento para a incorporação, significação e uso dos termos, a construção de um único *lugar institucional*, a Comissão de Elaboração do Plano da Cidade, colocou em debate suas incorporações, significações e uso dos termos, transformando a própria compreensão da *transformação da cidade através da intervenção*, num processo que não prescindiu de um agente aglutinador e interlocutor entre esses agentes, seus lugares e seus referenciais: o engenheiro José de Oliveira Reis, que parece ter conseguido trafegar nesse jogo profissional, intelectual e político sem maiores dificuldades. Impossível, nesse sentido, desconsiderar o longo tempo em que assumiu a responsabilidade do lugar institucional como fator catalisador desse alcance, da mesma forma, como variável necessária para aglutinar e interagir profissionais.

Exemplos prováveis dos debates entre os agentes cujos lugares profissionais estavam associado à engenharia ou à arquitetura na transformação da cidade foram apresentados no V Congresso Panamericano de Arquitetos: entre os vários projetos premiados naquela ocasião, estão três planos de Urbanização do Morro e Esplanada de Santo Antônio. Um deles, premiado na categoria Secção de Profissionais, foi realizado pelo arquiteto Paulo de Camargo e Almeida.[10]

Estudo A para a Esplanada resultante do desmonte do Morro de Santo Antonio. José de Oliveira Reis, Hermínio de Andrade e Silva, Edwaldo M. Vasconcellos e Armando Stamile. Publicado na *Revista Municipal de Engenharia*, maio de 1940: 201-229.

Os outros dois premiados, ambos na categoria Secção de Instituições Públicas ou Privadas, foram apresentados pela Comissão de Elaboração do Plano da Cidade: um *estudo A* do Morro de Santo Antonio, de autoria do

---

10 Como indicação para análise do projeto o artigo "Projeto para o Morro de Santo Antônio – 1938: as Concepções Urbanísticas de Paulo de Camargo e Almeida". In: Cerávolo, Ana Lucia. Anais do V Seminário de História da Cidade e do Urbanismo, FAU-PUCCAMP: 13-22.

próprio engenheiro José de Oliveira Reis em conjunto com os arquitetos Hermínio e Andrade e Silva, Edwaldo M. Vasconcellos e Armando Stamile, e um *estudo B* da Esplanada, resultante do desmonte do Morro de Santo Antonio, de autoria do arquiteto Jaime da Silva Teles, também membro da Comissão de Elaboração do Plano da Cidade.[11]

Estudo B para a Esplanada resultante do desmonte do Morro de Santo Antonio. Jaime da Silva Teles. Publicado na *Revista Municipal de Engenharia*, maio de 1940: 201-229.

Anterior a esses trabalhos para a região central da cidade do Rio de Janeiro, o Plano de Urbanização do Bairro Peixoto em Copacabana incorporou a segunda proposição – a extensão – do Plano da Cidade recomendado pelo Decreto N° 6.092. Realizado no ano de 1938, portanto, no âmbito dos trabalhos da Comissão de Elaboração do Plano da Cidade, é um estudo de extensão de área ainda não ocupada em Copacabana, mediante proposição de arruamentos, edificações e áreas livres. Esta é, inclusive, muito provavelmente a primeira incursão de José de Oliveira Reis no campo do urbanismo, desde a concepção do projeto até sua realização, em momento crucial do processo de sua formação como urbanista, já como coordenador da Comissão do Plano da Cidade.

---

11   Publicado na *Revista Municipal de Engenharia*, maio de 1940: 201-229. Na revista aparece a referência como enunciada no texto: o estudo A como a Urbanização do Morro de Santo Antônio e o estudo B como a Urbanização da Esplanada resultante do desmonte do Morro de Santo Antônio.

Segundo o historiador Mario Aizen, que credita a autoria do plano do Bairro Peixoto ao engenheiro José de Oliveira Reis, a intenção foi produzir um bairro residencial isolado e fechado ao tráfego de passagem.[12] Se considerarmos o plano, segundo depoimento de Mario Aizen, como projeto de autoria individual do engenheiro José de Oliveira Reis, não seria interessante nem mesmo pensar em um processo de planos e obras entre o Bairro Peixoto e Esplanada de Santo Antônio no âmbito da Comissão do Plano da Cidade do Rio de Janeiro. Se a interpretação passar pelos levantamentos da pesquisadora Vera Rezende (REZENDE, 2005), que inclui o Bairro Peixoto como um, dentre outros principais PA's da Comissão do Plano da Cidade, certamente interessaria análise mais detalhada em seu conjunto. Obviamente que um conjunto integrante daquele lugar institucional, no caso da leitura de Vera Rezende, e fora desse conjunto, portanto, no âmbito do lugar profissional, no caso da leitura de Mario Aizen.

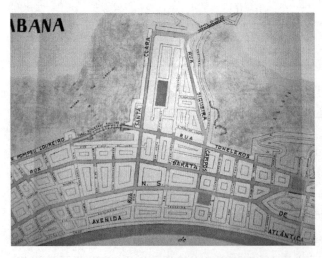

Plano Urbanístico do Bairro Peixoto em Copacabana situado entre as Ruas Santa Clara e Siqueira Campos. Segundo Mario Aizen, o plano foi de autoria do engenheiro José de Oliveira Reis.

Vera Rezende analisa o plano do Bairro Peixoto no contexto institucional da Comissão do Plano da Cidade. Mario Aizen faz uma abordagem pelo

---

12   Depoimento de Mario Aizen sobre José de Oliveira Reis que foi publicado na *Revista Municipal de Engenharia*. Rio de Janeiro: Prefeitura da Cidade do Rio de Janeiro – edição especial, agosto de 1997.

profissional José de Oliveira, considerado autor intelectual individual do plano. Por outro lado, solução para essa definição de autoria provém do próprio José de Oliveira Reis, que delegou autoria à Comissão do Plano da Cidade após a apresentação de um primeiro projeto pelas entidades que receberam a doação do terreno de seu proprietário, Sr. Paulo Felisberto Peixoto. Ainda segundo José de Oliveira Reis,

> havia vários inconvenientes urbanísticos no projeto [o primeiro]. As ruas convergiam para o túnel Velho e não havia nenhuma praça. A Comissão do Plano da Cidade substituiu-o por outro projeto, aprovado pelo prefeito, o qual resultou no traçado atual do Bairro Peixoto.[13]

É interessante explicitar, no entanto, importante diferença no contexto da própria cidade, do lugar de inserção dos dois planos – do Bairro Peixoto e de Santo Antônio – na urbanização do Distrito Federal. A Urbanização de Santo Antônio estabeleceria relação íntima com toda a área urbana, juntamente com a Urbanização do Castelo, na necessidade que se impunha aos engenheiros da Comissão do Plano, de apresentar não só um plano restrito ao entorno imediato, mas pela inegável vinculação dessas duas áreas com as duas outras subjacentes: norte e sul. Oposto a esse fator, a localização da área de Urbanização do Bairro Peixoto não apresentava tão específica particularidade, pois encravado em parte da encosta definida pela geografia natural de Copacabana.

Ainda sobre a questão da autoria não convém imaginar que o exercício profissional do engenheiro José de Oliveira Reis poderia estar dividido, como se em seu lugar profissional não estivesse presente seu lugar institucional. E nesse caso, em profícuas relações com outros profissionais – não mais exclusivamente os engenheiros –, a partir dos seus respectivos lugares profissionais, formações, análises e proposições. Por isso, é também

---

13 Informações que constam do prefácio que José de Oliveira Reis escreveu para o livro que Mario Aizen publicou em 1992 sobre Copacabana, na coleção "Bairros Cariocas" (DGPC/SMC).

fundamental a aproximação que os trabalhos realizados pela Comissão do Plano da Cidade estavam estabelecendo num contexto não restrito ao Rio de Janeiro, evidentes nas apresentações dos vários projetos no V Congresso Panamericano de Arquitetos. Aliás, anterior mesmo ao congresso, nos próprios trabalhos dos engenheiros e arquitetos na comissão de 1937, de certa forma adiantando algumas das conclusões do Congresso Panamericano de Arquitetos, como a que foi apresentada no tema I sobre "Os Problemas Atuais do Crescimento das Cidades Americanas". É possível focar especificamente em duas conclusões, a *Conclusão 2ª*, ao mencionar a criação, paralela à criação de Institutos Oficiais de Urbanismo, de "um órgão de Estado para realizar as proposições do anterior e para coordenar a vida coletiva em relação com a riqueza potencial do solo, do grau de exploração e distribuição da mesma", e a *Conclusão 3ª*, ao determinar que "a solução dos problemas de crescimento das cidades devem ser resolvidas e planejadas exclusivamente pelos governos estaduais e municipais com a audiência de órgãos especializados".[14]

Outra característica norteou a conformação da Comissão do Plano da Cidade, constando também do Decreto Nº 6.092 que a criou, ao incorporar parte de um decreto anterior, já mencionado aqui, que conferiu recursos econômicos para a realização do Plano de Transformação e Extensão da Cidade. Trata-se do Decreto Nº 5.934, de 31 de março de 1937, aprovado na administração do Cônego Olímpio de Melo, que instituiu a Caixa para Financiamento da Execução do Plano de Transformação e Extensão da Cidade. Não ao acaso, o Decreto Nº 6.092 incorporou ao texto de criação da Comissão do Plano da Cidade o Decreto Nº 5.934, corroborando, assim, pressuposto imprescindível ao processo de implantação de instâncias administrativas públicas de urbanismo, que, segundo José Estelita, já estava presente no urbanismo paulista:

---

14 V Congresso Panamericano de Arquitetos, Montevidéo, Uruguai. Conclusões publicadas pela comissão organizadora no dia 09 de março de 1940. O conjunto das conclusões está publicado na *Revista Municipal de Engenharia*, maio de 1940: 225-229.

> No sul do paiz já se aconselha uma orientação salutar. Em São Paulo está formada uma escola de urbanismo que prega a doutrina: financiar antes de urbanizar. O professor Anhaia Mello, por exemplo, da Escola Polytechnica e autor de valiosas monografias sobre a matéria, chega a declarar que um dos problemas mais sérios do urbanismo moderno é a obtenção de recursos para o custeio dos melhoramentos e obras, que a prosperidade e o próprio crescimento da cidade estão diariamente exigindo (ESTELITA, 1934: 92).

Essa incorporação dos recursos financeiros realmente estava presente nos argumentos e estudos de Anhaia Mello quando assumiu, em 1945, a presidência da Sociedade Amigos da Cidade de São Paulo. Nesse momento, propondo uma reestruturação ampliada do setor administrativo municipal da capital paulista no âmbito de um Departamento de Urbanismo e da Comissão do Plano da Cidade de São Paulo. Segundo Sarah Feldman, informando a "necessidade de vincular o plano a um programa financeiro, e ao reajustamento das relações interdepartamentais: sem plano financeiro de longo termo – cinco ou dez anos – não há plano geral que possa ser delineado" (FELDMAN, 2005: 71).

Um programa que no caso do Rio de Janeiro fora integrado ao texto do Decreto Nº 6.092, portanto, anterior à proposição de Anhaia Mello para São Paulo. Ainda no âmbito da proposição efetuada por Anhaia Mello para São Paulo, a comissão não estaria incorporada ao departamento, além de ser apenas consultiva e não remunerada; salienta-se que a Comissão de Elaboração do Plano da Cidade do Rio de Janeiro também foi criada sem remuneração aos profissionais envolvidos nos trabalhos.

Uma diferença entre ambas surge no caráter da comissão proposta por Anhaia Mello e aquela criada no Rio de Janeiro. A Comissão do Plano da Cidade de São Paulo teria apenas caráter consultivo, e a Comissão do Plano da Cidade do Rio de Janeiro organizou-se naquelas duas subcomissões já referidas. Uma delas de caráter consultivo e informativo (Subcomissão de Colaboração), mas aquela em que José de Oliveira Reis estava integrado, denominada de

Subcomissão de Elaboração, responsável pela criação e execução dos planos de urbanização de aterros, desmontes, sistemas viários, entre outros.

Importante frisar, no entanto, que a proposição de Anhaia Mello para São Paulo não era inédita. Segundo Sarah Feldman, uma

> tentativa de introduzir uma Comissão do Plano já havia ocorrido em dois momentos anteriores. Em 1925, dois meses antes de ser criada a Seção de Cadastro e Urbanismo, o então prefeito Firmiano de Moraes Pinto autoriza a criação de uma comissão técnica para elaborar um Plano Geral de Conjunto, e uma comissão consultiva para acompanhar os trabalhos da comissão técnica (...) Quanto à comissão técnica, composta exclusivamente por engenheiros do Departamento de Obras e Viação, a lei previa sua extinção assim que se criasse a Seção (...) mas a comissão consultiva não chegou a se efetivar. Da mesma forma, não se efetiva em 1937, quando a Câmara Municipal cria uma Comissão do Plano da Cidade pela Lei Municipal 3611, de 23.6.37, por interferência da Sociedade Amigos da Cidade – Sac, quando Prestes Mais era o prefeito (FELDMAN, 2005: 59-65).[15]

Para Feldman, o posicionamento de Anhaia Mello na década de 1940 reflete estreita sintonia e diálogo com mudanças em vigor nos Estados Unidos, sobretudo na aproximação do *planning* à administração municipal, especialmente pelas determinações do Standard City Enabling Act, publicado em 1928. Da mesma forma, e no momento em que presidia a Sociedade de Amigos da Cidade, um diálogo em relação ao contexto das proposições em desenvolvimento na cidade de Nova York, sobretudo a própria concepção de *quarto poder* – que aproximava as concepções de Anhaia Mello com os trabalhos de Rexfod Tugwell na conformação desse "quarto poder".

Desenvolvido no interior da Scientific Management School, a proposição do *quarto poder* de Tugwell pressupõe "um órgão de planejamento com

---

15 Ainda segundo Feldman, a Sociedade Amigos da Cidade foi criada em 1934; criou-se também, no ano de 1929, a Divisão de Urbanismo do Instituto de Engenharia (FELDMAN, 2005: 59-65).

a incumbência de elaborar planos de longo prazo, e com o poder de rever as recomendações do executivo, inclusive o orçamento anual, sujeitando suas decisões ao veto do poder legislativo somente por maioria especial" (FELDMAN, 2005: 70-71). Foi seguindo tais pressupostos para a elaboração do Departamento de Urbanismo e a Comissão do Plano de São Paulo que a importante questão do programa de financiamento norteou a proposição de Anhaia Mello, a partir das suas referências e diálogos intelectuais com o urbanismo norte-americano.

No caso específico do Rio de Janeiro, a criação da Comissão do Plano da Cidade pelo Decreto N° 6.092 não surge como determinação de autoria ou papel central de um profissional, sendo muito provavelmente resultado de trabalho coletivo. Talvez até por essa possível característica coletiva na concepção da Comissão do Plano da Cidade do Rio de Janeiro, definindo objetivos, programas, formas de atuação, origem de recursos financeiros, aquela recorrência perceptível nas propostas individuais de Anhaia Mello, não ocorra. Nesse sentido, é improvável que o Decreto N° 6.092 tenha sido realizado exclusivamente pelo prefeito Henrique Dodsworth (1937-1945) – que profissionalmente não tinha relação com urbanismo – e pelo Secretário de Viação, Trabalho e Obras Públicas, engenheiro Edison Passos. Pertinente seria conceber trabalho que Edison Passos realizou com a equipe de engenheiros lotados na secretaria, ou, mesmo que individualmente assumindo a autoria, a partir do diálogo com profissionais que estavam diretamente envolvidos com o urbanismo. Por exemplo, a engenheira Carmen Portinho ou o engenheiro Armando de Godoy e, talvez, o próprio José de Oliveira Reis.

A referência a Carmen Portinho e Armando de Godoy é importante, pois, é explícita a relação deles com as questões do urbanismo, e não apenas no Brasil, mas em outros países, enunciada em artigos publicados na Revista da Diretora de Engenharia durante a década de 1930. Uma relação especialmente interessada no debate sobre *Urbanismo nos Estados Unidos*, clara demonstração de que, assim como para Anhaia Mello em São Paulo, o diálogo internacional estava presente nos trabalhos no Rio de Janeiro, sem, no entanto, resultar em proposições individuais de instrumentos de gestão ou órgãos administrativos, como no caso do profissional paulista.

Carmen Portinho publicou dois artigos na Revista da Diretoria de Engenharia. O primeiro deles, no ano de 1933, intitulado "O Critério Científico no Urbanismo", e o segundo, no ano de 1934, intitulado "O Ensino do Urbanismo", ambos denotam profícuo conhecimento desse campo disciplinar pela engenheira. Ambos os artigos são claros em seus referenciais intelectuais sobre urbanismo, não deixando, porém, de demonstrar pessimismo com a situação particular do ensino urbanístico nas universidades brasileiras; exceção feita e enfatizada ao engenheiro Anhaia Mello na Escola Politécnica de São Paulo.

Entre apresentar rápida análise do que ela considerava ser o critério científico do urbanismo, e uma definição retirada do livro *Town Planning in Practice* de Raymund Unwin – para quem "Urbanismo é a ciência de estabelecer ligações entre as coisas" –, Carmen Portinho demonstra amplo conhecimento dos cursos e de suas propostas nos mais diversos países europeus e, em especial, os cursos existentes nos Estados Unidos. Segundo a engenheira, essa análise fundamenta-se em pesquisa feita àquela época pela *Fédération Internationale de l`Habitation et de l'Aménagememnt des Villes*. Carmen Portinho menciona a importância da School of City Planning criada no ano de 1929 na Universidade de Harvard, passando por importantes referências intelectuais representadas por Theodora Kimball e Katherine Mac Namara, a primeira autora do "Manual of Information on City Planning and Zoning", também co-autora, com a segunda, do texto "Planning Information up-to-date", terminando na referência do Instituto de Urbanismo da Universidade de Columbia, criado nos moldes do Instituto de Urbanismo de Paris.

Armando de Godoy publicou artigo na mesma *Revista da Diretoria de Engenharia,* no ano de 1935, intitulado "O Urbanismo nos Estados Unidos". Partindo de uma definição pessoal sobre urbanismo, como "um mixto de sciencia e arte, [cujo fim] é estabelecer a maior harmonia possível entre os elementos staticos e dynamicos da cidade e compellil-os a concorrerem do melhor modo possível para o bem estar geral e de maneira a desenvolverem a sua máxima efficiencia", Armando de Godoy percorreu vários exemplos de trabalhos realizados em cidades norte-americanas. Analisando a importância da feira de Chicago de 1893 para o conjunto de futuros e importantes planos de centros cívicos – para a própria cidade de Chicago –, pelo plano de remodelação e expansão realizado por D. Burnham, escreve ainda sobre o Regional Plan Of New York and its Environs, o Plano de Radburn e sobre um Plano Diretor Nacional para os Estados Unidos. Para tal Plano Nacional, segundo Armando de Godoy,

> creou-se em Washington o "National Planning Board", hoje, Resources Board, de que faz parte um triunvirato constituído por Frederick Delano, leader no campo do urbanismo, Wesley Mitchell no campo da economia, Charles E. Merriam no da política scientifica. Faz parte também do National Planning Board Charles E. Eliot, que executa as decisões, assistido por Harold Merril (GODOY, 1935).[16]

No caso do engenheiro José de Oliveira Reis não existe nenhuma referência em seus documentos (diferente do caso de Anhaia Mello em São Paulo, ou de Carmen Portinho e Armando de Godoy) sobre os planos urbanos, as comissões de planos das cidades nos Estados Unidos, ou ainda sobre entidades administrativas ou de ensino do urbanismo. Fato que fundamenta a pergunta-problema do seu processo de formação como urbanista ao longo da sua trajetória profissional como funcionário público. Sobretudo por ter construído neste contexto esta sua formação como urbanista, fundamentalmente a partir dos planos e obras realizados, dos estudos em livros e artigos, das viagens que realizou como chefe da Comissão do Plano – também como Diretor de Urbanismo – e das informações que seus colegas apresentavam e discutiam no âmbito da administração municipal.

Nesse sentido, todo aquele conhecimento exposto sobre urbanismo, e por apenas dois dos vários profissionais da engenharia carioca, não só foi

---

16 Anhaia Mello efetuou uma análise importante e detalhada sobre o National Planning Board em um artigo publicado no *Boletim do Instituto de Engenharia*. Janeiro/abril de 1937. O artigo foi nomeado: "A National Planning Board e o Plano Nacional dos Estados Unidos".

uma peremptória contribuição para todos os outros interessados nos problemas da cidade – e José de Oliveira Reis foi um dos que cotidianamente interessou-se pelo tema –, apontando alternativas em vigor em outros contextos sócio-cultural-intelectuais, como também fundamentais na hipótese de que o Decreto Nº 6.092 e a própria comissão foram formulados nesse contexto coletivo de experiências e conhecimentos em circulação. E, mais ainda, isso se deu antes mesmo do início da administração do prefeito Henrique Dodsworth (iniciada em julho de 1937), por exemplo, pelas articulações, debates e proposições advindas da Sociedade de Engenheiros da Prefeitura do Distrito Federal (S.E.P.).

Pequenos informativos da sociedade demonstram intenso movimento dos engenheiros municipais em prol de profunda reestruturação administrativa do Distrito Federal. Em informações sobre reuniões que aconteciam, provavelmente, desde o ano de 1935, especialmente no anúncio publicado na edição de janeiro de 1936 da *Revista da Directoria de Engenharia*, mencionou-se a criação de várias comissões de estudos sobre a municipalidade: uma Comissão de Publicidade, composta pelos engenheiros Felipe Reis, Djalma Landim, Carvalho Neto, José de Oliveira Reis e Alim Pedro; uma Comissão do Código Technico, composta pelos engenheiros Soares Pereira, Penna Chaves, Carvalho Neto, Osmany C. Silva e Arnaldo Monteiro; uma Comissão de Legislação, composta pelos engenheiros Pires Rebello, Amandino Carvalho, Silva Telles, Waldemar Mendonça e pela engenheira Carmem Portinho.

Por último e, principalmente, a quarta comissão, considerada a mais importante, denominada de Comissão de Organização, que segundo o informativo da Sociedade de Engenheiros,

> consiste no estudo de uma reforma geral dos serviços municipaes, muito especialmente dos pertencentes a Secretaria Geral de Viação, Trabalho e Obras Públicas, ficou constituída de 27 engenheiros das diversas dependências da Diretoria de Engenharia, de vez que dada a complexidade de suas funções, terá de ser dividida em diversas sub-comissões. São os seguintes os componentes da referida Commissão: Edison

Passos (presidente), Souza Rangel, Iberê Martins, Felippe Reis, Albano Froufe, Affonso Reidy, Fernando Nascimento Silva, Rego Monteiro, Renato Leite Silva, Hermano Durão, Penna Chaves, Souza Filho, Amandino Carvalho, Edgard Soutello, Tharcilio de Queiroz, Ivan Moreira Lima, Silva Telles, Helio de Brito, Carvalho Netto, Alim Pedro, Helio Caire de Faria, Waldemar Mendonça, Armando Madeira, Maria Esther C. Ramalho, Arnando Monteiro, Oliveira Reis e Raymond Ebert.[17]

E talvez mais importante que a discussão e posterior implementação da proposta de reforma dos serviços municipais da Secretaria de Viação, Trabalho e Obras Públicas, o que essa Comissão de Organização pode representar é justamente aquela mencionada aproximação entre agentes provenientes de lugares profissionais distintos.

Como enunciado sobre a relação entre tais agentes, apontou-se para análise que partia do pressuposto da transformação da engenharia e da arquitetura moderna pela interação a que seus representantes se submeteram e foram submetidos durante a vigência da Comissão do Plano da Cidade do Rio de Janeiro. De como a transformação da cidade através da intervenção, pela compreensão desses agentes sobre as "novas condições da cidade" –, enunciada por José de Oliveira Reis (REIS, 1977) –, proporcionou e exigiu dos mesmos agentes e seus lugares profissionais, respostas no campo da "transformação" da cidade.

No caso da Sociedade de Engenheiros da Prefeitura do Distrito Federal, articulação clara pela construção de um lugar institucional para produção das respostas necessárias para a transformação da cidade através da intervenção. E se anteriormente tínhamos restringindo o campo temporal de interpretação entre 1937/38 e 1945 – o tempo da Comissão do Plano da Cidade do Rio de Janeiro –, como central na interação entre a engenharia e a arquitetura moderna, só podemos pensar na ampliação desse campo ao enveredar a narrativa pela atuação da Sociedade de Engenheiros da Prefeitura.

---

17 *Revista da Directoria de Engenharia,* janeiro de 1936.

Ao realizar esse deslocamento, podemos consubstanciar não só a hipótese da articulação entre representantes de lugares profissionais distintos, anterior aos trabalhos realizados na Comissão do Plano da Cidade do Rio de Janeiro, como apresentar a seguinte constatação: essa mesma Comissão do Plano da Cidade chefiada pelo engenheiro José de Oliveira Reis foi gerada antes da sua legitimação jurídico-institucional no Estado Novo. Ao assumir o cargo de Secretário de Viação, Trabalho e Obras Públicas, o engenheiro Edison Passos certamente incorporou no contexto da estrutura administrativa do Distrito Federal as discussões realizadas no âmbito da Sociedade de Engenheiros.

Não é possível desconsiderar, portanto, que entre os vários engenheiros e arquitetos que atuaram nas Comissões da Sociedade de Engenheiros, muitos tiveram papel relevante nas discussões sobre urbanismo a partir da criação da Comissão do Plano da Cidade em 1937. Discussões essas que certamente precisam ser pensadas numa temporalidade ampliada em relação à existência da Comissão do Plano da Cidade, pois estão necessariamente relacionadas com a criação do Departamento de Urbanismo do Distrito Federal em 1945, e suas ações até 1960; ou ainda, para pensar numa institucionalização do urbanismo no âmbito nacional do governo federal, com a criação do SERFHAU – Serviço Federal de Habitação e Urbanismo em 1964-65.

Entre os vários profissionais que atuaram nas Comissões da Sociedade de Engenheiros e continuaram envolvidos com as questões urbanísticas do Rio de Janeiro, dois foram referências profissionais importantes: José de Oliveira Reis e Eduardo Affonso Reidy. Atuando no mesmo lugar institucional, como funcionários públicos, mediante seleção por concurso público, o primeiro continuaria sua atuação pela matriz da engenharia e o segundo, pela matriz da arquitetura moderna. Uma distinção no pensamento urbanístico de cada um, que responde e é variável central das *possíveis divergências* entre eles, especialmente a partir da criação do Departamento de Urbanismo do Rio de Janeiro. "Possíveis divergências" que podem ter sido iniciadas nos debates e reflexões durante a atuação de ambos nas reuniões das comissões criadas na Sociedade de Engenheiros da Prefeitura do Distrito Federal.

Naquelas reuniões semanais, realizadas todas as terças e quintas-feiras às 17 horas, os engenheiros apresentavam propostas de reestruturação dos serviços da municipalidade, e que eram imediatamente abertas ao debate para todos os membros participantes das sessões. A própria sociedade apresentava nomes de alguns profissionais cujas colaborações foram consideradas relevantes (sem identificar as propostas sugeridas) para a reorganização da estrutura municipal: Waldemar Paranhos, Helio Caire de Castro Faria, Fernando Nascimento, Arnaldo da Silva Monteiro e José de Oliveira Reis.

Organizados e em constante movimento intelectual, os engenheiros estavam construindo alternativas para a estrutura administrativa retomar, mas não só, a elaboração de um plano urbanístico. Movimento aparentemente restrito ao lugar profissional, num diálogo entre referenciais compreensíveis que esse lugar proporciona, que, senão distantes do lugar institucional da administração Pedro Ernesto, distanciados das análises e estudos sobre urbanismo que não existiram nesta administração pelas orientações das políticas públicas definidas pelo prefeito.

Importante inflexão nesse embate ocorreu após mudança na representação do lugar de enunciação política, com o início da administração Olímpio de Melo entre 1936 e 1937. Neste curtíssimo período administrativo se criou e oficializou o Decreto N° 6.000 e a Caixa de Financiamento para Execução do Plano de Transformação e Extensão da Cidade, esta pelo Decreto N° 5.934, de 31 de março de 1937. Seria, então, erro interpretativo afirmar que toda a estruturação colocada em prática pela administração Henrique Dodsworth estava em processo de constituição desde os anos da administração Pedro Ernesto? O próprio Edison Passos, presidente da Sociedade de Engenheiros da Prefeitura, pelo Decreto N° 6.092, ocuparia também a presidência da Comissão do Plano da Cidade, como consta em seu Artigo 2°, à época já ocupando o cargo de secretário de Viação, Trabalho e Obras Públicas.

Foi, nesse sentido, um movimento da engenharia municipal carioca, claramente oposicionista aos direcionamentos da administração Pedro Ernesto, por ele abandonar as problemáticas urbanas e a continuação dos trabalhos daquela Comissão do Plano criada pelo prefeito Adolfo Bergamini? Impossível desconsiderar existir aí uma vontade declarada de mudança na estrutura administrativa e dos serviços municipais que tal estrutura desempenhava. Mudança apoiada no conjunto de informações que provinham de estudos, como os mencionados e publicados – do engenheiro Armando de Godoy e da engenheira Carmen Portinho – antes mesmo das reuniões da Sociedade de Engenheiros, e que certamente contribuíram para a *(re)criação* da Comissão do Plano em novembro de 1937.[18]

O próprio texto de Armando de Godoy, além do profundo conhecimento sobre o urbanismo nos Estados Unidos, evidencia outra informação, porém, sem maiores referências, mas que demonstra o interesse que os profissionais brasileiros tinham pelos Estados Unidos: "Capítulo de um livro sobre os Estados Unidos da Autoria de vários Brasileiros que visitaram o grande e progressista Paiz do Norte deste Continente" (GODOY, 1935). Em determinada passagem do artigo, Armando de Godoy afirma ter conhecido *in loco* o plano de Radburn em outubro de 1933. Não consta nenhuma informação sobre essa visita, se oficial, como representante da administração municipal do Distrito Federal, ou, se particular, por interesse profissional ou turismo. Não existe também nenhuma informação sobre os brasileiros que fizeram a visita, se ele a fez sozinho, se essa sua visita é a mesma que aquela informação mencionou, nem mesmo o ano ou o título do livro sobre os Estados Unidos.

Não podemos, porém, descartar a possibilidade de entendimento e referência intelectual sobre o urbanismo norte-americano que essa viagem ofereceu aos profissionais que lá estiveram. O artigo de Armando de Godoy apresenta importantes detalhes e informações de profissionais e entidades criadas naquele país, além de várias imagens – fotografias e desenhos – sobre planos urbanos e obras em geral. Informações que certamente se constituíram em base documental de análise no Brasil pelos seus colegas engenheiros. Por isso, consideramos improvável uma autoria individual

---

18 Podemos mencionar também os artigos de José Estelita sobre urbanismo em outros países: "A Rússia e os seus problemas de urbanismo (*Revista da Directoria de Engenharia*, ano II, nº 5, julho de 1933); "A visão da guerra e a sua influência na estrutura das novas cidades européia" (*Revista da Directoria de Engenharia*, ano II, nº 8, janeiro de 1934); "Os problemas de urbanismo no Japão" (*Revista da Directoria de Engenharia*, vol. 3, nº 1, janeiro de 1936); ou mesmo sobre outras cidades brasileiras: "Plano de Remodelação e Expansão da Cidade do Recife" *(Revista da Directoria d Engenharia*, ano III, nº 12, setembro de 1934).

no processo de confecção desse Decreto N° 6.092, como autoria apenas do engenheiro Edison Passos, quando na cidade do Rio de Janeiro, e trabalhando na administração municipal, existiam profissionais como Carmen Portinho, Armando de Godoy, Hermínio de Andrade, Sabóia Ribeiro, José de Oliveira Reis, entre outros.

Esse mesmo interesse sobre urbanismo nos Estados Unidos, apresentado na informação sobre a visita de brasileiros, foi partilhado por José de Oliveira Reis durante sua gestão como chefe da Comissão de Elaboração do Plano da Cidade. No entanto, se não é possível identificar o caráter oficial daquela visita referenciada no texto de Armando de Godoy, o mesmo não ocorre com a viagem que José de Oliveira Reis fez no ano de 1939 para visitar cidades norte--americanas e conhecer seus respectivos planos de urbanismo.

Sua viagem ocorreu na condição de representante da prefeitura do Distrito Federal brasileiro. Entretanto, os registros documentais sobre a viagem de José de Oliveira Reis são mínimos, e partes importantes dos registros que o engenheiro realizou (em filmagens) foram descartadas após seu falecimento.[19] Impossível, porém, precisar se já nessa época – 1939 –, dentre as outras várias viagens que faria para outras cidades do mundo, José de Oliveira Reis processou algum registro visual em filmagens.

Os únicos vestígios registrados durante a viagem estão impressos em *Edição Especial da Revista Municipal de Engenharia*, publicada em 1997. Trata-se de duas reproduções de jornais norte-americanos mencionando a passagem de José de Oliveira Reis por Dallas no mês de outubro de 1939. Publicadas à época nos jornais *Dispatch-Journal Independent* e *Trust In Dallas*, respectivamente com os títulos, "City Planner From Brazil Thinks Dallas is Beautiful" e "Latin Trade Opportunity Of City Told", tais notícias apontam também para uma passagem de José de Oliveira Reis pela cidade de Los Angeles. Nessa viagem (iniciada no dia 27 de junho de 1939), cuja designação foi apresentada pela Portaria Municipal N° 64, do dia 10 de junho de 1939, deveria "observar e estudar nos Estados Unidos da América do Norte,

---

19 Informação fornecida pela Sra. Marina Sardi, sobrinha da esposa de José de Oliveira Reis.

no período de seis meses, matéria relativa a sua especialidade, apresentando oportunamente, circunstanciado relatório".[20]

Pela informação impressa no jornal *Dispatch-Journal Independent*, José de Oliveira Reis visitou o Office of the Dallas and North Texas Foreign Trade Association, assim como outras vinte cidades e seus respectivos *city planning developments*.

Reprodução de um jornal da cidade de Dallas na *Revista Municipal de Engenharia*, edição especial de agosto de 1997. Edição do autor.

Que a viagem aos Estados Unidos só poderia estar relacionada aos trabalhos da Comissão do Plano da Cidade do Rio de Janeiro, cuja finalidade passaria pelo estudo e análise dos planos urbanos em desenvolvimento no país, é mais que claro. Interessante é o rápido movimento entre o ato e posse que o promoveu ao cargo, respectivamente, 30 de maio de 1939 e 03 de

---

20 Prefeitura do Distrito Federal. Portaria Municipal nº 64, de 10 de junho de 1939. In: Acervo José de Oliveira Reis – Arquivo Geral da Cidade do Rio de Janeiro.

junho de 1939, possibilitando-o realizar viagem como representante oficial do Distrito Federal, já na categoria de chefe da Comissão do Plano.

Este movimento está certamente relacionado com o próprio processo de gestação da Comissão do Plano da Cidade até sua criação pelo Decreto Nº 6.092, passando pelas atividades da Sociedade de Engenheiros da Prefeitura do Distrito Federal. Portanto, da inserção integral de José de Oliveira Reis nos quadros do funcionalismo público interessado nas questões urbanísticas. No contexto dos trabalhos na/da Comissão do Plano da Cidade entre 1937 e 1945, há um interesse nas questões urbanísticas relacionadas principalmente às problemáticas dos sistemas viários nas municipalidades, que inclusive foi a base dos principais estudos e planos elaborados pela Comissão.

A questão do sistema viário entre a engenharia, o urbanismo e a política

A nomeação de José de Oliveira Reis ao cargo de engenheiro chefe pode ser considerada menos importante (se pensada apenas como pressuposto jurídico dos cargos que ocuparia até 1965) do que os deslocamentos e as transformações profissionais que tais encargos necessariamente produziram na sua vida profissional como engenheiro. "Produziram" no sentido da abertura para novas discussões, novos temas e novas concepções, numa distância considerável, por exemplo, ao seu trabalho como encarregado dos Serviços de Meteorologia, como determinado pelo Ofício nº 110 do Interventor Federal no dia 21 de março de 1933.[21]

A própria produção textual de José de Oliveira Reis evidencia a diversificação dos temas de que tratou até 1938, assim como os que passaria a abordar, já claramente direcionados para as questões urbanísticas. Do texto sobre as "Pedreiras do Distrito Federal e sua contribuição nas construções", publicado em novembro de 1934, passando pelo artigo "Diagramas hidrológicos" em maio de 1937, até "Drenagem do aeroporto Santo Dumont", de

---

21 Prefeitura do Distrito Federal. Ofício nº 110. In: Acervo José de Oliveira Reis – Arquivo Geral da Cidade do Rio de Janeiro

março de 1938, não existe nenhuma problematização sobre o urbanismo. São textos com vocabulário extremamente técnico e específico das questões abordadas, tais como, "hidrógrafo", "curva de massa residual ou curva de diferenças", "curva das descargas", "diagrama de RIPPL, "coeficiente de Runoff". Muito apropriados, no entanto, para as suas atividades logo após aprovação no concurso para engenheiro da prefeitura. Especialmente a partir do momento em que é nomeado engenheiro ajudante, conforme alínea "C" do Decreto Nº 4.467 de 28 de outubro de 1933.[22]

A primeira e importante inflexão nas temáticas de interesse do engenheiro José de Oliveira Reis acorreu ainda no ano de 1938, com a publicação, na edição de setembro da *Revista Municipal de Engenharia* – poucos meses depois do artigo "Drenagem do aeroporto Santos Dumont" –, do artigo denominado "Avenida Botafogo-Leme". Texto que demarca ampliação nos interesses e atividades intelectuais acompanhada da mudança da sua inserção no quadro administrativo da prefeitura do Distrito Federal, pelo "Bol." 152 de 15 de junho de 1937, que o colocava à disposição da Secretaria Geral de Viação, Trabalhos e Obras Públicos, à época ainda da administração municipal do Cônego Olímpio de Mello (1936-1437).

No artigo "Avenida Botafogo-Leme" percebe-se também uma mudança na própria estrutura dos textos: se ainda não abandonou por completo os termos técnicos e os gráficos, passou a pensar a cidade no seu conjunto. Mediante análise dos levantamentos realizados pela Secção do Censo do Tráfego da Comissão do Plano da Cidade, José de Oliveira Reis explicita sua compreensão urbanística na relação do sistema viário com o crescimento da cidade, especialmente dos bairros da zona sul e região central do Rio de Janeiro; relação focalizada no estudo do projeto do túnel sob o Morro do Pasmado. Segundo José de Oliveira Reis, "na mesma direção do atual Túnel Novo, ou seja, da rua Salvador Corrêa, que prolongada vae, quase em linha reta, tangenciar a curva da enseada de Botafogo em um ponto fronteiro à rua Visconde de Ouro Preto" (REIS, 1938: 545).

---

22 Prefeitura do Distrito Federal. Decreto Nº 4467, Alínea "C", 28/10/1933. In: Acervo José de Oliveira Reis – Arquivo Geral da Cidade do Rio de Janeiro

Não é correto pressupor, porém, que essa mudança temática estava restrita ao engenheiro José de Oliveira Reis. Parte do conjunto documental produzido na prefeitura do Distrito Federal entre 1938 e 1945 – e integrado ao acervo do engenheiro no Arquivo da Cidade do Rio de Janeiro – é extremamente elucidativo da existência de um encaminhamento conjunto entre o secretário Edison Passos e todos os engenheiros envolvidos nos trabalhos da Comissão do Plano da Cidade. Está claramente definida, pela interpretação dos referidos documentos, a orientação que perpassa a questão da circulação urbana como eixo central dos trabalhos do poder público, e não apenas de um engenheiro, no caso, José de Oliveira Reis. A circulação, ou mais precisamente, segundo Edison Passos, o tráfego "quanto ao traçado de uma cidade é, pode-se dizer, dominante" para o urbanista. Portanto, uma posição enunciada pelo secretário de Viação, Trabalho e Obras Públicas ao prefeito Henrique Dodsworth, pelo "Proc." 09986/09987/43,[23] que é comum ao pensamento da Comissão do Plano da Cidade. As instâncias criadas, os documentos produzidos, as legislações debatidas e implantadas no âmbito da comissão são muito claras nesse sentido.

É nítido, portanto, o jogo dos interesses no campo profissional da engenharia e da Comissão do Plano da Cidade, pela identificação de algumas problemáticas cruciais relacionadas ao crescimento da área urbana do Rio de Janeiro: a circulação, o tráfego, o sistema viário, o transporte coletivo evidenciam esse interesse comum. Problemáticas que acarretavam importantes investimentos públicos para a implantação das soluções, sobretudo por demandarem custos operacionais extremamente elevados. No entanto, existia reconhecimento por parte dos profissionais envolvidos da dimensão dos custos orçamentários dessas obras de engenharia requeridas no Rio de Janeiro, decorrentes, sobretudo, das próprias estruturas geológicas do Rio de Janeiro, que obrigava a abertura de túneis para a conexão viária entre as áreas da cidade; situação analisada por José de Oliveira Reis no artigo "Avenida Botafogo-Leme".

Essa questão orçamentária inerente ao conjunto das obras projetadas pela Comissão do Plano da Cidade não foi, entretanto, a única condicionante

---

23 Prefeitura do Distrito Federal. Ofício nº 110. In: Acervo José de Oliveira Reis – Arquivo Geral da Cidade do Rio de Janeiro

a elucidar as relações decisórias que envolviam as instâncias administrativas públicas. Especialmente no caso do Rio de Janeiro, é importante considerar a questão política naquele momento – sobretudo quando relacionada com a (possível?) inexistência da autonomia municipal – nas articulações pela elaboração e execução de planos e obras, pois elucida agudamente o arcabouço conjuntural das relações entre os municípios e as instâncias federais e estaduais partidárias da política do Estado Novo. No contexto de extrema centralização da esfera federal de poder sobre as instâncias municipais mediante nomeação interessada aos cargos de prefeitos dos municípios, construiu-se um processo também centralizado de decisões sobre os planos e obras a serem realizados nas cidades.

Relação de centralização ampliada no Rio de Janeiro, por ser sede das duas instâncias do sistema federado nacional, a União e o município, cuja resultante beneficiava a Comissão do Plano da Cidade na elaboração de um plano urbano e de obras para a Capital Federal, que estava sob sua responsabilidade. O benefício estava articulado justamente ao processo político de nomeação do prefeito, no caso Henrique Dodsworth, partidário e amparado do/pelo Estado Novo, que legitimava e garantia a autonomia da Comissão do Plano da Cidade, sempre justificada no campo da técnica, interessadamente definida como neutra, distanciada do campo político-partidário.

Essas relações produziram reconhecimento, segundo argumentos dos próprios engenheiros lotados na Secretaria de Viação, Trabalho e Obras Públicas da Prefeitura do Rio de Janeiro, da significação que as características do regime político centralizado instituído pelo presidente Getúlio Vargas poderiam representar para a retomada de um plano urbanístico para o Rio de Janeiro. O próprio Edison Passos faz referência a esse reconhecimento em conferência sobre o Plano de Melhoramentos da Cidade do Rio de Janeiro, realizada no Clube de Engenharia no ano de 1941, para comemorar a Semana do Engenheiro:

> Restaurar finanças é por ordem na administração, é trabalho muitas vezes ingrato para o administrador público. Sejamos

francos e sinceros: isso se tornou possível, máxime em se tratando do Rio de Janeiro, graças ao regime político nacional inaugurado em 10 de novembro de 1937, conservando na suprema magistratura do Brasil o Presidente Getúlio Vargas (PASSOS, 1941: 3).

Sinceridade que justificava a política centralizadora do Estado Novo pela estruturação das finanças públicas, especialmente do Distrito Federal, para a realização do que ele denominou de Plano de Melhoramentos da Cidade do Rio de Janeiro. Em relação a essa denominação e conceituação que passaria – como tratado por Edison Passos – por um plano geral, plano diretor, para a cidade do Rio de Janeiro, a pesquisadora Vera Rezende considera mais apropriada concepção de um plano de melhoramentos para os trabalhos da comissão do Plano. Diferente, portanto, da forma enunciada muitas vezes pela própria Comissão à época, como Plano Diretor.

Nessa observação, Vera Rezende compreende o urbanismo desenvolvido pela Comissão do Plano como um conjunto de obras que se sobrepôs à proposta que Alfred Agache apresentou no Plano de Remodelação, Extensão e Embelezamento do Rio de Janeiro (REZENDE, 2005). Considero, entretanto, que a adoção desta identificação dos trabalhos da Comissão do Plano da Cidade a um conjunto de obras pode restringir o próprio movimento interpretativo aqui em desenvolvimento, pois determina para análise a instância última, a execução de obras, de todo um processo que é mais amplo. Nesse sentido, menor a importância em consideração neste momento para a questão da nomenclatura (que é também importante por enunciar mudanças no vocabulário erudito construído em determinado lugar profissional), se plano diretor, se plano de melhoramentos, se plano de urbanização, que para o referido processo, um processo histórico evidentemente.

Portanto, melhor para a interpretação, se maior a importância para os eventos relacionados às atividades da Comissão do Plano da Cidade do Rio de Janeiro e associados ao interesse central do profissional urbanista José de Oliveira Reis, também enunciado pelo engenheiro Edison Passos: o tráfego. Obviamente, o termo "tráfego" não pode ser entendido na sua acepção mais imediata, aquilo que está circulando, em movimento, mas, fundamentalmente, a categoria que gera, organiza, produz e possibilita o movimento: o sistema viário.

No caso de assumir neste livro a definição das atividades da Comissão do Plano da Cidade como um "plano de obras", existe o risco de produzir o apagamento da comissão como evento histórico, relacional e construído intelectualmente num movimento mais amplo. Não obstante, não significa desconsiderar que o foco das atividades da Comissão do Plano foi o sistema viário e as obras daí resultantes, mas seria o mesmo que considerar o Estudo de um Plano de Avenidas do Engenheiro Prestes Maia apenas um conjunto de obras viárias; desconsiderar que o Plano de Avenidas e as obras articularam (ou tentaram articular) o crescimento de São Paulo no seu conjunto.

São sim obras viárias as obras do Plano de Avenidas de São Paulo e do Plano Diretor do Rio de Janeiro – ou Plano de Melhoramentos do Rio de Janeiro, ou Plano de Urbanização do Rio de Janeiro. Mas no caso do Rio de Janeiro, essas obras estavam relacionadas ao estudo geral do sistema de transportes coletivos, ao estudo de uma legislação de desapropriação, ao decreto que institui a "obrigação urbanística" e a categoria do "título de propriedade urbanizada". Neste sentido, somente mediante interpretação articulada dessas instâncias e eventos, que também perpassam o jogo político entre as administrações municipal e federal, que a análise da Comissão do Plano da Cidade chefiada pelo engenheiro José de Oliveira Reis não será identificada como uma comissão de execução de obras; Ainda segundo Edison Passos, naquele Proc. 09986/09987/43,

> o plano diretor,[24] já elaborado, poz em destaque, segundo os princípios correntes do urbanismo, a questão do tráfego geral e portanto, o transporte coletivo. Foi isso que, orientando os trabalhos da Comissão Especial, designada por V. Excia, para

---

24 O próprio Edison Passos que, no artigo da *Revista do Clube de Engenharia*, denominou os trabalhos da comissão de "Melhoramentos do Rio de Janeiro", nesse processo direcionado ao prefeito os denominou de Plano Diretor.

tratar do mesmo assunto, tive a oportunidade de emitir os conceitos abaixo transcritos:

• o problema do transporte coletivo de passageiros das grandes cidades será preliminarmente ligado ao do tráfego geral. Este, por sua vez, está na interdependência com os demais problemas urbanos, como sejam: o zoneamento, sistemas viários e de parques, centros cívicos, etc.

• a circulação quer de veículos quer de pedestres, com deslocamento diário e rápido de grandes massas, constitue um dos principais característicos da vida ativa e febriciante dos modernos centros urbanos. Para o urbanista o problema do tráfego, quanto ao traçado de uma cidade é, pode-se dizer, dominante.

Naturalmente cada cidade tem seu "facies" próprio. Assim, na do Rio de Janeiro – construída sobre uma planície apertada entre o mar e grandes montanhas e tendo o centro comercial ou de maior densidade fora do "centro urbano" – a distribuição das correntes de tráfego é mais restrita. O tráfego no centro comercial é agravado pela passagem forçada aí de grande parte do tráfego regional.[25]

Esta longa transcrição dos argumentos de Edison Passos permite elaborar uma pergunta sobre a identificação das atividades da Comissão do Plano para consubstanciar o argumento adotado: o pensamento que articula regionalmente a circulação na cidade, que relaciona o tráfego ao sistema viário, o sistema de parques com o transporte coletivo, no caso, segundo o referido processo, o transporte coletivo subterrâneo, pode ser delimitado no campo específico da execução de obras? Pelo argumento interpretativo adotado neste livro a resposta é negativa. O plano está fundamentalmente articulado entre a compreensão da problemática urbana, o equacionamento de instâncias administrativas, técnicas, jurídicas, econômicas desta problemática, e, aí sim, a execução das obras.

José de Oliveira Reis também é claro ao processar tal articulação, registrada em carta que enviou ao seu superior administrativo, Edison Passos, – anexado

---

25 Prefeitura do Distrito Federal. Ofício nº 110. In: Acervo José de Oliveira Reis – Arquivo Geral da Cidade do Rio de Janeiro.

à carta está o documento "Sugestões da Comissão do Plano da Cidade do Rio de Janeiro, para a Lei de Desapropriação com a introdução de dispositivos que facilitem a aplicação do urbanismo na remodelação da cidade":

> Tenho a honra de passar às mãos de V. Excia. as sugestões que ocorreram à Comissão do Plano da Cidade da análise sob o ponto de vista urbanístico, do projeto de Lei de Desapropriação. São aspirações mínimas que viriam facilitar de um modo geral as administrações municipais do país na execução de um plano sistemático de melhoramentos urbanos muitas vezes entravado pelo interesse particular baseado no direito de propriedade. V.Excia. melhor do que outra autoridade, sabe bem avaliar os obstáculos que se erguem as cada passo quando se procura elaborar e executar um plano parcial ou total de urbanização.

Reprodução da carta escrita por José de Oliveira Reis para o secretário Edison Passos. Fonte: DM/FJOR/AGC-RJ

Ainda segundo a carta – que não está datada –, a Lei de Desapropriação foi publicada pelo Ministério da Justiça no Diário Oficial do dia 07 de agosto de 1940. José de Oliveira Reis transita por uma questão bastante delicada, que inclui a propriedade juridicamente instituída no campo do Direito Privado e as dificuldades das ações municipais para elaborar os planos que porventura incluam demolições, incorporações e desdobros. No caso particular do Rio de Janeiro, e constando daquelas "Sugestões da Comissão do Plano da Cidade do Rio de Janeiro" (que está anexada à carta), o principal interesse era pela incorporação no texto da Lei de Desapropriação do "reloteamento de quadras ou quarteirões edificados ou não".

Em se tratando das áreas edificadas, tais "Sugestões da Comissão do Plano" são claras em suas preocupações sanitárias, especialmente de circulação de ar e incidência solar nas quadras do centro urbano: "as condições de salubridade nesse quarteirão são bastante precárias, pois 95% da área total da quadra é ocupada pela edificação cerrada". Para a solução dessa problemática, segundo as mesmas "Sugestões da Comissão do Plano da Cidade do Rio de Janeiro",

> a técnica sugere, então, fazer o agrupamento dos lotes estreitos, dando maior frente ao lote recomposto, e cortar o que lhes sobram em profundidade, a fim de com essas sobras constituir um espaço livre interior ou exterior da quadra reloteada, permitindo que nela entre o ar, o sol e sempre que possível a vegetação de permeio. A trilogia urbanística representada pelo símbolo internacional junto, exprime a síntese de tudo quanto se poderá trazer em defesa de tese ora focalizada.[26]

Definiu-se o espaço urbano num claro diálogo com as proposições do urbanismo modernista, como apresentado no projeto urbanístico desenvolvido por José de Oliveira Reis com os arquitetos Hermínio de Andrade e

---

26 Carta manuscrita de José de Oliveira Reis ao Secretário Geral de Viação e Obras. Sem data. Acervo José de Oliveira Reis, Arquivo Geral da Cidade do Rio de Janeiro.

Silva, Edwaldo Vasconcellos e Armando Stamile – sobre a relação das áreas livres com as edificadas – para a área do Morro de Santo Antônio.

Projeto para a área do Morro de Santo Antônio desenvolvido por José de Oliveira Reis e os arquitetos Hermínio de Andrade e Silva, Edwaldo Vasconcellos e Armando Stamile. O projeto foi apresentado no V Congresso Panamerico de Arquitetos na cidade de Montevidéo em 1940. O projeto recebeu a medalha de ouro e diploma pelos projetos apresentados na Secção Instituições Públicas ou Privadas. Fonte: RME-PMRJ, maio de 1940.

Ainda no texto das "Sugestões da Comissão do Plano da Cidade", outra área da região central do Rio de Janeiro é também apontada como exemplo para reloteamento:

> é desnecessário, pois, reprisar os argumentos favoráveis ao tão debatido assunto que hoje é pacífico na doutrina urbanística e está ganhando dia a dia entre nós grande aceitação na opinião publica, no campo das realizações praticas, com os exemplos da Esplanada do Castelo.

No entanto, independentemente da incorporação da proposta de "reloteamento de quadras" na legislação de desapropriação, outra informação concernente aos objetivos urbanísticos da equipe chefiada por José de Oliveira Reis ganha foros de lei, sobretudo pela explícita relação com as desapropriações. Lança luz, inclusive, sobre o referido jogo político entre prefeitura do Distrito Federal e a Presidência da República, e como tais instâncias proporcionaram a criação dos instrumentos urbanísticos necessários à elaboração e implantação das propostas da Comissão do Plano: pouco mais de dois meses após a publicação no Diário Oficial da Lei de Desapropriação, em 07 de agosto de 1940, um decreto expedido pela Presidência da República criou a instituição da "Obrigação Urbanística do Rio de Janeiro".

Mais precisamente, entre os documentos do acervo no Arquivo Geral da Cidade existe um decreto-lei sem numeração e data – com a informação anotada por José de Oliveira Reis sobre a criação da "Obrigação Urbanística"-, constando apenas da definição da utilidade do decreto: "Dispõe sobre a Execução de Planos Parciais de Remodelação da Cidade do Rio de Janeiro e dá outras Providências". A evidência da incorporação das tais "Obrigações Urbanísticas" consta de outro documento, elaborado pelo secretário Edison Passos, sobre as diversas atividades da Comissão do Plano da Cidade e as obras em execução e/ou em planejamento.

No texto publicado por Edison Passos na *Revista do Clube de Engenharia* (PASSOS, 1941) consta a referência completa do decreto sobre as "Obrigações Urbanísticas": Decreto-Lei n° 2.722, de 30 de outubro de 1940. Neste documento não existe, por outro lado, referência sobre o caráter federal do decreto para as atividades urbanísticas da municipalidade, surgindo apenas algumas explicações práticas retiradas por Edison Passos de uma prévia análise realizada pelo Dr. Mario Mello, secretário de Finanças do Distrito Federal. Quem fornece a informação sobre a instância federal do decreto é José de Oliveira Reis. Um costume do próprio engenheiro em fazer anotações, datações, indicação de origem, além da sua assinatura em praticamente todos os documentos que guardou em seu escritório residencial, durante sua vida profissional. Ele anotou na cópia do texto do Decreto Presidencial a seguinte informação: "Obrigação Urbanística".

```
          DECRETO-LEI Nº      DE    DE                           DE 1940.

          DISPÕE SOBRE A EXECUÇÃO DE PLANOS PARCIAIS DE REMO-
          DELAÇÃO DA CIDADE DO RIO DE JANEIRO E DÁ OUTRAS PRO
          VIDENCIAS.

          O PRESIDENTE DA REPÚBLICA.
```

Anotação do Engenheiro José de Oliveira Reis na cópia do decreto. Anotações sobre o texto datilografado com data e número do decreto são minhas. Fonte: DM/FJOR/AGC-RJ

Neste ponto é importante salientar que a relação do instrumento urbanístico "Obrigação Urbanística" com aquela problemática da desapropriação estava, portanto, articulada à compreensão pelos autores da legislação de desapropriação, da sua importância para os planos urbanos das cidades, no caso o Rio de Janeiro. Uma compreensão substancial e fundamental para os engenheiros e arquitetos da Comissão do Plano da Cidade do Rio de Janeiro implementarem as proposições desenvolvidas nos vários projetos, particularmente da avenida Presidente Vargas entre 1940 e 1944. O próprio texto do Decreto Presidencial é muito claro ao tratar nos artigos que o compõe sobre o equacionamento entre os planos de remodelação, seus custos econômicos e sua relação com os imóveis e proprietários das áreas de interesse para a cidade quando perpassa a necessidade da desapropriação. Especialmente o Artigo 2° ao estabelecer que:

> Quando o total dos preços referidos no item III do Artigo anterior supera ao custo total das desapropriações e indenizações (item I) e dos trabalhos e obras (item II) exigidos para a execução de um plano parcial de remodelação, o Prefeito do Distrito Federal poderá, para esse fim, contrair empréstimos internos, sob caução dos títulos instituídos neste Decreto-Lei;

e o Artigo 3° ao definir que:

> Para cada imóvel alienável resultante da execução de um plano parcial de remodelação, a Prefeitura emitirá, após a aprovação desse plano pelo Prefeito, um titulo de propriedade urbanizada, o qual revestirá os requisitos legais indispensáveis a um instrumento de transferência de propriedade.
>
> § 1º – a alienação dos imóveis referidos neste artigo, além das demais exigências legais, só poderá ser efetivada por meio dos títulos de propriedade urbanizada correspondente; podendo o valor de cada transação ser superior ao valor de cada título.[27]

Portanto, o que é possível extrair desse escopo documental é muito mais que um conjunto de medidas para solucionar o problema viário no Distrito Federal. Estão claramente identificadas nos manuscritos, nos decretos e nas sugestões, as interações entre as diversas instâncias institucionais responsáveis pela legislação necessária aos trabalhos da Comissão do Plano da Cidade. A trajetória dos acontecimentos evidencia um trânsito eficiente entre a instância profissional – a Comissão do Plano da Cidade – e as instâncias políticas, representadas na política municipal e na política federal, respectivamente, pelo prefeito Henrique Dodsworth, e pelo Presidente Getúlio Vargas; e nesta relação de mão dupla prefeitura-Presidência da República a possibilidade de equacionar os trâmites no âmbito do direito urbanístico para a realização dos trabalhos. Como instância administrativa destituída de autonomia jurídica, a atuação da Comissão do Plano da Cidade do Rio de Janeiro dependia da mediação da Secretaria de Viação, Trabalho e Obras Públicas nesta relação entre os dois poderes executivos para a construção de instrumentos legais que permitissem o bom andamento das obras.

Toda essa conjuntura permite entender o papel da Secretaria de Viação, Trabalho e Obras Públicas – e mais ainda, do próprio secretário Edison Passos – numa dupla concepção: como instância institucional--técnica e instância institucional-política, articuladora e o canal de circulação entre o urbanismo e a política, entre os profissionais e o prefeito (e certamente o presidente da República), considerando o trânsito de

---

27 Documentação manuscrita/Arquivo José de Oliveira Reis, Arquivo Geral da Cidade do Rio de Janeiro.

Edison Passos entre as entidades profissionais, políticas e culturais. Entre a presidência da Sociedade dos Engenheiros da Prefeitura, ainda na década de 1930, Secretário de Viação, Trabalho e Obras Públicas durante todo Estado Novo e, já na década de 1940,[28] presidente do Conselho Diretor do Clube de Engenharia, só poderia existir uma personalidade eminentemente aglutinadora, técnica e politicamente, e certamente Edison Passos cumpria esse papel.

Entretanto, um profissional que não atuava isoladamente, e obviamente estava associado a profissionais como Francisco Baptista de Oliveira e o próprio José de Oliveira Reis, ambos cuja atuação, tanto no Clube de Engenharia, quanto no Centro Carioca e, sobretudo, na prefeitura, foram fundamentais no encaminhamento das realizações e dos debates: não somente aberturas de vias ou outras atividades específicas da Comissão do Plano, mas, por exemplo, para a realização do I Congresso Brasileiro de Urbanismo em 1941.

As relações de Edison Passos com os profissionais que chefiava, e nas mais diversas instâncias, muito provavelmente renderam para si o respeito e a confiança que as devidas funções exigiam. É o que pode ser elucidado, por exemplo, na criação da Comissão de Transportes Coletivos, instituída pelo prefeito Henrique Dodsworth, para, sob a presidência do secretário de Viação, Trabalho e Obras Públicas, encontrar soluções para ampliação da qualidade dos serviços, a estatização e a solução dos serviços de transportes no Distrito Federal.

Na *Exposição de Motivos* apresentada em sessão da Comissão de Transportes Coletivos, de 28 de julho de 1939, os engenheiros Jorge Ernesto de Miranda Schnoor, Moacyr Teixeira da Silva e o Major Armando Dubois são explícitos ao mencionar a atuação de Edison Passos.

---

28 Encontramos Ata da 9° Sessão Ordinária do Conselho Diretor, realizada em 1° de setembro de 1943. Presidência do Sr. Edison Passos – 2° Secretário, o Sr. F. Baptista de Oliveira. Ata publicada no Jornal do Comercio no dia 16/09/1943. As sessões eram numeradas a partir de cada novo conselho diretor. Por exemplo, localizamos Ata da 38° Sessão Ordinária do Conselho sob a Presidência do Sr. Sampaio Correa, no dia 17 de novembro de 1941.

A Comissão se sente honrada com a oportunidade de colaborar com S. Exa. e o Digníssimo Secretário e Viação da Prefeitura, a qual, na orientação e presidência de nossos trabalhos, revela e nos comunica uma elevada preocupação de imparcialidade e critério, no desejo de satisfazer todos os interesses legítimos, dentro de uma consciência de alta responsabilidade na orientação do Poder Público.[29]

Incluindo o entendimento aqui assumido como uma opção pelos trabalhos sobre a problemática viária, de tráfego, de sistema viário, definidos pelo lugar profissional (os engenheiros) e pelo lugar institucional (a Secretaria de Viação, Trabalho e Obras Públicas), ou ainda, as atividades dessa Comissão de Transportes Coletivos, faz-se oportuno ressaltar uma unidade no discurso dos engenheiros sobre quão profícua as relações entre a política federal com a política municipal eram para os trabalhos da Comissão do Plano. Discurso já enunciado, com *sinceridade* e *franqueza*, pelo próprio Edison Passos – no texto para a Semana de Engenharia de 1941 – sobre as benesses para a administração do Distrito Federal da política nacional instituída em 10 de novembro de 1937.

Foram explícitas as opiniões nas reuniões da Comissão de Transporte Coletivo ao relacionar os assuntos de interesse do bem coletivo às ações do governo federal:

Nesse como em todos os outros assuntos em que, a par de interesses justos e respeitáveis, insofismavelmente se encontra o interesse mais vasto da coletividade, é motivo de júbilo para nós, sentir a comunhão de ideais que, dentro desta Comissão, nos faz entrever a força unificadora de uma consciência nacional desperta e fortalecida pelas aspirações e princípios do Estado Novo Brasileiro (...) E grande era nosso constrangimento, como brasileiros, ao ver que esses erros se perpetuam, até que à esclarecida inteligência de S. Exa. o Presidente Getúlio Vargas coube a iniciativa de, em alguns setores da economia

---

29 Sessão da Comissão de Transportes Coletivos. Prefeitura do Distrito Federal. 28 de julho de 1939. Acervo José de Oliveira Reis, Arquivo Geral da Cidade do Rio de Janeiro.

nacional, estabelecer, em relação à exploração de serviços públicos, uma orientação livre dos preconceitos do liberalismo mal compreendido.[30]

Diante de tamanha e contundente deferência enunciada pelos engenheiros da prefeitura sobre o presidente Getúlio Vargas, chama atenção o fato de não existir nos documentos do acervo de José de Oliveira Reis, qualquer informação que esclareça sua posição nesse complexo e centralizado jogo político. Aliás, e para ampliar o estranhamento em relação às suas posições, não existe nenhum vestígio que o torne *comprometido* com o Estado Novo, com a política delineada por Getúlio Vargas. Por outro lado, é apressado e superficial desconsiderar sua filiação a tal pensamento, ou seja, o pensamento que corrobora a importância do estado centralizado para as atividades da Comissão do Plano da Cidade do Rio de Janeiro, por mais que essa centralização, na perspectiva do discurso da engenharia municipal, só significasse interesse e respeito à coletividade.

Não podemos também desconsiderar que, talvez, José de Oliveira Reis tenha apagado tal filiação e provocado esquecimento consciente de uma eventual narração sua sobre o poder federal centralizado, na medida em que foi o maior interessado nas possibilidades advindas dessa centralização política. Uma centralização que proporcionava liberdade absoluta aos trabalhos da Comissão do Plano da Cidade, sempre justificados no campo da técnica. *Esquecimento* processado, possivelmente, no momento da organização e doação do seu acervo pessoal, realizado ainda em vida e por ele próprio, ao descartar algum documento. Neste momento, já resguardado pelo afastamento dos tempos do Estado Novo, consciente talvez das incoerências do Estado autoritário brasileiro entre 1937 e 1945, e por isso com um desejo de apagar vestígios do seu comprometimento com esse mesmo Estado.

---

30 Exposição de motivos apresentada em sessão de 28 de junho de 1939 da Comissão de Transportes Coletivos. Acervo José de Oliveira Reis do Arquivo Geral da cidade do Rio de Janeiro.

O que não apagou (e nem demonstrou qualquer tipo de autocrítica) foram vestígios do trabalho realizado na chefia da Comissão do Plano da Cidade, não especificamente ao seu trabalho, mas aos trabalhos desenvolvidos por toda a equipe de engenheiros e arquitetos da prefeitura. Em análises realizadas já na década de 1970, especialmente no livro *O Rio de Janeiro e seus prefeitos: evolução urbanística do Rio de Janeiro,* publicado em 1977, ao contrário de qualquer expectativa crítica, explicitou sua convicção em relação ao acerto do plano elaborado, da certeza sobre os benefícios que traria para a cidade do Rio de Janeiro se implantado em sua totalidade. Plano que foi denominado por José de Oliveira Reis como Plano Diretor da Cidade do Rio de Janeiro, diferente, portanto, da nomenclatura Plano de Melhoramentos da Cidade apresentada pelo secretário Edison Passos.

Diferenças e talvez divergências entre ambos na denominação – justamente por não representar uma simples diferença de nomes, mas de conceitos – que permite uma questão: estariam os dois engenheiros – Edison Passos e José de Oliveira Reis – divergindo sobre a significação e características do planejamento da cidade do Rio de Janeiro? O primeiro – Edison Passos – com uma concepção de plano de obras e o segundo numa concepção mais claramente vinculada ao planejamento urbano, ao *city planning*, das cidades norte-americanas que visitou em 1939?

Diante da (possível) contradição, convém cotejar os argumentos dois engenheiros sobre o mesmo evento. Para Edison Passos,

> a administração Henrique Dodsworth, desejando realizar um programa de melhoramentos, adaptando a cidade principalmente às novas exigências do tráfego, e considerando que tais obras são por sua natureza dispendiosa ou de vulto, e que só se justificam quando enquadradas num plano diretor ou de conjunto, criou, de início, o órgão técnico especializado – a Comissão do Plano da Cidade – que retomou o assunto, elaborando, dentro das diretivas acima referidas, esse plano, cuja estrutura já se acha fixada. Aplicando o urbanismo, na sua acepção técnica normal, a Comissão do Plano da Cidade procedeu à análise própria da questão, e considerou, dentre as sugestões

aproveitáveis, algumas idéias contidas no esboço do plano diretor apresentado pelo arquiteto Alfredo Agache.

O novo plano tem por base a modificação do centro da cidade, pelo estabelecimento racional de outras vias, que, traçadas respeitando o sistema em xadrez, permitem resolver o problema do tráfego (...) Para a realização desse esquema, são obras fundamentais: o desmonte do morro de Santo Antônio, o prolongamento da avenida do Mangue, e a conclusão da Esplanada do Castelo (PASSOS, 1941: 3-22).

Para José de Oliveira Reis,

o Plano Diretor da Cidade do Rio de Janeiro vem sendo executado pela atual Administração obedecendo a uma série de projetos aprovados parceladamente em épocas diferentes, orientados, todavia, por uma plano geral de conjunto (...) Os projetos aprovados parceladamente constituem partes do conjunto, tendo em vista a função preestabelecida no Plano Diretor. Em conseqüência, portanto, dessa orientação foram aprovados os projetos de urbanização de diferentes sub--zonas do centro comercial, conhecidos isoladamente pelos locais ou denominações especiais como sejam: Urbanização da Esplanada do Castelo e adjacências, Avenida Presidente Vargas, urbanização da área da Estação D. Pedro II (projeto 3.058), e finalmente urbanização da Esplanada do Morro de Santo Antonio (REIS, 1942: 204-209).[31]

---

31 José de Oliveira Reis ampliou sua análise no livro que publicou com o engenheiro arquiteto Adalberto Szilard: *Urbanismo no Rio de Janeiro em 1950*. No livro escreveu o capítulo: "Sistema de vias arteriais do Plano Diretor do Rio de Janeiro".

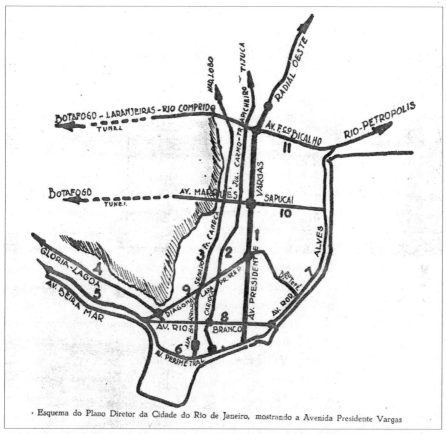

· Esquema do Plano Diretor da Cidade do Rio de Janeiro, mostrando a Avenida Presidente Vargas

Croqui do planejamento viário da Comissão do Plano da Cidade do Rio de Janeiro para o Plano Diretor.
Fonte: RME, julho/outubro de 1944.

Pelo argumento de cada engenheiro é possível identificar um denominador comum dos trabalhos sobre as intervenções na cidade do Rio de Janeiro: as principais áreas passíveis e necessitadas de intervenção urbana, orientada e desenvolvida pela Comissão do Plano da Cidade. *Castelo, Presidente Vargas* e *Santo Antônio* determinaram o principal foco espacial dessa intervenção planejada e executada pela Comissão do Plano da Cidade. E especialmente a avenida Presidente Vargas, levada a cabo em sua totalidade, demandou ação integrada do poder público, especialmente do *Serviço Técnico de Execução da Avenida Presidente Vargas e Esplanada do Castelo,* coordenado pelo engenheiro Helio Alves de Brito.

É o próprio Helio Brito quem esclarece as interfaces dessa importante intervenção urbana, como ele mesmo pretendeu demonstrar, não restrita à questão viária.

> Empreendimento de ampla magnitude no plano de realização elaborado pela administração do Prefeito Henrique Dodsworth, a Avenida Presidente Vargas constitui, no conjunto do Plano Diretor, o mais importante eixo longitudinal da Cidade. Lançadas as diretrizes gerais do seu traçado à luz dos preceitos urbanísticos, deve essa importante via ser considerada sob o tríplice aspecto do tráfego, do saneamento e da edificação.
>
> Dadas as características do traçado em xadrez das ruas do Rio de Janeiro, penosa herança provida das épocas da Colônia e Império, o desenvolvimento da Cidade – impulsionado pela remodelação levada a termo nas administrações Pereiras Passos, Carlos Sampaio e Prado Junior – com o conseqüente aumento do tráfego motorizado, de há muito fazia sentir a necessidade da abertura de uma ampla artéria, através do centro urbano com a função principal de coletar o intenso tráfego da zona norte e articulando-se no sistema geral destinado a solucionar os problemas do tráfego de superfície (...) Com a abertura da Avenida Presidente Vargas tornou-se possível a construção de um grande coletor em concreto armado, projetado para receber a contribuição pluvial de todas as galerias dele subsidiárias, o que permitirá, uma vez executadas as obras de melhoramentos das condições hidráulicas do emissário principal, o Canal do Mangue, e as de revisão das galerias locais, resolver satisfatoriamente o problema das inundações nessa região. Papel de relevante importância representa, também, a Avenida Presidente Vargas na transformação que será operada com o desaparecimento de velhas construções no centro urbano, levantadas em acanhados terrenos, com testadas extremamente exíguas e nas quais se aliou à mesquinhez da composição arquitetônica das fachadas a ausência quase completa de espaços livres, acarretando não só o desagradável aspecto das edificações mas ainda condições extremamente precárias de iluminação e ventilação.

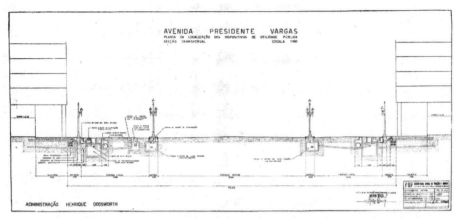
Projeto urbanístico e de infraestrutura da avenida Presidente Vargas. Fonte: RME, jul/out de 1944.

Tendo sido estendida a desapropriação às faixas marginais e obedecendo o novo loteamento a índices urbanísticos preestabelecido quanto aos espaços livres, área edificável e gabarito obrigatório, ficaram garantidas as condições indispensáveis para que os novos edifícios apresentem aspecto condigno, contribuindo, através da composição arquitetônica adequada, para completar o emolduramento da grande artéria em toda sua monumentalidade (BRITO, 1944: 100-111).

José de Oliveira Reis, também designado para atuar na Comissão Técnica Especial da Avenida Presidente Vargas e Esplanada do Castelo (pela Portaria Municipal nº 9 de 31 de janeiro de 1941), não só corrobora com a análise do engenheiro Hélio de Brito, como avança na leitura do próprio projeto da avenida, na relação – mesmo que mínima – com uma edificação existente, aquela que seria preservada. Obviamente, refere-se à igreja da Candelária:

A Avenida Presidente Vargas começa nas Docas da Alfândega por onde passa a Avenida Perimetral. No trecho inicial tem a largura 35 metros até a Igreja da Candelária. Aí, esta Igreja é contornada por uma praça de cerca de 120 metros de largura, ocupando ela o centro, de modo a realçar o seu magnífico valor arquitetônico. Dessa praça continua a Avenida, já agora com a largura de 80 metros entre os alinhamentos dos prédios dotados de galerias cobertas para pedestres (REIS, 1942: 10).

O sentido da observação anterior sobre relação mínima com a edificação existente está vinculado ao caráter impositivo de demolição de área edificada considerável da cidade, do arrasamento de quadras inteiras ao longo do eixo traçado. A intensidade do apagamento, pensado como princípio orientador do plano urbanístico da avenida Presidente Vargas, não incorporou áreas e edificações importantes no Rio de Janeiro. Conjuntos arquitetônicos inteiros foram demolidos para viabilizar a implementação do traçado: igreja de São Pedro dos Clérigos, igreja do Bom Jesus do Calvário, largo e igreja de São Domingos, igreja de N. Sra. Da Conceição e Paço Municipal. Aos edifícios demolidos incorporaram-se áreas livres também importantes, como o Campo de Santana e Praça Onze.

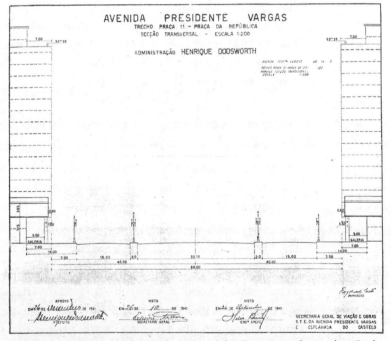

Projeto urbanístico da avenida Presidente Vargas. Secção transversal com a locação das novas edificações delimitando as laterais da eixo viário. Fonte: RME/jul/out, 1944.

Segundo Evelyn Furkin Werneck Lima,

> não foram apenas os monumentos que sofreram a ação predatória da "picareta do progresso". O antigo Campo de Santana, cenário de tantos eventos históricos da vida do país, centro do Brasil monárquico, foi também decepado em seu cumprimento, para dar lugar à simbólica avenida (LIMA, 1990: 37-55).

A linearidade do imponente eixo, cuja execução teve início no dia 19 de abril de 1941, foi projetada como elemento viário radial estruturador e articulador do Esquema do Plano Diretor para a zona norte da cidade. Na condição intransigente dos autores do traçado definitivo da avenida – em se pensar que uma primeira intenção para abertura de via de ligação foi idealizada por Grandjean de Montigny: abertura de uma via de circulação entre o Caminho das Lanternas e o palácio da Quinta da Boa Vista (LIMA, 1990: 28) –, a necessidade de um plano viário para toda a cidade poderia ou deveria compensar a demolição dos conjuntos arquitetônicos existentes.

A força da argumentação dos engenheiros municipais pela implantação do que podemos denominar de "sistema de circulação", está presente nos vários artigos escritos e publicados na *Revista Municipal de Engenharia* ou *Revista do Clube de Engenharia*. No conjunto, além dos artigos do chefe da Comissão do Plano da Cidade, textos escritos pelo Secretário Edison Passos e pelo chefe da Comissão Técnica Especial da Avenida Presidente Vargas, engenheiro Hélio de Brito, também enunciavam as intenções e concepções tanto do plano da avenida Presidente Vargas, como de outras vias de circulação. Entre os engenheiros, José de Oliveira Reis é autor de considerações mais abrangentes, com análises generalistas e explicativas do conjunto das vias que orientaram o sistema viário no Plano Diretor. É o caso do artigo *Uma síntese sobre as principais vias do Plano Diretor*, publicado na *Revista Municipal de Engenharia* em 1942.

O artigo é, ao mesmo tempo, abrangente na demonstração do conjunto das vias e suas funções-hierarquização na cidade e reducionista na compreensão do Plano Diretor, ao limitá-lo à descrição do sistema viário projetado. Conforme o subtítulo deste artigo escrito, "Descrição esquemática do Plano Diretor da cidade do Rio de Janeiro", o que se apresentou foram os vários eixos de circulação que reordenariam os fluxos, desafogando o tráfego da área central da cidade, especificamente da avenida Rio Branco, pela via perimetral, que formará um anel de cintura, interceptando, bloqueando e distribuindo o tráfego na zona central (REIS, 1942).

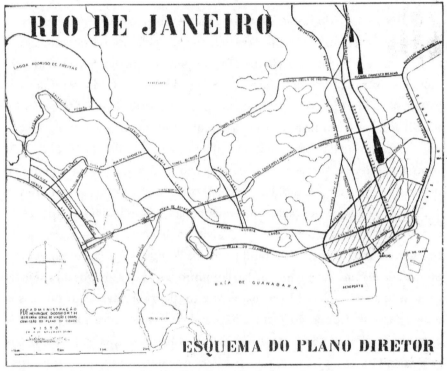

Plano da Cidade do Rio de Janeiro com a proposta do Plano Viário do Plano Diretor. A imagem integra o artigo "Uma síntese sobre as principais vias do Plano Diretor". Fonte: RME/julho, 1942.

Por outro lado, em outros artigos o engenheiro José de Oliveira Reis considerou também o sistema construtivo quando da necessidade de perfuração e incorporação dos morros ao plano de circulação. Abordagens particularmente apresentadas nos artigos *Avenida Botafogo-Leme*, publicado na *Revista Municipal de Engenharia* em 1938, *Notícia sobre o Parkway Faria-Timbó* (1943a), ou ainda, no artigo *Canal interceptor Paulo de Frontin* (1943b), escrito em parceria com o engenheiro Ulisses Maximo de Alcântara, estes dois publicados na *Revista Municipal de Engenharia*.

Foram escritos com o intuito de demonstrar como algumas características locais estavam intrinsecamente associadas com a elaboração dos projetos viários, tal como o problema das inundações dos rios Trapicheiro, Maracanã e Joana. Importante salientar que esses rios não orientaram a construção de um via de circulação em si, mas de um canal de interceptação das águas dos respectivos rios. Nesses casos particulares dos canais, os estudos elaborados pela Comissão do Plano da Cidade incorporaram proposta anterior, apresentada pelo engenheiro Paulo de Frontin em 1905. Segundo José de Oliveira Reis,

> o primitivo traçado proposto por Paulo de Frontin teve que ser ligeiramente modificado no estudo ora feito, afim de se adaptar ao atual Plano Diretor elaborado pela Comissão do Plano da Cidade e às novas condições creadas pelo prolongamento do cáis do porto, ao longo da Praia de São Cristóvão (REIS, 1943b: 16).

Em parte, o mesmo problema das inundações foi determinante na concepção e elaboração do projeto Parkway Faria-Timbó (REIS, 1943a), constando no artigo outras variáveis importantes. José de Oliveira Reis abordou a dificuldade dos transportes para as regiões de Leopoldina, Bomsucesso, Inhaúma, Engenho do Mato, e as próprias inundações dos rios Faria e Timbó, ocasionadas geralmente pela inexistência de limpeza do curso dos rios e seus respectivos afluentes. Não deixa de mencionar, entretanto, que, àquela época,

> a valorização dos terrenos tem contribuído para despertar maior atenção para essas localidades tão próximas do centro e dotadas de requisitos inestimáveis para se transformar pelo paisagismo, numa dos mais atraentes subúrbios cariocas, desde que orientada por um plano de conjunto, e obedecido na expansão natural do uso o aproveitamento racional dos terrenos (REIS, 1943a: 94).

No caso do artigo sobre a Avenida Botafogo-Leme (REIS, 1938), as principais questões consideradas passavam pelos estudos desenvolvidos na Secção do Censo do Tráfego da Comissão do Plano da Cidade sobre as médias de fluxos de tráfego em diversas horas do dia e os diversos deslocamentos na região, além das dificuldades de execução que o túnel do Pasmado proporcionaria. Segundo José de Oliveira Reis,

> é intuitivo que a solução normal será aquela que separa não só as correntes de tráfego para os respectivos destinos, como a que selecionar os veículos ela sua qualidade. A solução apresentada pela Comissão do Plano da Cidade tem esse objetivo e o projeto se caracteriza pelo fato de aproveitar a diferença de nível existente entre o ponto da Avenida Pasteur e os terrenos dos Clubes de Regatas (...) Resulta como conseqüência várias obras de vulto, como sejam: um viaduto na Avenida Pasteur sobre a nova via; aterro do pequeno trecho da enseada com o duplo fim de sanea-la e embeleza-la; novo cais com uma curva suave e concordante, ligando o atual Fluminense Yatch Clube ao da Avenida Beira-Mar; ajardinamento da área resultante e, finalmente, o prolongamento da Avenida Beira-Mar ao longo do novo cais em demanda à Urca (...) A execução da Avenida Botafogo-Leme trará como conseqüência a urbanização da região de Botafogo, hoje estacionaria, compreendida entre a Rua da Passagem, Avenida Pasteur e Morro da Babilônia.
>
> A valorização dos terrenos marginais por si só bastaria para arcar com as despesas decorrentes do melhoramento. O estudo em elaboração na Comissão do Plano da Cidade abrange os terrenos do Hospício e os da rua itapemirim (...) Foi projetado no Morro do Pasmado uma rua passando por cima do túnel e tem como objetivo aproveitamento melhor dos lotes resultantes das desapropriações da rua General Severiano (REIS, 1938: 549).

Ainda sobre o túnel do Pasmado é interessante contrapor outra informação produzida pelo próprio José de Oliveira Reis no texto *O Rio de Janeiro e seus Prefeitos – Evolução Urbanística da Cidade* (1977), ao afirmar que a execução do respectivo túnel só foi iniciada na administração do General

Mendes de Morais (1947-1951), em outubro de 1947. Na apresentação, José de Oliveira Reis também fala do projeto do túnel elaborado na administração Hildebrando de Góes (janeiro de 1946 a junho de 1947), que antecedeu o General Mendes de Morais (junho de 1947 a abril de 1951). Estranhamente é o próprio José de Oliveira Reis quem parece não equacionar corretamente a elaboração do projeto do túnel do Pasmado, pois não deixa muito claro quando ocorreu o plano do túnel.

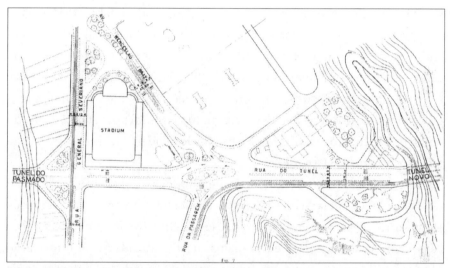

Projeto integrante do complexo da avenida Botafogo-Leme entre o túnel do Pasmado e túnel Novo com a incorporação da rua da Passagem. Fonte: RME/setembro, 1938.

Se na breve análise da administração do General Mendes de Morais (junho-1947-abril-1951) ele afirma "não obstante ser obra projetada na administração anterior foi, entretanto, iniciada em outubro de 1947", quando da análise da administração anterior, qual seja, a de Hildebrando de Góes (1946-1947), apresenta informação que não confirma o momento exato da abertura do túnel:

> preparou a concorrência para a abertura do Túnel do Pasmado, cujo início deveria ocorrer no mais curto prazo, a fim de completar a ligação direta da Av. Beira-mar, na Praia de Botafogo

à Avenida Atlântica, em Copacabana. Essa ligação, entretanto, somente foi inaugurada na Administração Mendes de Morais, que se seguiu (REIS, 1977: 123).

Por outro lado, fato não menos interessante e muito mais importante na atuação de José de Oliveira Reis no âmbito da prefeitura, fica evidente quando inserimos esse processo de elaboração-execução do túnel do Pasmado no contexto de estruturação administrativa da prefeitura do Distrito Federal. Tal estruturação ocorreu entre a administração Henrique Dodsworth e a que antecedeu a de Hildebrando de Góes, qual seja, a do ex--ministro do Supremo Tribunal, Filadelfo de Barros Azevedo, designado ao cargo para substituir Henrique Dodsworth após a queda de Getúlio Vargas, em 29 de outubro de 1945 – o ex-ministro Filadelfo de Barros ocupou o cargo de prefeito no dia 03 de novembro de 1945, conforme determinação do então presidente José Linhares. Na gestão de Filadelfo de Barros foi criado o Departamento de Urbanismo.

Se considerarmos que o período de estudos para elaboração do túnel do Pasmado foi iniciado no final da década de 1930, na gestão de Henrique Dodsworth – conforme artigo de José de Oliveira Reis de 1938 sobre Avenida Botafogo-Leme –, e sua inauguração realizada na administração Mendes de Morais (1947-1951) – primeira posterior à de Hildebrando de Góes (1946-1947) –, já no final da década de 1940, constataremos ser esse período representativo de mudança importante na vida profissional do engenheiro José de Oliveira Reis, sobretudo por estar associada àquele contexto de estruturação administrativa.

A referência está diretamente relacionada ao importante movimento iniciado no contexto político nacional com a queda de Getúlio Vargas da presidência, assim como a ocorrência de mudanças da estrutura municipal, em princípio com a substituição de prefeitos vinculados ao Estado Novo. Particularmente para a cidade do Rio de Janeiro, o movimento iniciou-se com a administração Filadelfo de Barros Azevedo (1945-1946) e com as determinações dessa administração para o contexto profissional urbanístico.

Se os estudos para o Pasmado ocorreram enquanto José de Oliveira Reis ocupava o cargo de chefe da Comissão do Plano da Cidade do Rio de Janeiro, sua inauguração ocorreu no momento em que José de Oliveira Reis ocupara outro cargo, o de diretor do Departamento de Urbanismo da prefeitura do Distrito Federal – considerada por José de Oliveira Reis como a mais substancial mudança na estrutura administrativa do Distrito Federal. Uma estruturação administrativa desencadeada no curto período de dois meses e vinte e sete dias da administração do prefeito Filadelfo de Azevedo: por essa mudança consolidou-se definitivamente todo o esforço empreendido pelos engenheiros municipais desde a contratação de Alfred Agache, especialmente o esforço do engenheiro Armando de Godoy.

Tal Departamento de Urbanismo apresenta também uma particularidade incomum em seu processo de criação no âmbito das estruturas administrativas municipais brasileiras. Ele não foi criado mediante aprovação de decreto municipal e, sim, por decreto do presidente da República José Linhares: o Decreto Nº 8.304 de 6 de dezembro de 1945. Seu primeiro diretor, o engenheiro José de Oliveira Reis, foi nomeado por outro decreto, provavelmente um decreto municipal, datado do dia 8 de dezembro de 1945: o Decreto P. 585, com sua posse efetivada no dia 28 de dezembro de 1945.

Este fato não representou uma simples mudança administrativa ou apenas alteração do lugar institucional de atuação do funcionário público José de Oliveira Reis. Do lado institucional, consolidou definitivamente a legitimação de um saber especializado como pressuposto das intervenções na cidade. Do lado profissional e particular de José de Oliveira Reis, representou atuação em outro lugar profissional intimamente associado à sua trajetória na administração municipal do Distrito Federal, o de urbanista. Ou seja, um percurso articulado na interação entre a engenharia e o urbanismo como processos complementares e associados de intervenção sobre a cidade. Um percurso profissional que foi construído na intersecção que demarcou dois lugares institucionais distintos (a Comissão do Plano da Cidade e o Departamento de Urbanismo), porém, entremeados numa mesma trama histórica construída e vivida por agentes sociais cujos *saberes sobre a cidade* lhes proporcionam os meios de ação sobre a cidade.

No contexto da biografia profissional do funcionário público José de Oliveira Reis, a engenharia e o urbanismo conformaram um único lugar profissional, qual seja, o da ação sobre a cidade. Uma ação não encerrada na forma ou nos instrumentos que caracterizaram as atividades do lugar institucional Departamento de Urbanismo, pois o lugar profissional não está acabado ou encerrado neste lugar institucional criado na gestão Filadelfo de Barros Azevedo, mas em contínuo processo de construção. José de Oliveira Reis, engenheiro e urbanista, está aqui construído historicamente no contínuo movimento aberto a novas *experienciações* institucionais e profissionais, reconhecendo como tal abertura revela interesses, interlocuções, decisões e concepções. *Experiências* que ele vivenciou na transformação da Comissão do Plano da Cidade em Departamento de Urbanismo.

CAPÍTULO 3

Da Comissão do Plano da Cidade ao Departamento de Urbanismo

Conforme informação indexada ao Diário Oficial,[1] o Decreto-lei Nº 8.034 de 6 de dezembro de 1945 "transforma a Comissão do Plano da Cidade em Departamento de Urbanismo, subordinado à Secretaria Geral de Viação e Obras da Prefeitura do Distrito Federal – Artigo 1º a Comissão do Plano da Cidade, criada pelo Decreto Nº 6.092, de 8 de novembro de 1937, fica transformada em Departamento de Urbanismo, subordinado à Secretaria Geral de Viação, da Prefeitura do Distrito Federal".[2]

No âmbito das mudanças encaminhadas pelo Prefeito Filadelfo de Barros Azevedo – importante lembrar que o Decreto é do Presidente da República – na estrutura administrativa responsável pelos estudos e proposições urbanísticas da cidade do Rio de Janeiro, outra instância de discussão urbanística, segundo José de Oliveira Reis, foi criada paralelamente ao Departamento de Urbanismo:

---

1   D.O. – Seção II – nº 282, de sexta-feira, 14 de dezembro de 1945, em Atos do Governo Federal. Acervo José de Oliveira Reis, Acervo Geral da Cidade do Rio de Janeiro.

2   A denominação Secretaria Geral de Viação, Trabalho e Obras Públicas já não aparece mais em artigo do engenheiro Edison Passos publicado na *Revista do Clube de Engenharia* no ano de 1941. Denominado "Melhoramentos do Rio de Janeiro", a filiação institucional do engenheiro Edison Passos consta como "Secretário Geral de Viação e Obras da Prefeitura do Distrito Federal"; anterior, portanto, ao próprio Decreto Nº 8.034, que criou o Departamento de Urbanismo. Eventual mudança da nomenclatura e das funções da secretaria ocorreram ainda na administração Henrique Dodsworth. Mudanças que não foram localizadas nos documentos do acervo de José de Oliveira Reis.

> (...) outro órgão que o Ministro Filadelfo de Azevedo criou, mas que, não logrou continuidade, foi a Comissão do Plano da Cidade, junto ao seu Gabinete, para, como órgão conselheiro, opinar, orientar, resolver sobre os planos e processos em instância, das mais idôneas e credenciadas nos meios comerciais, industriais, jurídicos e administrativos, do Rio de Janeiro, no ano de 1945 e que se reuniram várias vezes sob a presidência do Prefeito e do Secretário de Administração, Dr. Armando Vidal Leite Ribeiro (REIS, 1977: 121).

Além dessa diminuta continuidade que, segundo José de Oliveira Reis, esse *órgão conselheiro*, denominado Comissão do Plano da Cidade, teve na administração municipal Filadelfo de Barros Azevedo, sua efetiva esfera de atuação-organização não é esclarecida pelos documentos do arquivo do engenheiro. Todavia, uma situação que não deve significar impossibilidade de entendimento do processo continuado de construção do setor de urbanismo na administração municipal do Rio de Janeiro. Essa intencionalidade deve apenas estar atenta aos vestígios que afloram no âmbito deste processo de construção, e não somente do momento de criação-instauração de uma nova instância administrativa. Nesse sentido, num primeiro instante é importante observar que tal *órgão conselheiro* recebeu a mesma denominação da comissão criada pelo prefeito Henrique Dodsworth durante o Estado Novo: Comissão do Plano da Cidade; aquela criada pelo decreto (N° 6.092) que foi revogado para implantar o Departamento de Urbanismo em 1945.

No entanto, existe uma distinção entre as duas comissões que reside na especificação da ação de cada uma, resultante da organização institucional que cada administração definiu. No caso da Comissão do Plano da Cidade do Rio de Janeiro, criada pelo prefeito Henrique Dodsworth pelo Decreto N° 6.092 de 1937, duas subcomissões específicas, com nomenclaturas distintas, definiam a sua organização na estrutura administrativa: a de elaboração e a de colaboração – o que não ocorre com a Comissão do Plano criada por Filadelfo de Barros Azevedo, por ser ela uma só comissão. Como já enunciado no capítulo anterior, a *subcomissão de elaboração* era composta pelos profissionais da administração municipal, e a *subcomissão de colaboração* consultiva era composta por profissionais considerados capacitados para opinarem sobre os trabalhos da Comissão do Plano da Cidade, esta entendida como a *própria subcomissão de elaboração*.

Sobre a nova Comissão do Plano da Cidade, criada como órgão consultivo pelo prefeito Filadelfo de Barros Azevedo, não constam, como enunciado, outras informações entre os documentos analisados, que não a da sua criação. No entanto, essa inexistência de informação sobre seus membros, organização e o papel desenvolvido na administração municipal não impossibilita uma indagação: essa comissão definida como órgão conselheiro pode ser admitida como a continuidade da antiga *subcomissão de colaboração* da Comissão do Plano da Cidade criada pelo prefeito Henrique Dodsworth?

Por ser resposta facilmente tangenciável pela nomenclatura das duas comissões, esta particularidade pode produzir – caso adotada e como condicionante desta suposta continuidade – reduções interpretativas sobre um complexo movimento de institucionalização do urbanismo na prefeitura do Rio de Janeiro. E certamente nas prefeituras brasileiras, pois, os engenheiros que atuaram neste movimento – no Rio de Janeiro ou qualquer outra cidade – não estavam isolados em seus gabinetes municipais, mas envolvidos em diálogos convergentes e/ou divergentes sobre a importância do urbanismo para os municípios – as divergências não residiam na importância (função), mas na forma. Portanto, uma resposta sobre a atuação e incumbência da Comissão do Plano da Cidade criada prefeito Filadelfo de Barros Azevedo pode ser construída mediante aproximação com processos de institucionalização do urbanismo em outros municípios, externos à prefeitura do Rio de Janeiro.

Como não existem vestígios na documentação do acervo de José de Oliveira Reis sobre esta Comissão do Plano da Cidade, nem mesmo qualquer informação no trabalho de *historiógrafo* realizado pelo engenheiro a partir de 1965, determinou-se a necessidade de identificar, numa dimensão relacional externa à prefeitura do Rio de Janeiro, a conjuntura de atuação desta Comissão do Plano da Cidade. Uma identificação a partir da constatação da criação, na cidade de São Paulo, de uma Comissão Orientadora do

Plano da Cidade, oficializada pelo Decreto-lei n° 431 de 7 de junho de 1947; o mesmo decreto que criou em São Paulo o Departamento de Urbanismo. Segundo Sarah Feldman,

> a COMISSÃO ORIENTADORA DO PLANO DA CIDADE, incumbida de apreciar, quando solicitada pelo Executivo ou Legislativo Municipal, os projetos relativos ao Plano da Cidade e os problemas relacionados com os serviços de utilidade pública, podendo, também, apresentar sugestões para a realização de problemas de urbanismo (FELDMAN, 2005: 44).

Convém salientar que a Comissão do Plano da Cidade como órgão conselheiro do prefeito Filadelfo de Barros Azevedo foi criada em 1945, portanto dois antes da Comissão Orientadora do Plano em São Paulo. Assim, fora criada no Rio de Janeiro no contexto daqueles diálogos entre os engenheiros municipais, portanto, até como referência de organização administrativa pública para o processo de estruturação do setor de urbanismo paulistano. Entretanto, referência que não produz uma resposta substancial sobre ser o órgão conselheiro continuidade da *subcomissão de colaboração* que integrou a Comissão do Plano da Cidade do Rio de Janeiro durante o Estado Novo.

Por outro lado, é necessário empreender nova indagação, supondo hipoteticamente que o órgão conselheiro criado por Filadelfo de Barros Azevedo seja continuidade daquela subcomissão de colaboração da Comissão do Plano criada no Estado Novo, e por esta suposição analisar o lugar institucional do Departamento de Urbanismo e sua responsabilidade pelo plano da cidade. Eis a indagação: é possível determinar que o Departamento de Urbanismo, criado em 1945 na gestão do Prefeito Filadelfo de Barros Azevedo, é oriundo da outra subcomissão, a de elaboração, por ser ela o órgão executivo dentro do setor de urbanismo desde os tempos do Estado Novo? Por esta lógica, a Comissão do Plano da Cidade de 1945 seria a antiga subcomissão de colaboração, e o Departamento de Urbanismo seria a antiga subcomissão de elaboração.

A resposta deve passar pela interpretação de dois – dentre outros possíveis – enunciados distintos no tempo e no lugar de *origem*, por permitirem conclusões associadas e individualizadas. O primeiro enunciado está no lugar político-jurídico que definiu a criação do Departamento de Urbanismo, ou seja, o Decreto N° 8.034 de 6 de dezembro de 1945, pela determinação do seu Artigo 1°: "(...) a Comissão do Plano da Cidade, criada pelo Decreto N° 6092, de 8 de novembro de 1937, fica transformada em Departamento de Urbanismo, subordinado à Secretaria Geral de Viação, da Prefeitura do Distrito Federal".

Uma interpretação objetiva deste artigo deve partir da constatação de que não existe distinção entre aquelas duas subcomissões integrantes da Comissão do Plano da Cidade criada em 1937, ou seja, a Comissão – com suas duas subcomissões – e toda sua estrutura funcional foi transformada em Departamento de Urbanismo pelo Decreto N° 8.034. A lógica interna a esta interpretação permite duas conclusões. Pela primeira, a Comissão do Plano da Cidade como órgão conselheiro criado pelo prefeito Filadelfo de Barros Azevedo não teve sua origem político-jurídica naquela subcomissão de colaboração da Comissão do Plano de 1937. Ela não se caracterizou como continuação reformada da estrutura funcional do setor de urbanismo criado em 1937.

Complementa esta conclusão, a identificação do lugar institucional de inserção da Comissão do Plano da Cidade criada pelo Prefeito Filadelfo de Barros Azevedo, qual seja, o seu próprio gabinete e não o Departamento de Urbanismo, este subordinado que estava à Secretaria Geral de Viação da Prefeitura. A Comissão do Plano que foi locada no gabinete do prefeito não é a antiga subcomissão de colaboração, pois esta foi, juntamente com a subcomissão de elaboração, transformada em Departamento de Urbanismo. Condição que produz a segunda conclusão: o Departamento de Urbanismo não é só oriundo da subcomissão de elaboração, porque ele é oriundo de toda a Comissão do Plano da Cidade do Rio de Janeiro criada em 1937, portanto, oriundo também da subcomissão de colaboração; certamente que são respostas construídas na interpretação jurídico-estrutural da administração municipal do Distrito Federal.

O outro enunciado está em um argumento do próprio José de Oliveira Reis, portanto proveniente do lugar profissional intimamente relacionado à mudança hierárquica administrativa do setor de urbanismo no Rio de Janeiro, ainda que seja uma versão pessoal sobre a provável extinção da Comissão do Plano da Cidade criada em 1937, e a criação do Departamento de Urbanismo em 1945. Essa versão ele apresentou no depoimento oral ao Arquivo Geral da Cidade do Rio de Janeiro, portanto distante jurídico-temporalmente do lugar institucional de discussão sobre urbanismo no Rio de Janeiro. Segundo José de Oliveira Reis,

> A Comissão era composta de duas partes: uma Comissão de Colaboração do Plano da Cidade e outra a Comissão de Elaboração do Plano da Cidade. A Comissão de Colaboração era de pessoas estranhas à Prefeitura, era de figuras eminentes e que podiam dar sua orientação, a sua contribuição para o Plano da Cidade. E a outra, de Elaboração, era realmente a que fazia os planos para serem executados e eu fui chamado então para chefiar essa Comissão de Elaboração. Mais tarde, como a outra, a Comissão de Colaboração foi se extinguindo naturalmente – não foi extinto por um decreto, mas extingui-se naturalmente, por falta de colaboração, vamos dizer assim – ficou só a de Elaboração, que foi mais tarde transformada em Serviço Técnico do Plano da Cidade. Mais tarde esse Serviço Técnico do Plano da Cidade, na administração do prefeito Filadelfo de Azevedo, foi transformado em Departamento de Urbanismo.[3]

O argumento de José de Oliveira Reis produz a anulação da antiga subcomissão de colaboração no processo de reestruturação administrativa pós-1945, pois "a Comissão de Colaboração foi se extinguindo naturalmente – não foi extinto por um decreto, mas extingui-se naturalmente". Ela está destituída do processo de criação do Departamento de Urbanismo em 1945 e da Comissão do Plano da Cidade como órgão conselheiro e orientador sobre os planos e problemas de urbanismo.

---

3 Entrevista disponibilizada pelo Arquivo Geral da Cidade do Rio de Janeiro.

Adotando o pressuposto daquela Comissão Conselheira do Plano da Cidade como um novo órgão criado em 1945, configurou-se no Rio de Janeiro, assim como em São Paulo em 1947, a existência de dois órgãos interligados para discutir os problemas urbanos de modo geral. Em São Paulo, segundo Sarah Feldman, o Departamento de Urbanismo e a Comissão Orientadora do Plano (FELDMAN, 2005: 45); no Rio de Janeiro, segundo análise de José de Oliveira Reis, o Departamento de Urbanismo e a Comissão Conselheira do Plano da Cidade. E no caso específico do Rio de Janeiro, a relação entre o órgão elaborador e o órgão orientador-conselheiro foi decisivamente reforçada durante a administração municipal imediatamente posterior à de Filadelfo de Barros Azevedo, a do engenheiro Hildebrando de Góes (1946-1947). Possivelmente sua relação profissional com os problemas urbanos, especialmente de saneamento – advinda do cargo de Diretor Nacional de Saneamento durante o Estado Novo – proporcionou entendimento particular da gestão municipal, especialmente o entendimento sobre a necessidade de aplicação de recursos financeiros nos planos urbanísticos.

Foi em seu mandato – entre 31 de janeiro de 1946 e 13 de junho de 1947 – que se criou uma terceira instância administrativa municipal diretamente relacionada ao Departamento de Urbanismo e aos os planos e projetos do Departamento: a Superintendência do Financiamento Urbanístico. Uma instância administrativa que certamente conformou e amarrou importante trinômio do/no processo do planejamento no Rio de Janeiro: concepção-orientação-financiamento. Segundo José de Oliveira Reis a finalidade da superintendência era,

> estudar e preparar os meios de financiar a execução das obras urbanísticas da Cidade do Rio de Janeiro. Ficariam a cargo desse órgão as desapropriações e o cálculo dos valores dos lotes urbanizados conseqüentes dos projetos de urbanização elaborados pelo Departamento de Urbanismo (REIS, 1977: 123).

E não só a importância da criação da superintendência, mas sua inserção na estrutura administrativa, ao mesmo tempo em que amarra aquele trinômio do processo do planejamento, proporcionava exclusividade de trabalho ao Departamento de Urbanismo no âmbito da concepção, da pesquisa e da elaboração. Subordinada à Secretaria Geral de Finanças, e ainda segundo Oliveira Reis, "ligada, obviamente à Secretaria de Viação" (REIS, 1977: 124), a Superintendência do Financiamento Urbanístico certamente viabilizou a articulação entre instâncias administrativas da municipalidade do Rio de Janeiro na elaboração dos planos, projetos e execução de obras. Incorreto, entretanto, negligenciar a existência anterior de um sistema de financiamento na própria cidade do Rio de Janeiro, como a já referida Caixa para Financiamento da Execução do Plano de Transformação e Extensão da Cidade, regida pelo Decreto N° 5.934 de 1937.

É necessário constatar que as discussões sobre a importância do financiamento dos planos urbanísticos ganhavam amplitude quando publicadas nas revistas especializadas, como no artigo "Plano de remodelação e extensão da cidade do Recife", do engenheiro José Estelita, na *Revista da Directoria de Engenharia* em setembro de 1934. José Estelita elucida o que ele denominou, com referência na escola de urbanismo de São Paulo, de doutrina imprescindível para a solução dos problemas urbanísticos: "financiar antes de urbanizar".

Pressuposto claro na década de 1930, o financiamento urbanístico também orientou parte dos debates do I° Congresso Brasileiro de Urbanismo organizado pelo Centro Carioca, na cidade do Rio de Janeiro, entre os dias 20 e 27 de janeiro de 1941.[4] Tal problemática surge entre os programas temáticos da Terceira Comissão de Estudos do Congresso, denominada de APLICAÇÃO E EXECUÇÃO: Plano Regulador e Regional – Financiamento das obras de urbanização.

---

4   As informações sobre o I Congresso Brasileiro de Urbanismo constam de uma cópia xerox de documento original pertencente ao professor Flávio Villaça e está datada de fevereiro de 1978. O documento foi cedido para reprodução pela Professora Cristina Leme da FAU-USP, a partir de uma cópia xerox integrante de documentos de leitura de sua disciplina no curso de Pós-Graduação da FAU-USP.

Presidida pelo engenheiro J. O. de Sabóia Ribeiro e composta pelos engenheiros Jorge Schnoor, Luiz Castro Dodsworth Martins, Albino dos Santos e pelos arquitetos Paulo Camargo de Almeida e Déa Torres Paranhos, tal comissão abordou ainda outras temáticas relacionadas à questão financeira dos trabalhos inerentes aos setores de urbanismo. Entre elas podemos mencionar duas: a confecção de planos reguladores e os procedimentos para sua execução de acordo com os sistemas mais convenientes – formação de um fundo especial para as desapropriações da nova lei brasileira de desapropriação – e a organização de assistência social dentro do plano urbanístico da cidade.

No conjunto das Comissões de Estudos do I Congresso Brasileiro de Urbanismo, o tema do financiamento urbanístico integrou variada gama de temáticas orientadas pela premissa básica da necessidade de realização dos planos diretores municipais. Foram debatidos e aprovados naquele congresso os estudos sobre a História do Urbanismo e das Cidades, a Legislação Urbanística e Administração Municipal no Brasil, a Execução dos Planos Urbanísticos, que tratou especificamente do financiamento, a problemática da Habitação Urbana e Rural, o Saneamento Urbano e Áreas Verdes nas cidades, os Sistemas de Circulação e Tráfego. Não faltaram aos debates nem mesmo as temáticas do Turismo e as Cidades, ou ainda, da própria prática da Exposição do Urbanismo, como foi a Comissão de Estudos presidida pelo engenheiro José de Oliveira Reis, focada nos temas dos planos reguladores e regionais, em detalhes construtivos, projetos de melhoramentos urbanos, estatísticas, gráficos, maquetes, fotografias.

À frente do congresso, como organizadores e membros do Comitê Executivo, estavam profissionais cuja atuação nas municipalidades, ou mesmo em entidades como Centro Carioca, foram fundamentais para a inflexão dos debates urbanísticos ao longo da década de 1940. Francisco Baptista de Oliveira como presidente do congresso, Carmen Portinho e Mario de Sousa Martins como vice-presidentes, Nestor E. de Figueiredo, J. O de Saboia Ribeiro, José de Oliveira Reis, F. Saturnino de Brito Filho, Arthur Alberto de Werneck, entre outros que atuaram na organização, integravam um movimento coletivo, não necessariamente uniforme e homogêneo de ideias.

Estes e outros profissionais estavam também fundamentalmente imbuídos de pressupostos que foram construídos anteriormente por profissionais como Luiz de Anhaia Mello, Francisco Prestes Maia, Armando Augusto de Godoy, Alfred Agache, Henrique de Novaes, Saturnino de Brito, Victor da Silva Freire. Um movimento que claramente prescindiu da adesão ou incorporação acrítica de propostas importadas de lugares institucionais e profissionais geralmente localizados em outros contextos nacionais. São referências que, todavia, precisam ser compreendidas como elementos estruturadores dos diálogos internacionais ao quais os engenheiros brasileiros também estavam integrados, que não se processava num único sentido, desfazendo, portanto, certa noção de importação e tradução dessas referências e ideias.

Sobretudo Anhaia Mello e Armando de Godoy, que desenvolveram intensa atividade intelectual entre as décadas de 1920 e 1940, tanto na produção de estudos e análises como na própria administração municipal, ou ainda, em entidades de ensino, como foi o caso de Anhaia Mello na Faculdade de Arquitetura e Urbanismo da USP. Engenheiros que tiveram papel decisivo na continuidade do processo de construção e institucionalização dos setores de urbanismo nas municipalidades – os mesmos setores denominados neste livro de lugares institucionais – e na formação de lugares profissionais especializados no campo disciplinar do urbanismo – muitos dos engenheiros foram professores nas faculdades de arquitetura e urbanismo no Brasil.

Impossível, nesse sentido, não considerar o I° Congresso Brasileiro de Urbanismo como evento ímpar na aglutinação dos profissionais brasileiros interessados nas discussões sobre a questão urbanística, em que muitos deles atuaram como autores de estudos apresentados nas várias comissões, ou participaram ativamente das mesmas como secretários dos respectivos presidentes. Nomes como Atílio Corrêa Lima, Paulo Barreto, Jorge Schnoor, Paulo Camargo de Almeida, Déa Paranhos, Afonso Eduardo Reidy, Rafael Galvão, Hermínio de Andrade e Silva, Oscar Niemeyer Filho, Valdemar Paranhos de Mendonça, proporcionaram abrangência nacional ao congresso, atuando, portanto, como interlocutores de ideias que se processaram durante a realização do congresso.

Ideias presentes, por exemplo, no artigo "Da criação do Departamento Nacional de Urbanismo" de autoria do vice-presidente do congresso, engenheiro Mario de Souza Martins, apresentado na Segunda Comissão de Estudo Denominada, "Legislação, Administração e Organização". Em seu estudo, está claramente apresentado quão importante era a prática do urbanismo para as municipalidades, na organização e estabelecimento de diretrizes de crescimento através da realização do Plano Urbano e de sua vinculação à comissão permanente do Plano da Cidade. Não se restringe, no entanto, à escala municipal, apontando a necessidade de elaboração de planos regionais como orientadores do desenvolvimento de cidades cujos interesses representem uma unidade, ou ainda, de um plano nacional que

> cogita do estabelecimento de uma rede de comunicações compreendendo linhas de penetração ligando as diversas regiões (...) linhas ferroviárias destinadas ao transporte de cargas pesadas a distâncias; linhas rodoviárias que se destinam ao transporte de cargas pesadas a distâncias menores; linhas de transporte fluvial e marítimo, também destinadas ao transporte de grandes cargas a grandes distancias, e finalmente, linhas de transporte aéreo destinadas à condução de pequenas cargas e grandes distancias e com grande rapidez (MARTINS, 1941: 128-131).

Eminentemente um plano nacional de integração entre regiões e seus Planos Regionais, e as municipalidades e seus planos urbanos, mediante articulação de um sistema integrado de transportes terrestres, aquáticos e aéreos que, segundo Souza Martins, "requer a assistência de um corpo de técnicos especializados e a realização de minuciosas pesquisas preliminares", bem como "de um órgão central, autônomo, que será o Departamento de Urbanismo" (MARTINS, 1941: 128-131).

Pela proposta de criação do departamento presente no texto do engenheiro Mario de Souza Martins, tal órgão teria as seguintes finalidades:

a – Promover a divulgação dos princípios do Urbanismo em todo o país;

b – Preparar um corpo técnico especializado em Urbanismo;

c – Promover junto ao Departamento de Municipalidades ou aos Governos de todos os Estados, a criação de Comissões dos Planos das Cidades, compostas de técnicos especializados;

d – Incentivar as Comissões dos Planos das Cidades a organiza-rem Planos Regionais de desenvolvimento e Planos Diretores para todas as cidades com população superior a 10.000 habitantes;

e – Prestar colaboração direta e auxilio técnico na elaboração desses planos sempre que se fizer necessário, auxiliando as Comissões dos Planos;

f – Organizar um Plano Nacional Diretor, coordenando e abrangendo todos os Planos Regionais que forem elaborados (MARTINS, 1941: 128-131).

Um pergunta: seria inoportuno ou restritivo entender que análises como essa, pela proposição de estrutura administrativa de urbanismo, no caso em âmbito nacional, restringiram-se aos anais dos congressos ou às páginas das revistas especializadas? É inoportuno e restritivo, e mais ain-da, tem-se que compreender a criação daquele que é considerado o órgão federal de urbanismo na década de 1960, o Serviço Federal de Habitação e Urbanismo (SERFHAU), como resultante de um longo processo histórico que passa por esses debates profissionais e pelo movimento de institucio-nalização dos setores públicos municipais de urbanismo.

O sentido restritivo da análise incorreria ainda na desconsideração da importância de eventos como o citado Congresso Brasileiro de Urbanismo, ou ainda, o II Congresso Brasileiro de Engenharia e Indústria, de 1946, pelas considerações da sua comissão de número 6, a Comissão de Planejamento Urbano,[5] que foi presidida pelo engenheiro José de Oliveira Reis: eventos

---

5 Integraram também o grupo de estudo da 6ª Comissão – Planejamento Urbano – do II Congresso Brasileiro de Engenharia e Indústria os seguintes engenheiros profissionais: Icaraí da Silveira; Alberto Pires Amarante; Geraldo Ferreira Sampaio; Edgard Pereira Braga; Elza Pinho Osborne; Marcelo Teixeira Brandão;

caracterizados como movimentos de construção intelectual das instâncias administrativas de urbanismo no Brasil. E não só das instâncias administrativas onde os profissionais atuaram, mas do próprio urbanismo brasileiro, ainda hoje algumas vezes trabalhado na historiografia brasileira como resultante da *importação* dos pressupostos, ideias e realizações europeias e norte-americanas.

Os estudos sobre urbanismo brasileiro podem trabalhar com orientação, portanto, de que, a criação dos Departamentos de Urbanismo no Rio de Janeiro em 1945 ou em São Paulo em 1947 são instâncias construídas a partir – mas não só – das premissas propostas no projeto de Criação do Departamento Nacional de Urbanismo durante o I congresso Brasileiro de Urbanismo, especialmente aquela que menciona a promoção no âmbito dos governos estaduais ou municipais, da criação das comissões dos planos das cidades. Da mesma forma que a institucionalização do setor de urbanismo no governo federal, a partir do SERFHAU, é resultante de um processo histórico de institucionalização construído no âmbito das administrações municipais. Nesse caso, um processo "de baixo para cima", da infraestruturação institucional nos municípios brasileiros para o governo federal. SERFHAU e mais recentemente o Ministério das Cidades são resultantes desse processo de institucionalização nos municípios, e só depois no âmbito da União.

Para ser mais explícito, talvez repetitivo, nesta questão: a construção institucional federal ocorreu a partir e após a mesma construção nas esferas municipais. Construção que passou pelos estudos e propostas de intervenção na infraestrutura de água, esgoto, sistema viário, áreas verdes pelos planos de melhoramentos e embelezamento. Passou também pelas comissões de planos das cidades nas décadas de 1930-1940, pelos planos diretores e pela criação dos Departamentos de Urbanismo municipais nas

---

Hercília F. Ferreira; José Franco Henriques, Coronel Ignácio C. Azambuja; Major Edmundo Wagner; Emidio Moraes Vieira; Oscar Viana da Silva; Moacir Leão; Artur Werneck; Lincoln Continentino; Ulisses de Alcântara; Abelardo Coimbra Bueno; Ernani Rodrigues Pereira; Francisco Baptista de Oliveira; Hermínio de Andrade Silva, eng. Alberto Pires Amarante, eng. José Silveira, eng. Mario Martins, eng. Artur Eugenio Jermann.

décadas de 1940-1950, até o planejamento regional associado ao planejamento governamental das décadas de 1950/60/70.

É impróprio, portanto, considerar o Congresso Brasileiro de Urbanismo um movimento isolado e restrito à década de 1940. Ele deve ser entendido como fator integrante do longo movimento profissional que, no decorrer da segunda metade do século XIX e nos primeiros 30 anos do século XX, produziram conhecimento sobre as cidades brasileiras e considerações sobre a prática urbanística. Ação necessariamente também construída em outras territorialidades profissionais, cujas particularidades nacionais não significaram a produção de uma origem do saber, e *a posteriori* sua importação, mas um conjunto de eventos no processo de desenvolvimento do saber urbanístico, que não é linear, não é restrito a uma nacionalidade.

Nesse conjunto e durante a década de 1940, importantes eventos proporcionaram a incorporação definitiva do urbanismo na organização e ação das administrações municipais brasileiras. Se o I Congresso Brasileiro de Urbanismo, logo no início da década de 1940, abre incisivamente o movimento por essa incorporação, outros fatos também importantes não são menores no processo brasileiro. Já nos referimos à conformação dos departamentos municipais de urbanismo juridicamente instituídos em São Paulo e Rio de Janeiro. Mas particularmente um acontecimento político associado à queda de Getúlio Vargas deve ser incorporado e analisado mais detidamente pelos estudos acadêmicos: a consolidação democrática proporcionada pela Constituição promulgada no dia 18 de setembro de 1946.

O final do sistema fortemente centralizado mantido pelo governo do presidente Getúlio Vargas proporcionou aos municípios brasileiros uma autonomia gerencial e decisória – especialmente relacionada aos seus usos orçamentários – que o Estado Novo praticamente impossibilitava. Foi no contexto dessa autonomia democrática que a construção institucional Movimento Municipalista nesse período (criação da Associação Brasileira dos Municípios em 1946 e Instituto Brasileiro de Administração Municipal em 1952) se consubstanciou como evento articulador do pensamento sobre o município e, em particular, no caso dos engenheiros e urbanistas brasileiros, sobre a profícua e necessária relação entre o município e o urbanismo.

Uma relação claramente elucidada pelo engenheiro José de Oliveira Reis na palestra proferida na cidade de Ribeirão Preto no ano de 1955, quando discorreu sobre "O Urbanismo e sua Influência no Município". Nessa palestra, escrita e apresentada dez anos após a elaboração do que ele mesmo denominou de "Observações e Notas Explicativas do Esquema do Plano Diretor de Ribeirão Preto", de 1945, os pressupostos do municipalismo e da concepção--realização do planejamento urbano municipal denotam a transformação e maturação sobre seu pensamento urbanístico. O texto referencia importante aproximação e filiação do engenheiro ao Movimento Municipalista, que desde o I Congresso Nacional dos Municípios Brasileiros, realizado em Petrópolis no ano de 1950, movimentou profissionais de diversas áreas na construção intelectual municipalista.

No caso do engenheiro José de Oliveira Reis, uma possível relação e aproximação impregnada dos sinais centralizadores que caracterizaram o longo período de trabalho como chefe da Comissão do Plano da Cidade do Rio de Janeiro durante o Estado Novo – todavia não necessariamente uma centralização das ações na própria estrutura da Comissão do Plano da Cidade entre José de Oliveira Reis, o chefe, e Edison Passos, secretário de Viação, Trabalho e Obras Públicas. No entanto, José de Oliveira Reis não fornece vestígio sobre a existência ou não da centralização política na atuação da Comissão do Plano, ou sobre interferências da administração municipal e federal, respectivamente, Henrique Dodsworth ou Getúlio Vargas, nos trabalhos urbanísticos. Não surgem rastros minimamente elucidativos dessa condição do Estado Novo, assim como se o próprio (José de Oliveira Reis) partilhou ou não, se incorporou ou não, a centralização política e a partir dela produziu uma centralização decisória na prática urbanística no Rio de Janeiro.

Todo o conjunto documental integrante do acervo pessoal organizado pelo engenheiro sobre a Comissão do Plano da Cidade do Rio de Janeiro – que não é tão considerável do ponto de vista quantitativo – está demasiadamente centrado em informações gerenciais e organizacionais, dificultando uma análise sobre os movimentos internos, as possíveis disputas profissionais entre seus membros. O que existe – e é passível de indagação

– não está vinculado aos documentos pessoais do engenheiro: são os artigos escritos pelos outros engenheiros membros da Comissão do Plano da Cidade, até mesmo pelo próprio Secretário Edison Passos, ou ainda pelo Prefeito Henrique Dodsworth, sobre os projetos e obras, reforçando inclusive que é justamente no diálogo entre os profissionais envolvidos, na complementaridade entre a documentação pessoal de José de Oliveira Reis e esses artigos que se constituiu todo o processo de construção de lugares institucionais específicos: a Comissão do Plano da Cidade até 1945 e posteriormente o Departamento de Urbanismo.

Ainda que em complementariedade, o estudo da sua atuação profissional nesse contexto de passagem do Estado Novo para a redemocratização de 1946 remete a indagações interessantes e oportunas. Uma primeira: se focarmos a análise nos ditames da centralização nas instâncias administrativas e nos mecanismos de atuação do engenheiro José de Oliveira Reis para conduzir os projetos urbanísticos entre 1937 e 1945 – justamente o período de atuação da Comissão do Plano da Cidade do Rio de Janeiro –, como se processou seu descolamento no contexto democrático, liberal, autonomista e municipalista pós-1946? Ou ainda: do ponto de vista institucional, o que produziu sua atuação como primeiro diretor do Departamento de Urbanismo do Rio de Janeiro, após esses anos na chefia de um órgão vinculado ao centralismo estatal? Seria, por exemplo, certa dimensão de continuidade que marcou o período pós-1945/1946, como foi com o prefeito Hildebrando de Góes entre janeiro de 1946 e junho de 1947, que durante vários anos do governo Getúlio Vargas foi diretor do Departamento Nacional de Saneamento? Em quais circunstâncias estariam as respostas para esse deslocamento, sobretudo durante a década de 1950, quando José de Oliveira Reis já tinha importante atuação no âmbito da Associação Brasileira dos Municípios, participando inclusive do I Congresso Nacional de Municípios Brasileiros em Petrópolis, realizado no ano de 1950?

Indagamos a documentação de José de Oliveira Reis de diversas formas e em nenhum momento o engenheiro esclareceu, forneceu indícios ou justificativas para o deslocamento – talvez "ampliação" e "incorporação" de novos conceitos – do (no) seu pensamento urbanístico durante sua trajetória profissional após 1945 e ao longo de toda a década de 1950. Em momentos de *encantamento radical* pela construção da sua biografia profissional, José de Oliveira Reis preferiu o silêncio, não se pronunciando sobre as indagações necessárias à compreensão da sua inserção no municipalismo brasileiro ou, mais genericamente, no contexto político democrático em que ocorreram os debates urbanísticos a partir de 1945.

Impossível saber se por esquecimento, consciente e interessado, ou embebido de receios de algum julgamento negativo, até mesmo autojulgamento, quando, a partir de 1965, retomou os vários anos da administração municipal carioca em que esteve atuante para escrever sobre eles – talvez analisar, nas entrelinhas, sobre si próprio, um projeto autobiográfico nunca enunciado publicamente? Um subterfúgio para permitir somente a si próprio reconhecer críticas da sua vida profissional, como, por exemplo, suas prováveis ausências – ou apagamento destes vestígios de seu arquivo – no debate político que certamente marcou a passagem da Comissão do Plano da Cidade para o Departamento de Urbanismo do Rio de Janeiro? Ou seria possível supor que em pleno ano de 1945, tal passagem seria apenas uma problemática administrativa, de um decreto que finaliza algo para criar outra instância nova?

Em meio a essas indagações, é preciso iluminar um ponto tão pouco esclarecido quanto a criação do Departamento de Urbanismo: a permanência de José de Oliveira Reis no lugar institucional responsável pelo urbanismo no Rio de Janeiro e na mesma condição hierárquica profissional entre a Comissão do Plano da Cidade e este departamento. Evento que foi tão pouco esclarecido pelos documentos sobre seus movimentos anteriores, quanto é a sua permanência no cargo mais importante do departamento com o final da administração Henrique Dodsworth.

Seria o caso de relacionar essa permanência à sua posição política na hierarquia do lugar profissional como indício das mudanças produzidas no setor de urbanismo do Rio de Janeiro? Assumir essa hipótese e resposta pode até parecer plausível. Incorre, porém, no perigo afirmativo da centralização decisória sobre um processo fundamentalmente coletivo e político – não desconsiderando a importância da variável pessoal-técnica nesse mesmo processo –, superestimando em demasia a relação do indivíduo em detrimento do contexto.

A pessoa José de Oliveira Reis não definiu é isoladamente as importantes mudanças na estrutura administrativa do setor de urbanismo com o fim do Estado Novo. O processo todo ultrapassa a sua individualidade, por mais forte que ela seja no âmbito do lugar institucional Departamento de Urbanismo. Nesse sentido, podemos definir algumas hipóteses-estratégias que permitam compreender sua "longevidade" institucional.

Uma primeira estaria delimitada pelo próprio contexto das mudanças ocorridas entre a Comissão do Plano da Cidade e o Departamento de Urbanismo, e nelas o engenheiro e urbanista José de Oliveira Reis não é o eixo articulador, mas como outros profissionais que atuavam no setor de urbanismo, parte de todo um processo que englobou cada um dos envolvidos: Poder Executivo, Secretaria de Viação e Obras e os profissionais da municipalidade. Esse processo foi definido com o final do governo centralizador do Estado Novo, nas suas três instâncias políticas, quais sejam, União, Estados e Municípios, e na construção de uma ordem democrática e de autonomia política entre as mesmas três instâncias institucionais que perfazem a Nação.

Uma segunda hipótese passa necessariamente pelo reconhecimento de um *deslocamento* do pensamento urbanístico de José de Oliveira Reis, que, no entanto, não pode significar sobreposições e apagamento de conceitos e pressupostos teóricos sobre a intervenção na cidade, mas sim, de construção de um conhecimento sobre as cidades. Esse *descolamento* do seu pensamento urbanístico representou ampliação na sua forma de pensar os problemas urbanos, a partir das formulações sobre as relações dos municípios em toda a sua dimensão territorial – não mais restrito apenas à área urbana, mas no conjunto definido pela área rural e a área urbana – com o saber especializado que o define como objeto de estudo, análise e intervenção: o urbanismo.

Por fim, como não surgiram respostas precisas, indagamos o contexto profissional e todos os seus deslocamentos, e nele localizamos vestígios que José de Oliveira Reis não pode elidir, encontrando um discurso que passou a ser focado nos pressupostos do planejamento urbano e regional. Não uma simples mudança do vocabulário erudito marcadamente processado na década de 1940, mas a compreensão por parte dos profissionais da ampliação da esfera de atuação em relação à intervenção determinada e pontual que predominou até a década de 1930. Mudança marcada também pelo reconhecimento definitivo do planejamento como função de governo para pensar a municipalidade na indissolúvel interação entre área urbana e rural – da mesma forma, e entre municipalidades, numa lógica intermunicipal, assim como, intrarregional.

Caberia, portanto, aos Departamentos de Urbanismo (se pensados como instância exclusiva de ação nas áreas urbanas dos municípios) considerar a necessidade e importância de pensar o município, a região e a nação, como proposto no I Congresso Brasileiro de Urbanismo de 1940. Práticas urbanísticas em constante construção (processual e relacional) que não implicavam o apagamento de experiências anteriores, como a da Comissão do Plano da Cidade do Rio de Janeiro durante o Estado Novo.

Também não ocorreram apagamentos no pensamento urbanístico de José de Oliveira Reis, e a questão viária (assunto por ele abordado intensamente durante a chefia da Comissão do Plano no Estado Novo) jamais foi totalmente esquecida nas suas formulações. Ela passaria a ocupar outro lugar, não central e irrestritamente caracterizada como Plano Urbano, mas incorporada como um elemento entre outros dos Planos Urbanos, tal qual o zoneamento, que perpassou a argumentação de praticamente todos os profissionais engenheiros-urbanistas e arquitetos; no caso brasileiro, como apontou Sarah Feldman, até o momento em que o *"zoneamento ocupa* (ocupou, ocupa ainda?) *o lugar do plano"*. Zoneamento e outros temas importantes no debate urbanístico que no caso do Rio de Janeiro seriam desenvolvidos ao longo da década de 1950, no lugar institucional Departamento de Urbanismo, inicialmente dirigido por José de Oliveira Reis, intercalados com períodos cuja direção estava sob a responsabilidade de Affonso Eduardo Reidy; intercalados, respectivamente, entre o lugar profissional da engenharia e o lugar profissional da arquitetura.

Departamento de Urbanismo do Rio de Janeiro na década de 1950: o urbanismo entre a engenharia e a arquitetura moderna

Em carta enviada por José de Oliveira Reis, no dia 23 de janeiro de 1946, ao secretário geral de Viação e Obras do Distrito Federal, em que abordou os problemas relacionados com a localização de estações do sistema de transporte municipal – vinculado ao Processo n° 18.798/45, "para examinar o projeto sobre a localização das estações e o que interferir com o plano de urbanização" –, está também explicitada uma defesa que o engenheiro fez do Departamento de Urbanismo:

> Sr. Secretário Geral de Viação.
>
> O problema de transportes coletivos no Distrito Federal é de magna importância para ser abordado em simples parecer no processo em curso. O Departamento de Urbanismo, órgão da Prefeitura que está diretamente interessado na solução do problema, não pode ser posto à margem do mesmo, e por sábia intervenção de V. Excia, foi encaminhado a este Departamento "para examinar o projeto sobre a localização das estações e o que interfere com o plano de urbanização". Ora, nada mais lógico que, havendo um órgão oficial destinado à organização do plano de urbanização da cidade, seja o mesmo não só consultado como também lhe seja atribuído obrigatoriamente a função de colaborar num assunto que precipuamente lhe está afeto e que é, primordialmente, de sua alçada. Não é, pois, sem extranheza que se verifica no correr do processo opiniões contrárias a tal ponto de vista, algumas até pretendendo negar interferência da Prefeitura no caso (...) Feita esta pequena ressalva, o Departamento de Urbanismo pede vênia para esclarecer a V. Excia. que o assunto do Metropolitano, apezar de muito debatido e de inúmeras tentativas de traçados, está longe de ter solução adequada para atender os reclamos da população, por faltarem os estudos, exames, analises, levantamentos, censos urbanísticos sérios e necessários à elaboração definitiva do projeto (...) De resto, basta examinar tais planos para verificar a fragilidade em que se apóiam. É interessante que opiniões as mais desencontradas palpitem sobre o assunto que absolutamente

desconhecem, algumas formando princípios dogmáticos misturados com a técnica, amparados por essa muleta, para melhor resistir às críticas (...) Desde 1938 vem sendo o mesmo objeto de exame na Comissão do Plano da Cidade em colaboração com engenheiros da E.F. Central do Brasil, não tendo logrado, todavia, um maior estímulo e apoio para os estudos (...) O assunto envolvendo o problema dos transportes coletivos geral na cidade, não poderia ficar adstrito simplesmente ao traçado de uma linha subterrânea. Teria que ser coordenado com a solução do problema geral. Para isso, foi nomeada pelo Prefeito Henrique Dodsworth, pelo Decreto Nº 6.426 de 3 de março de 1939, uma Comissão de Transporte Coletivo que se reuniu de 17 de abril a 30 de outubro de 1939 e cujos trabalhos acham-se consubstanciados no livro "Atas da Comissão de Transporte Coletivo", publicado em 1940 (...) É realmente calamitosa a situação atual. Urge uma providência enérgica por parte dos poderes públicos, para a solução definitiva conveniente e adequada do problema que não pode e não deve ser agravado com soluções apressadas umas paliativas outras, que só o virão prejudicar. É, pois, imprescindível que seja com a maior urgência iniciados todos os estudos necessários para a elaboração definitiva de um projeto que atenda a maioria dos pontos de vista, tanto urbanístico na acepção correta do termo, como os dos interesses em jogo.[6]

Impressiona nessa carta a indignação de José de Oliveira Reis pelo descaso dos diversos agentes envolvidos, talvez até a própria prefeitura, com o Departamento de Urbanismo que, segundo seu relato, aparece nos referidos casos colocado à margem de problemáticas cruciais: seja por oficializar mediante publicação de decreto-lei da Justiça Federal a obrigação de revisão do plano da Esplanada do Castelo quando já em processo de execução, ou, em relação aos transportes urbanos, como simples parecerista sobre o tema. Uma indignação, claramente assumida em parte específica da carta,

---

6 Documentação Manuscrita, Acervo José de Oliveira Reis, Arquivo Geral da Cidade do Rio de Janeiro.

perante as instâncias políticas e institucionais superiores ao Departamento de Urbanismo na hierarquia organizacional da administração pública:

> nada mais lógico que, havendo um órgão oficial destinado à organização do plano de urbanização da cidade, seja o mesmo não só consultado como também lhe seja atribuído obrigatoriamente a função de colaborar num assunto que precipuamente lhe está afeto e que é, primordialmente, de sua alçada.[7]

A passagem por este documento permite elucidar o que certamente não gerava polêmicas nem disputas entre engenheiros e arquitetos (em seus respectivos e distintos lugares profissionais) sobre as intervenções na cidade do Rio de Janeiro. Representa claramente, e esse é o sentido do argumento, a existência daquele discurso uniforme na construção do lugar institucional dos setores de urbanismo nas administrações municipais, pela importância e urgente necessidade de institucionalização do urbanismo.

Um discurso que possivelmente perdia a dimensão da uniformidade quando a pauta dos debates passava pela concepção de cada profissional sobre os meios, os instrumentos e as concepções de intervenção na cidade. Neste ponto as concepções relacionavam-se não apenas com o lugar institucional em alguns casos, mas com a especificidade do olhar sobre os problemas urbanos. As condições que certamente geravam debates e interlocuções entre os profissionais dos setores de urbanismo, não deixariam de gerar também disputas interna pela hegemonia nas ações sobre as cidades.

Tais disputas produziram, muito provavelmente, uma circulação entre profissionais nos cargos de chefia dos setores do urbanismo gerando, consequentemente, mudanças na orientação dos encaminhamentos e decisões das questões urbanísticas no Rio de Janeiro. Esta é a perspectiva da análise que será delineada para explicitar um conjunto de eventos ocorridos na gestão do Departamento de Urbanismo desde sua criação: compreender a inconstância funcional que caracterizou a vida profissional do engenheiro

---

7   Documentação Manuscrita, Acervo José de Oliveira Reis, Arquivo Geral da Cidade do Rio de Janeiro.

O URBANISTA E O RIO DE JANEIRO   **183**

José de Oliveira Reis na administração municipal do Rio de Janeiro a partir da criação deste departamento. Inconstância delineada após a publicação do esquema geral do Plano Diretor do Distrito Federal, por ele encaminhado pelo Protocolo 30.0805, no dia 13 de janeiro de 1948, ao diretor do Departamento de Obras da Secretaria Geral de Viação e Obras.[8]

Nesse sentido, é importante empreender uma análise sobre eventos que não estão restritos ao ano de 1948, para buscar uma resposta razoável – não a única – à relação entre José de Oliveira Reis e Affonso Eduardo Reidy no Departamento de Urbanismo: claro movimento entre a engenharia e a arquitetura moderna, um movimento entre lugares profissionais distintos em suas disputas pela condução do mesmo lugar institucional, o Departamento de Urbanismo. Historiograficamente é simplificador traçar argumento restrito ao ano de 1948, até porque José de Oliveira Reis deixou pela primeira vez o cargo de Diretor do Departamento de Urbanismo muito no início do ano, no dia 12 de fevereiro, pelo "Dec. E. 56" que o exonerou do cargo.

Por isso, e adiantando uma parte da análise pelos argumentos dos embates entre os lugares profissionais, traçaremos um caminho distinto de Nabil Bonduki, que afirma existir uma disputa entre José de Oliveira Reis e Affonso Reidy pela "liderança do Departamento" (BONDUKI, 2000: 114). Enveredar a análise pela hipótese da "disputa por liderança" do departamento pressupõe acesso a fontes documentais específicas e que permitam a construção do argumento por essa "disputa"; o que não ocorreu no caso da pesquisa realizada no acervo de José de Oliveira Reis. Falha da pesquisa realizada? Melhor é pensar no caráter lacunar da pesquisa histórica, no caso, pelas lacunas que o acervo José de Oliveira Reis impôs ao desenvolvimento desta biografia profissional.

O questionamento pode passar, e é este o caminho aqui adotado, pelas articulações entre *o lugar* institucional e *os lugares* profissionais. Assim, menor o interesse em possíveis atritos de ordem pessoal, maior o foco na

---

8   No depoimento de José de Oliveira Reis ao Arquivo Geral da Cidade do Rio de Janeiro, ela faz a seguinte afirmação sobre o Plano Diretor. "Eu quero esclarecer em primeiro lugar que o plano não foi apresentado em 1948, ele foi publicado em 1948, mas desde 1939-40 que já tinha o esboço desse Plano Diretor".

compreensão do contexto profissional, da formação de base ao processo de formação como urbanista que cada um dos dois empreendeu na prefeitura do Distrito Federal. Concordo, portanto, com a necessidade da indagação feita por Margareth da Silva Pereira: "é de se perguntar como foi possível manter funcionando o Departamento de Urbanismo, tendo em vista a oscilação entre visões diferentes de urbanismo e arquitetura".[9]

Entretanto, essa concordância com Margareth Pereira não invalida outra pergunta: são realmente diferentes? Talvez a resposta não deva passar pela visão de cada um, mas pela incompreensão, pela impossibilidade, pela intransigência em construir um trabalho complementar e integrado de urbanismo, entre dois processos particulares aos quais ambos e distintamente estavam associados: o da engenharia e o da arquitetura moderna, de Alfred Agache e de Le Corbusier, de Armando de Godoy e de Lucio Costa.

Podemos e devemos concordar com o argumento de Margareth Pereira ao dizer que ambos, José de Oliveira Reis e Affonso Reidy, tinham uma visão muito clara da importância do planejamento urbano obviamente associado ao processo de construção do urbanismo ao qual cada um estava integrado. Isso ajuda a entender a intransigência e incompreensão do trabalho articulado desse processo, e de quão interessante poderia ter sido para o Rio de Janeiro e para o urbanismo brasileiro a associação profissional dos dois urbanistas.

Todavia, a pouca e rarefeita documentação existente corrobora a dificuldade de análise definitiva sobre a complexidade da relação entre José de Oliveira Reis e Affonso Reidy no Departamento de Urbanismo do Rio de Janeiro. Não há no Acervo José de Oliveira Reis do Arquivo Geral da Cidade do Rio de Janeiro conjunto de vestígios que possibilite afirmar a (im)possibilidade de associação –intransigência e incompreensão – entre José de Oliveira Reis e Affonso Reidy. O que não significa que não existam em outros acervos ou arquivos. Apenas que no âmbito do recorte documental utilizado nesta biografia profissional de José de Oliveira Reis os vestígios não informam diretamente qualquer relação entre ambos os profissionais.

---

9   Depoimento para a série "Capítulos da memória do urbanismo carioca". FREIRE, Américo e OLIVEIRA, Lucia L. (org.). Rio de Janeiro: Folha Seca, 2002.

No entanto, se não informam diretamente, dificultando afirmativa categórica sobre a relação entre ambos, podem informar indiretamente, ainda que pela necessidade de cotejar os vestígios presentes na documentação do acervo José de Oliveira Reis com documentos de outros acervos e profissionais. Entre outros documentos concernentes à época da Comissão do Plano da Cidade do Rio de Janeiro, um em especial, se não esclarece com detalhes eventuais divergências nos trabalhos da Comissão do Plano, não refuta a afirmação de que algum problema existia. Pelas várias cartas trocadas entre Lucio Costa e Le Corbusier, especialmente uma em que Lucio Costa responde ao arquiteto europeu sobre visita que este faria ao Rio de Janeiro no ano de 1939 – após viagem ao Chile, para possivelmente trabalhar no plano da Cidade Universitária –, a observação é reveladora:

> Caro Le Corbusier,
> sua carta me deu grande prazer (...) Quanto ao urbanismo, a Prefeitura está justamente programando obras importantes, mas Reidy, que é um dos chefes de serviço lá, está totalmente pessimista (...) Farei o possível, embora Reidy me informa da inutilidade de qualquer iniciativa. Sua intervenção seria muito útil, pois pretendem atirar ao mar uma outra colina, a de Santo Antônio, fazer obras importantes ao longo do mangue e completar o que falta do Castelo. As informações de Reidy baseiam-se no fato de que já tentou encaminhar as coisas no verdadeiro sentido do urbanismo e, por causa disso, puseram-no de lado. Eis tudo.[10]

Impossível, neste sentido, não questionar: o profissional Affonso Reidy foi colocado de lado nos trabalhos da prefeitura por, justamente, tentar pensar a cidade, como afirmou Lucio Costa, no verdadeiro sentido do urbanismo? Mas qual seria esse sentido do urbanismo? Nos documentos do acervo do engenheiro José de Oliveira Reis não existe nenhuma referência a qualquer atividade de Affonso Reidy na prefeitura, seja no Departamento de Urbanismo ou qualquer outra instância. Pelo que está explicitado na

---

10 Carta com data do dia 14 de abril de 1939. in: *Le Corbusier e o Brasil.* CECÍLIA RODRIGUES DOS SANTOS [*et al.*] São Paulo: Tessela; Projeto Editora, 1987: 190.

carta, seria possível determinar que foi o próprio José de Oliveira Reis, nas atribuições do cargo de chefe da Comissão do Plano da Cidade do Rio de Janeiro, o responsável por colocar Affonso Reidy *de lado*, como menciona Lúcio Costa?

Uma resposta mais cautelosa deveria afirmar que não. Entretanto, não é possível desconsiderar essa possibilidade e determinar tais circunstâncias, sim, a partir de uma oposição de José de Oliveira Reis, por motivo desconhecido ou não revelado, ao trabalho desenvolvido por Eduardo Affonso Reidy. Reafirmo, portanto, que existe uma complexidade fugidia e impossível de ser pensada apenas, e se for esse o caso, no campo da individualidade ou do personalismo – Eduardo Affonso Reidy ou José de Oliveira Reis –, no âmbito do Departamento de Urbanismo, mas que passa fundamentalmente por uma escala administrativa superior, ou seja, da Secretaria Geral de Viação e Obras.

O risco simplificador do argumento da "disputa por liderança" só pode ser válido, portanto, se o entendimento do problema restringir-se à análise descontextualizada dos dois profissionais, não só em seus específicos lugares profissionais como no lugar institucional, que é o mesmo. Se existe ou se convém trabalhar com a noção de "disputa" entre José de Oliveira Reis e Eduardo Affonso Reidy, não parece oportuno reduzi-la à disputa por um determinado cargo na administração, mas articulá-la ao processo de construção do campo disciplinar do urbanismo no Brasil, da concepção de cidade instaurada pelo pensamento urbanístico de ambos os profissionais.

Não significa, porém, desconsiderar a importância decisória que o cargo de Diretor de Urbanismo conferia a cada um, orientando escolhas e determinando projetos. A referida distância do cargo diretivo, no que isso significava o distanciamento em relação ao poder executivo municipal, não caracterizava, entretanto, o afastamento das suas concepções de cidade e de intervenção nela, ou seja, da prática do urbanismo. São, neste sentido, justamente os vestígios dessas concepções e realizações que possibilitam uma análise mais substancial, necessariamente elaborada a partir de perguntas construídas nas particularidades pouco evidenciadas nos documentos da pesquisa, sobre os acontecimentos que os perfizeram.

Nessa direção analítica pautada pelos eventos vinculados aos trabalhos realizados, também é pertinente considerar estranha a inexistência do nome de Eduardo Affonso Reidy entre os autores dos trabalhos que representaram oficialmente a Comissão do Plano da Cidade, no V Congresso Panamericano de Arquitetos, realizado em 1940. Entre os vários profissionais autores de projetos, segundo artigo do arquiteto Hermínio de Andrade e Silva, publicados na *Revista Municipal de Engenharia* em maio de 1940, não consta o nome de Affonso Reidy. Por sua vez, Hermínio de Andrade e Silva, que no V Congresso de Arquitetos assinou com José de Oliveira Reis a autoria do projeto premiado de Urbanização da Esplanada de Santo Antônio, participou ativamente de uma Comissão de Reorganização da Secretaria Geral de Viação e Obras da Prefeitura, instituída pela Portaria nº 1 de 28 de março de 1952.

Criada já durante a gestão de Eduardo Affonso Reidy como diretor do Departamento de Urbanismo, a comissão elaborou Projeto de Reorganização da Secretaria Geral de Viação e Obras, publicado na *Revista Municipal de Engenharia* em dezembro de 1952. Propunha a transformação do Departamento de Urbanismo em Divisão de Urbanismo do que seria a Diretoria de Estudos e Projetos. Evidentemente um retrocesso administrativo-organizacional que provavelmente acarretaria algum tipo de redução em sua estrutura física, funcional e orçamentária. Pela proposição do Projeto de Reorganização, a Diretoria de Estudos *e Projetos* teria como competência,

> proceder aos estudos e à elaboração dos projetos, especificações e orçamentos relativos aos planos de urbanização e obras em geral, a cargo da Secretaria Geral de Viação e Obras, e ao estudo e licenciamento de serviços e arruamento e loteamento de iniciativa de terceiros.[11]

Entre as várias Divisões que foram propostas, tais como, de Águas e Esgotos, Construção Civil e Pesquisa, a de Urbanismo seria assim organizada:

---

11 Publicado na *Revista Municipal de Engenharia*, outubro-dezembro de 1952: 218-231.

> I – Competência:
> a) elaborar os projetos referentes à extensão e transformação da cidade;
> b) licenciar as obras de urbanização de iniciativa de terceiros; proceder ao censo de urbanismo
> II – Divisão:
> a) Serviços de Estradas de Rodagem
> b) Serviço de Urbanização Municipal
> c) Serviço de Urbanização Particular
> d) Serviço de Censo Urbanístico.

O argumento apresentado no trabalho da Comissão, no item "Crítica a atual organização", orientou-se, primeiramente, pela constatação do agrupamento, na Secretaria Geral Viação e Obras, das antigas diretorias-gerais, órgãos autônomos cujas funções integravam o planejamento, a execução e a manutenção dos serviços prestados. Fator que produziu uma organização esparsa entre repartições com as mesmas funções das diretorias-gerais, pois existentes em todos os departamentos criados. O resultado dessa situação, segundo a comissão, foi a permanência de conflitos provocados pelas respectivas atribuições, somente equacionada quando da interferência direta do Secretário Geral de Viação e Obras.

O próprio José de Oliveira Reis deixou claro esse tipo necessário de interferência do secretário naquela carta enviada ao mesmo no dia 23 de janeiro de 1946, reclamando da não inserção do Departamento de Urbanismo nos debates sobre o transporte coletivo: "por sábia intervenção de V. Excia, foi encaminhado a este Departamento para examinar o projeto sobre a localização das estações e o que interfere com o plano de urbanização". E especificamente sobre o Departamento de Urbanismo a comissão apresentou o seguinte relato crítico:

> O Departamento de Urbanismo, é criação relativamente recente, imaginado como órgão coordenador das atividades de planejamento urbano, não interfere na elaboração do Plano Rodoviário, como também não o faz em muitos projetos de

O URBANISTA E O RIO DE JANEIRO   189

> novas ruas, parques, jardins, etc. e, quando o faz, é por deci-
> são do Secretário-Geral, numa tentativa de dar unidade aos
> projetos da Secretaria. Por outro lado, os programas anuais de
> trabalho do Departamento de Obras são feitos à revelia dos ela-
> borados pelos Departamentos de Águas e Esgotos, de Estradas
> de Rodagem, etc., e disso resultam dificuldades, por vezes in-
> transponíveis, na execução dos referidos programas (...) As
> modificações que sofreu a estrutura interna desta Secretaria,
> se resumiram na ampliação de determinados órgãos, trans-
> formação de Diretorias em Departamentos, supressão de
> Subdiretorias, transferências para a Prefeitura de serviços fe-
> derais diversamente estruturados, sem o estudo prévio e indis-
> pensável ao entrosamento com os setores existentes, criação do
> Departamento de Urbanismo, do Departamento de Estradas e
> Rodagem, do Departamento de Habitação Popular, etc., bem
> como de Comissões e Serviços Técnicos.
>
> De tudo isso resulta ser falha, deficiente e onerosa a orga-
> nização da Secretaria-Geral de Viação e Obras (...) Com a cria-
> ção da Superintendência do Financiamento Urbanístico, foram
> transferidos desta Secretaria para a de Finanças os trabalhos
> de desapropriação de imóveis necessários à execução de planos
> de obras. A rigor, é impossível projetar e planejar a execução de
> uma obra cujo custo e início dependem, fundamentalmente, de
> desapropriações, se do órgão planejador escapam não só as pre-
> visões orçamentárias como a efetivação das desapropriações.[12]

Seria ingenuidade ou parcialidade desnecessária (cuidados necessários ao autor-biógrafo) responsabilizar a gestão de Eduardo Affonso Reidy,
no Departamento de Urbanismo, pela situação apresentada. Até porque, a própria Comissão de Reorganização levantou o problema desde a
sua criação, portanto, na passagem de Comissão do Plano da Cidade para
Departamento de Urbanismo; nessa época estava o departamento sob a
responsabilidade de José de Oliveira Reis.

---

12   Publicado na *Revista Municipal de Engenharia*, outubro-dezembro de 1952: 218-231.

Não parece pertinente, da mesma forma, restringir os possíveis problemas entre José de Oliveira Reis e Eduardo Affonso Reidy, se é que eles realmente existiram, a essa situação apontada para a solução dos problemas urbanos do Rio de Janeiro. A perspectiva de interpretação adotada aqui é relacional e não restrita a um único evento. Não parece oportuno, pelos documentos analisados, direcionar o argumento para algum tipo de problemática pessoal entre ambos, cuja implicação recairia nas alternâncias diretivas dos órgãos de urbanismo. Talvez intransigência com o próprio processo das discussões, dos encaminhamentos e tramitações na estrutura administrativa dos trabalhos elaborados no Departamento de Urbanismo tenham gerado desentendimentos institucionais.

Por relacional, pressupõe-se entender vestígios que ao longo do tempo inscreveram-se em situações singulares, tal como a carta de Lucio Costa para Le Corbusier falando do afastamento de Eduardo Affonso Reidy na prefeitura. Entretanto, nenhum argumento ou consideração conseguem ser definitivos, pois os documentos não possibilitaram respostas absolutas. Evidencia-se, assim, uma lacunaridade que deve ser perscrutada na ocorrência, ao mesmo tempo entre uma situação singular – a carta de Lucio Costa, ou outra qualquer que porventura aparecesse – e contextual, com todos os problemas que caracterizaram a atuação do Departamento de Urbanismo. O mesmo vale para aquela proposta de reestruturação e crítica feita ao Departamento de Urbanismo durante a gestão Eduardo Affonso Reidy, estando entre os membros da comissão que elaborou a proposta o arquiteto Hermínio Andrade Silva, profissional ligado ao engenheiro José de Oliveira Reis.

No entanto, pensar apenas numa ligação de caráter profissional entre José de Oliveira Reis e Hermínio de Andrade Silva parece reduzir uma relação construída desde os tempos da Comissão do Plano da Cidade. Em que termos ambos profissionais compartilharam não somente as concepções urbanísticas, mas uma amizade fora da estrutura municipal, também é difícil precisar. Por outro lado, pode estar na pessoa e no profissional Hermínio Andrade um ponto nodal da relação Reis-Reidy, atuando como elemento mediador entre os dois principais urbanistas da prefeitura do Rio de Janeiro em suas atuações conjuntas entre 1938 e 1960.

No livro *Affonso Eduardo Reidy – Arquitetos brasileiros*, Nabil Bonduki descreve as parcerias que profissionais como Armando Germarino, Edwaldo Vasconceços, Helio Mamede e Hermínio Andrade tiveram com Eduardo Affonso Reidy nos trabalhos desenvolvidos desde a Comissão do Plano da Cidade do Rio de Janeiro, ao mesmo em que existia uma dissonância com José de Oliveira Reis. Nabil Bonduki não chega a explicitar uma possível conclusão desse raciocínio, mas que não impossibilita a pergunta: José de Oliveira Reis estava também em dissonância com esse mesmo grupo de profissionais?

Particularmente acredito que não, conclusão construída mediante opinião que o próprio José de Oliveira Reis expressou não só sobre o grupo todo mencionado, mas especificamente sobre seu colega Hermínio de Andrade. Em uma carta para Lucio Costa datada do dia 28 de abril de 1969 – à época ocupando o cargo de Administrador Regional da XXIII – REGIÃO ADMINISTRATIVA/Santa Teresa, da Secretaria do Governo do Estado da Guanabara –, para discutir alguns pontos específicos sobre o Plano Piloto de Jacarepaguá, José de Oliveira Reis explicita sua opinião sobre Hermínio:[13]

> (...) como de resto, o esforço da manutenção desse estado deveu-se ao Departamento de Urbanismo hoje Departamento de Engenharia Urbanística, onde sempre se manteve como um dos seus baluartes, o Arquiteto Hermínio de Andrade e Silva, justo é que se ressalte, para a fidelidade histórica, o muito que a cidade deve a esse profissional modesto, competente e de grande valor pertencente ao corpo de engenheiros do Estado.[14]

---

13 José de Oliveira Reis escreveu para Lucio Costa com o objetivo de discutir o que ele considerou ser positivo no Plano Piloto, caracterizado por "uma filosofia que gira principalmente no resguardo da natureza e na manutenção, tanto quanto possível, do aspecto ainda hoje existente nessa vasta região". Sua preocupação recaiu sobre o processo de ocupação indiscriminado de loteamentos que ameaçavam a baixada de Jacarepaguá e, contra tal situação, afirma que o Departamento de Urbanismo procurou refrear essa tendência elaborando o Plano de Diretrizes das Vias Arteriais de Jacarepaguá aprovado sob o n° 5.596, tendo como mentor o Arquiteto Hermínio de Andrade e Silva, então no cargo de Diretor do Departamento de Urbanismo, na Administração do General Mendes de Morais.

14 Documentação Manuscrita, Acervo José de Oliveira Reis, Arquivo Geral da Cidade do Rio de Janeiro.

E não somente Hermínio Andrade parece manter proximidade até pessoal com José de Oliveira Reis. Também todo o grupo de profissionais que atuava na prefeitura, principalmente aqueles que trabalharam diretamente com a Comissão do Plano da Cidade do Rio de Janeiro, ou, mais genericamente ainda, engenheiros e arquitetos diretamente envolvidos com o urbanismo, estiveram sempre presentes nas datas comemorativas do aniversário de José de Oliveira Reis. O que se verifica, de forma reveladora em algumas imagens ilustrativas das comemorações que os profissionais prestavam ao chefe da Comissão do Plano, é justamente a ausência de Eduardo Affonso Reidy.

Fotografia da comemoração do aniversário de José de Oliveira Reis no dia 25/09/1942. Na imagem os profissionais da Comissão do Plano da Cidade do Rio de Janeiro. Da esquerda para a direita: Antonio Alves de Morais, Aldo Botelho Ciuffo, Durval Luis, José Ferreira, Domingos Aguiar, Ulysses Gomes, Felix Cordeiro, Sampaio Ferraz, Carvalho neto, Carlos Alberto David Azambuja, José de Oliveira Reis, Arnaldo Stamile, Gildassi de Oliveira, D. Elda Moreira, Humberto Silva, Eduardo Vasconcelos, Hermínio Andrade e Silva (o maior), Modrach Filho, José Lins de Carvalho. Imagem reproduzida na Revista Municipal de Engenharia – edição especial, agosto de 1997.

Seja nesta imagem da comemoração do seu aniversário em 1942, em que José de Oliveira Reis aparece ao lado da única mulher presente, ou ainda na charge elaborada pelos seus colegas nas comemorações de 1941, em nenhuma delas o nome de Eduardo Affonso Reidy aparecerá. Hermínio de Andrade e Silva está presente em todas elas

Charge da comemoração do aniversário no dia 25/09/1941. Imagem reproduzida na *Revista Municipal de Engenharia* – edição especial, agosto de 1997.

No texto daquela carta que José de Oliveira Reis enviou para Lucio Costa consta a atuação de Hermínio como diretor do Departamento de Urbanismo na Administração Mendes de Morais (1947-1951). Essa mudança ocorreu, provavelmente, após a saída de Eduardo Affonso Reidy, em função dos conflitos deste com o prefeito Mendes de Morais, após os planos que desenvolveu para a esplanada de Santo Antônio. Interessante também perceber que, na gestão Mendes de Morais, os três profissionais ocuparam o mesmo cargo de Diretor de Urbanismo: José de Oliveira Reis até 1948, Eduardo Affonso Reidy até 1950, e, por fim, Hermínio de Andrade e Silva até 1951. Segundo o livro organizado por Nabil Bonduki, o período de atuação de Eduardo Affonso Reidy na Diretoria do Departamento de Urbanismo, durante a administração do General Mendes de Morais, foi o momento mais relevante de sua atuação, quando elaborou as duas versões do plano para Santo Antônio.

Neste projeto, colocou em prática, com grande maestria, os princípios do urbanismo moderno, prevendo ainda, na primeira versão, no âmbito do Centro Cívico, um edifício (Museu da Cidade), cujo projeto pretendia entregar ao mestre Le Corbusier. Os conflitos com o prefeito Mendes de Morais em relação a este plano foram muito fortes, sobretudo no que se referia ao custo e à natureza da transação imobiliária. A proposta de Reidy não possibilitava o adensamento suficiente para garantir o retorno financeiro pretendido pelo prefeito, sobretudo se consideradas as propostas anteriores do Departamento, cujo aproveitamento do solo era muito maior, tanto em Santo Antônio como no Aterro.

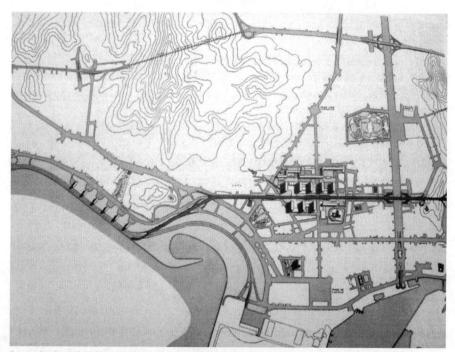

Segundo opção de Plano Urbanístico para área resultante do desmonte do Morro de Santo Antônio. Proposta destituída do Centro Cívico e do Museu do Infinito de Le Corbusier. Imagem reproduzida em: BONDUKI, Nabil (org.). *Affonso Eduardo Reidy – Arquitetos brasileiros*. Lisboa: Editorial Blau/Instituto Lina Bo e P. M. Bardi, 2000.

> Nas cartas que o arquiteto trocou com Le Corbusier nestes meses, percebe-se a pressão que ele vinha sofrendo e sua luta para garantir um projeto de acordo com os princípios do CIAM para o centro do Rio de Janeiro. Tentando viabilizar o plano, Reidy desenvolveu uma segunda opção, onde abriu mão do Centro Cívico e, em conseqüência, do Museu de Le Corbusier, para adensar a área de Santo Antônio (...) O segundo plano de Reidy chegou a ser aprovado pelo prefeito, porém novos conflitos levaram à sua demissão em 1950 (BONDUKI, 2000: 22).

Para ampliar a interpretação é interessante retomar uma passagem do texto acima sobre os projetos para Santo Antônio e depois apresentar uma pergunta: "A proposta de Reidy não possibilitava o adensamento suficiente para garantir o retorno financeiro pretendido pelo prefeito, sobretudo se consideradas as propostas anteriores do Departamento, cujo aproveitamento do solo era muito maior" (BONDUKI, 2000: 22). Sobre qual projeto anterior se faz referência? Aquele apresentado pelo arquiteto Jayme da Silva Teles ou o que foi elaborado conjuntamente por Hermínio de Andrade, José de Oliveira Reis, Edwaldo Vasconcellos e Armando Stamille?

Em relação ao projeto de Silva Teles parece correta a afirmativa, dada a extrema ocupação do solo urbano que o arquiteto propôs para a Esplanada de Santo Antônio. São blocos que praticamente redesenham o espaço da cidade, articulando extensas volumetrias sobre o sistema viário com unidades que se fecham em áreas verdes "internas" ao desenho do corpo do bloco – seria uma indicação da noção de unidade de vizinhança?

Estudo de Urbanização da Esplanada do Morro de Santo Antonio. Projeto desenvolvido por Silva Teles. Apresentado na Secção Instituições Públicas ou Privadas. Imagem reproduzida na *Revista Municipal de Engenharia*, maio de 1940.

Por outro lado, aquela mesma afirmativa perde a força explicativa quando o projeto analisado está todo articulado em grandes blocos sobre pilotis amarrando o sistema viário em passagens aéreas que possivelmente atuariam como sistemas de transição do tráfego proveniente da zona sul em direção ao centro e zona norte da cidade. Não parece ocorrer nesse projeto aquela intensa ocupação do solo de que fala Nabil Bonduki.

Estudo A para a Esplanada resultante do desmonte do Morro de Santo Antonio. José de Oliveira Reis, Hermínio de Andrade e Silva, Edwaldo M. Vasconcellos e Armando Stamile. Publicado na *Revista Municipal de Engenharia*, maio de 1940: 201-229.

Entretanto esses personagens e eventos não respondem definitivamente sobre as articulações entre ambos os profissionais – José de Oliveira Reis e Eduardo Affonso Reidy –, sejam elas caracterizadas por eventuais divergências ou convergências. Apenas outra provável constatação de uma possível discordância entre ambos. Irá responder menos ainda sobre outra indagação já apresentada: o que provocou a saída de José de Oliveira Reis do Departamento de Urbanismo em 1948?

Neste ponto convém retomar os meandros do questionamento sobre a inconstância do seu trabalho no Departamento de Urbanismo, sobretudo por sua primeira exoneração, após praticamente 11 anos chefiando as atividades urbanísticas na cidade do Rio de Janeiro. Retomamos nesse momento um evento superficialmente abordado, mas revelador das possíveis posições de José de Oliveira Reis, além, e principalmente, da reação do engenheiro: é o caso das estações do transporte coletivo no Rio de Janeiro.

Essa reação revela uma característica da pessoa José de Oliveira Reis que não admitia interferências em seus trabalhos e, qualquer que fosse o lugar institucional de tais interferências, elas o irritavam. Dessa constatação provém a pergunta: seria situação como essa o motivo da fundação de uma irreconciliável relação profissional entre José de Oliveira Reis e Eduardo Affonso Reidy, algo ocorrido nos tempos de elaboração do Plano de Urbanização de Santo Antônio que fora apresentado no Congresso de Arquitetos em 1940? José de Oliveira Reis não aceitara proposição, consideração ou crítica como no caso dos transportes coletivos?

São perguntas orientadas pelo interesse em entender os trânsitos, as identificações, as oposições que marcaram a vida profissional de José de Oliveira Reis nos tempos de chefia dos órgãos de urbanismo. Posição que tende a refutar o argumento das análises de que Affonso Reidy e José de Oliveira Reis viviam divergência pessoal e absoluta. A interpretação aqui deve necessariamente ser ampliada e passar pela compreensão, como já afirmado, do campo de filiação de cada profissional. E como também esclareceu Margareth da Silva sobre essa filiação, Eduardo Affonso Reidy e José de Oliveira Reis não fazem parte do mesmo grupo e do mesmo lugar profissional de discussão sobre urbanismo.

Muito mais que simples "dissonância" entre dois profissionais, é fundamental entender que existe um campo de conhecimento em construção no Brasil, o urbanismo, que passa pelos embates políticos e técnicos que as filiações e concepções desse campo produzem. Em suas atuações profissionais, José de Oliveira Reis e Eduardo Affonso Reidy exemplificavam essa construção. Por eles passou a formação individual de cada um, sua inserção profissional nos organismos oficiais de urbanismo e, mais ainda, o exercício formador de profissionais nas escolas de arquitetura e urbanismo a partir de 1940/50.

No campo político da institucionalização profissional, está não uma simplista "dissonância", mas um jogo político e profissional defendido pelos seus representantes de forma aguda, mediante elaboração de planos urbanos, artigos, aulas, livros, congressos. Talvez, e aí sim, estopim de possíveis desentendimentos, na defesa dos seus respectivos pressupostos políticos e profissionais marcados por argumentos incisivos, parciais e duros no seu conjunto.

José de Oliveira Reis não negava a oportunidade do debate e das disputas, quando seu processo profissional – os direcionamentos definidos para a cidade do Rio de Janeiro – era colocado em dúvida. Eram situações em que se colocava em dúvida não somente ele, indivíduo, mas fundamentalmente um campo disciplinar representado por profissionais especializados, como já afirmara Topalov, "ordenadores do urbano", nos seus exclusivos e legitimados direitos na proposição dos processos de racionalização do território.

Impossível desconsiderar, portanto, o quanto aquele documento sobre as estações[15] revela a força explanatória que caracterizou suas palestras, seus argumentos, suas aulas, eivadas, no entanto, de uma substância inadvertidamente intransigente e inconformada com os descaminhos dos seus trabalhos. Críticas que podem ter gerado retaliações por superiores que não aceitaram, ou não aceitariam, tamanho desejo de autonomia e inadvertência. Por outro lado, podemos entender tal autonomia, intransigência e obstinação pelos trabalhos que realizou como instrumento de acompanhamento

---

15 Carta que José de Oliveira Reis enviou para o Secretário Geral de Viação no dia 23 de janeiro de 1946. A carta é o primeiro documento e abre o tópico 2.3 do capítulo 2.

e controle dos trabalhos no seu conjunto, por assumir as devidas responsabilidades como chefe da Comissão do Plano da Cidade, sem também desconsiderar que pudessem ser características da pessoa José de Oliveira Reis.

E em se pesar os caminhos trilhados por José de Oliveira Reis após exoneração do Departamento de Urbanismo, no dia 12 de fevereiro de 1948, é de se cogitar a instauração de um isolamento profissional na administração municipal tão séria quanto aquela que reclamou Armando de Godoy à época das polêmicas sobre o Plano Agache, na gestão do prefeito Adolfo Bergamini (1930-1931). As designações aplicadas a um engenheiro que por mais de uma década esteve envolvido com o urbanismo na capital federal são, senão estranhas, a constatação da imposição daquele isolamento.

Foi uma possível resposta de Eduardo Affonso Reidy a José de Oliveira Reis, ao isolamento por ele sofrido, ou, como disse Lucio Costa na carta para Le Corbusier, por ter ficado *"de lado"* nas ações do departamento de Urbanismo? Assumindo ou não a responsabilidade de José de Oliveira Reis pela incômoda posição de Eduardo Reidy à época como possível, é indiscutível que tanto a pergunta quanto a consideração sejam, também, complexas, pois podem incorrer na rotulação negativa de um ou outro. O fato é que o movimento de José de Oliveira Reis pelas estruturas administrativas do Rio de Janeiro distanciou-o do Departamento de Urbanismo.

Vejamos quais foram os caminhos percorridos por José de Oliveira Reis na administração municipal até 1954, quando retornou brevemente, pelo "Dec. P. 279" – publicado no Diário Oficial do dia 04 de março de 1954 – ao cargo de Diretor do Departamento de Urbanismo: membro da Comissão de Concorrência Pública designado pelo Bol. 49 do dia 18 de março de 1948; membro da Comissão para Avaliação da Fazenda Guandu do Sapê, designado pela Portaria 2.476 do dia 12 de outubro de 1948, para avaliar a instalação do 1º Núcleo Agro-pecuário do Distrito Federal; designado pelo Bol. 27 do dia 14 de fevereiro de 1949 expedido pelo diretor de Obras, para responder pelo Serviço de Topografia durante as férias do responsável titular; pela Portaria 1.321 do dia 26 de novembro de 1949, foi removido por determinação do prefeito do Distrito Federal, da Secretaria Geral de Viação e Obras para a Secretaria Geral de Finanças.

Neste último caso, até provável que para atuar na Superintendência de Financiamento Urbanístico – órgão da Secretaria Geral de Finanças –, criada na administração Hildebrando de Góes (1946-1947), cuja finalidade era elaborar desapropriações e cálculos dos valores dos lotes urbanizados resultantes dos projetos de urbanização desenvolvidos pelo Departamento de Urbanismo – ou seja, totalmente distanciado dos trabalhos de concepção e elaboração dos planos urbanísticos.

Corrobora com esse argumento do isolamento no setor de urbanismo do Distrito Federal, a lacuna de aproximadamente oito anos entre dois artigos publicados na *Revista Municipal de Engenharia*. O primeiro em julho de 1949 sobre a construção do metropolitano no Rio de Janeiro, e o segundo em 1956, sobre o Serviço de Engenharia de Tráfego nas municipalidades. Justamente o período em que esteve totalmente isolado das funções e discussões sobre urbanismo, realizadas em determinados momentos por Eduardo Affonso Reidy enquanto ocupava o cargo de diretor de Urbanismo. Especialmente o isolamento que coincide com o período mais importante da atuação de Eduardo Affonso Reidy no departamento, ou seja, entre 1948 e 1950.

Não que esse afastamento tenha significado abandono dos estudos sobre as problemáticas urbanas na sua atividade profissional. Apenas lhe proporcionou um afastamento necessário e utilizado para aprofundar estudos sobre a temática dos transportes urbanos, assim como estabelecer novas relações profissionais a partir de trabalhos realizados fora da cidade do Rio de Janeiro, ou mesmo fora da administração municipal carioca, como docente.

Os dois primeiros anos após sua exoneração do cargo de Diretor de Urbanismo, em fevereiro de 1948, foram focados no trabalho que resultou na tese de *Docência Livre da Cadeira de Urbanismo – Arquitetura paisagística da faculdade nacional de arquitetura da Universidade do Brasil*, apresentado em junho de 1950. Até mesmo o texto que marca o início do vazio de publicações de sua autoria na *Revista Municipal de Engenharia*, aquele de 1949 sobre a construção do metropolitano, foi incorporado na tese, demonstrando claramente a permanência, senão institucional, pela própria revista, pessoal, pela liberdade na execução do texto da Docência Livre.

Aliás, seria essa temática e certa liberdade de deslocamento fatores responsáveis pela aproximação entre José de Oliveira Reis e o engenheiro-arquiteto Adalberto Szilard, que também realizou o concurso para livre-docente na cadeira de Urbanismo? Ambos estavam trabalhando temas como tráfego e transporte urbano na mesma época em que prestaram o concurso, cuja ocorrência, segundo Adalberto Szilard, era anual e sempre no mês de junho. A data de realização do concurso que não foi a mesma, com diferença de um ano entre ambos: Adalberto Szilard em junho de 1949 e José de Oliveira Reis em junho de 1950 – foi neste ano de 1950 que publicaram conjuntamente o livro *Urbanismo no Rio de Janeiro* pela editoria O Construtor. Provável, portanto, que a aproximação seja anterior ao concurso e ao trabalho realizado na Faculdade Nacional de Arquitetura.

Importante salientar que o livro foi praticamente todo escrito pelo engenheiro-arquiteto Adalberto Szilard, ficando apenas o artigo denominado "Sistema de vias arteriais do plano diretor do Rio de Janeiro" como autoria do engenheiro José de Oliveira Reis. Um livro interessante pela forma como Szilard construiu seu argumento e apresentou propostas que, em alguns casos, são críticas ao trabalho desenvolvido pelo próprio amigo José de Oliveira Reis, como foi o caso do texto e projeto para o bairro de Copacabana.

Segundo Adalberto Szilard, no capítulo VII – Copacabana,

> uma bela manhã de setembro de 1945 os felizes proprietários em Copacabana acordaram com a notícia de que seus terrenos tinham quadruplicado de valor outra vez, graças à benevolência e ignorância de regras urbanísticas do prefeito. O Dr. José de Oliveira Reis, querendo melhorar a situação reinante, conseguiu fazer aprovar uma planta de gabaritos, que consta na da fig. 89 (...)

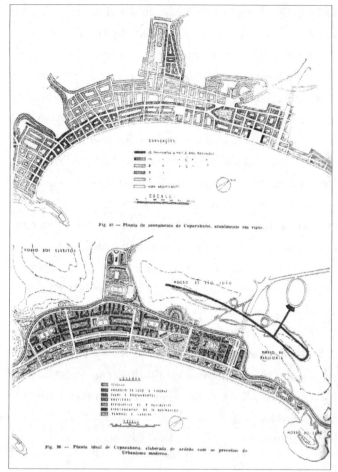

SZILADR, A. e REIS, J. de Oliveira. *Urbanismo no Rio de Janeiro*, 1950: 109. Exemplar da Biblioteca da Faculdade de Arquitetura e Urbanismo da Universidade de São Paulo.

(...) A fig. 90 é uma planta elaborada para a mesma área, demonstrando como um urbanista moderno teria agido. Esta planta prevê apartamento de 10 pavimentos, casas comerciais, cinemas, escolas, hospitais, campos de recreio, vias arteriais e secundárias e, na zona de residências isoladas, pequenas vias de serviço e jardins de frente em "cul de sac" em cada grupo de residências (SZILARD e REIS, 1950: 107-110).

No âmbito da análise de Adalberto Szilard, nem mesmo o plano urbanístico do Bairro Peixoto elaborado por José de Oliveira Reis (talvez pela

Comissão do Plano da Cidade) foi mantido na proposta apresentada no livro, cuja ocupação se daria com a Cidade Universitária de Copacabana.

E se o que está colocado pelo engenheiro-arquiteto Adalberto Szilard é uma crítica não restrita ao bairro de Copacabana, mas a todo o urbanismo desenvolvido pelos profissionais da prefeitura, ela não implicou nenhum tipo de intransigência entre os dois, de divergências, como provavelmente ocorreu entre José de Oliveira Reis e Eduardo Affonso Reidy. Até porque, no caso da publicação, se existiu uma crítica explícita por parte de Adalberto Szilard ela não impossibilitou a troca de experiência, de trabalho, de consulta entre ambos. Foi o que também ocorreu em um dos vários estudos e projetos para a avenida Perimetral, coincidindo, também, na reaproximação de José de Oliveira Reis com a Secretaria Geral de Viação e Obras e o próprio Departamento de Urbanismo.

Depois do trabalho que passara a executar na Secretaria Geral de Finanças, determinado pela Portaria 1.321 do dia 26 de novembro de 1949, José de Oliveira Reis retornou à Secretaria Geral de Viação, muito provavelmente, após a criação do Serviço Técnico Especial de Execução da Avenida Perimetral (STEAP), pelo Decreto N° 1.1932 do dia 04 de fevereiro de 1953.[16] Segundo o Decreto, o STEAP foi instituído com as seguintes atribuições:

a) estudar e dirigir os trabalhos de execução da avenida Perimetral e obras complementares;

b) efetuar, mediante autorização legal, contratos de serviços, de obras, de aquisição de materiais, dos equipamentos e dos aparelhamentos em geral;

c) efetuar mediante autorização ajustes a titulo precatório, para a realização de obras e serviços sob o regime de tarefa.

O decreto enfim colocava na ordem do dia a realização da avenida, que segundo José de Oliveira Reis, estava concebida e projetada desde o Plano Agache, sem, no entanto, caracterizá-la incisivamente, mas figurando-a

---

16   O decreto foi assinado pelo prefeito Dulcídio Espírito Santo Cardoso, com a anuência do secretário geral de Viação e Obras à época, engenheiro Carlos Schwerin Filho. Acervo José de Oliveira Reis, Arquivo Geral da Cidade do Rio de Janeiro.

como orla marítima na qual seriam implantados diversos ministérios. Ainda conforme José de Oliveira Reis,

> o primeiro projeto que realmente acentuava o traçado da avenida foi o de nº 2947 aprovado em 15 de abril de 1938 na administração Henrique Dodsworth. Posteriormente foi ele modificado por outros parciais de ns. 3085, de Urbanização da Esplanada do Castelo e Adjacências em 6 de dezembro de 1938, e da Avenida Presidente Vargas 3481 aprovado em 5 de dezembro de 1940 pelo Prefeito Henrique Dodsworth. Na administração do Prefeito Hildebrando de Góes, foi feita a unificação geral das diversas alterações resultando o projeto nº 4375 aprovado em 20 de agosto de 1946 que vigorou até pouco tempo, sendo substituído pelo de nº 6306, recentemente aprovado em 23 de março de 1954 pelo Prefeito Dulcídio Cardoso.[17]

E foi na condição de chefe do Serviço da avenida Perimetral que José de Oliveira Reis fez solicitação oficial, datada do dia 25 de fevereiro de 1953, para a retirada das linhas de bondes das ruas da Misericórdia e Santa Luzia, por impedir, naquele momento, a execução das obras da avenida. Por este documento é plausível considerar que José de Oliveira Reis tenha participado diretamente da substituição do projeto número 4.375 – aprovado no dia 20 de agosto de 1946, numa época em que ainda dirigia o Departamento de Urbanismo –, pelo projeto de número 6.305, para o qual enviou convite ao seu colega Adalberto Szilard solicitando sugestões e críticas sobre o traçado da avenida Perimetral.

Em resposta datada do dia 12 de maio de 1954, Szilard agradece a honra do convite, apresentando também uma série de proposições para o que ele denominou de "traçado da nova Avenida Perimetral", colaboração que foi apresentada para o denominado Plano Térreo da Avenida Perimetral. No plano ocorreria a ligação entre a avenida Beira-Mar e avenida Rodrigues

---

17   Texto manuscrito e de autoria do engenheiro José de Oliveira Reis. Consta assinatura e data de maio de 1954. Documento que integra os manuscritos de seu acervo doado ao Arquivo Geral da Cidade do Rio de Janeiro.

Alves, pela praça Salgado Filho, localizada na frente do aeroporto Santos Dumont, até a praça Mauá. Um traçado que incorporaria várias outras praças da região central da cidade, entre elas, Marechal Âncora, Barão do Ladário, 15 de Novembro.

Articular-se-ia também a outros sistemas viários importantes, tais como a avenida Presidente Vargas, a avenida Nilo Peçanha e a avenida Roosevelt, na área do Calabouço. Ainda segundo José de Oliveira Reis,

> a Avenida Perimetral ao longo do seu traçado interessa a urbanização de várias zonas. Assim, na área fronteira ao Aeroporto Santos Dumont, na região do aterro conseqüente das futuras obras de desmonte do Morro de Santo Antonio, ela se entrosa com o P.A. 6128, que estabelece as vias de tráfego na área de parque urbanizada. Em seguida, vem a região da antiga Ponta do Calabouço aterrada com o desmonte do Morro do Castelo e onde funcionou a Exposição do Centenário em 1922, bem como as Feiras de Amostras do Distrito Federal. Essa área está hoje quase toda edificada e obedece ao projeto de urbanização nº 3085 da Esplanada do Castelo e Adjacências, modificação do primitivo Plano Agache. A área fica compreendida de um lado, entre a Avenida Antonio Carlos e as Avenidas Marechal Câmara (que é o primeiro trecho da Avenida Perimetral) e General Justo, e, de outro, entre a Avenida Beira-Mar e Rua Santa Luzia, barrada pela Santa Casa (...) Finalmente a outra zona de influência da Avenida Perimetral é na sua confluência com a Avenida Presidente Vargas. Aí, além dos edifícios comerciais dessa Avenida, há edifícios públicos como do Banco do Brasil, Alfândega velha e futura sede do Departamento dos Correios e Telégrafos completando a urbanização.[18]

Especificamente o trecho de confluência da avenida Presidente Vargas com avenida Perimetral foi considerado perfeito nas observações e

---

18 Texto manuscrito e de autoria do engenheiro José de Oliveira Reis. Consta assinatura e data de maio de 1954. Documento que integra os manuscritos de seu acervo doado ao Arquivo Geral da Cidade do Rio de Janeiro.

proposições do engenheiro-arquiteto Adalberto Szilard. Para outras áreas, porém, Szilard apresentou proposições e alterações que considerou necessárias nas soluções definidas pelos engenheiros do Serviço Técnico Especial de Execução da Avenida Perimetral, por entender impróprias as que lhes foram encaminhadas. Entre outras proposições, o projeto da praça Mauá como "Place Carrefour" tipo L´Etoile de Paris, justificando serem insuficientes as dimensões previstas, associado ao fato da desembocadura próxima da avenida Rio Branco com a avenida Perimetral acarretar a necessidade de articular um sistema capaz de promover a fluidez do projeto.

A relação cooperativa entre José de Oliveira Reis e Adalberto Szilard não duraria por muitos outros anos, em função do falecimento do segundo, ainda na década de 1950. Convém, nesse sentido, considerar quão produtiva essa aproximação pessoal-profissional e, mais ainda, a aproximação de temáticas de estudo entre os dois profissionais foram importantes para aquela reaproximação de José de Oliveira Reis aos problemas urbanísticos em discussão no Departamento de Urbanismo do Distrito Federal. É como se entre 1950 e 1953, quando reassumiu atividade diretiva na Secretaria Geral de Viação e Obras pelo cargo de chefe do Serviço Técnico da Avenida Perimetral, José de Oliveira Reis estivesse ampliando seu conhecimento sobre determinados problemas no âmbito da atuação urbanística; no caso, claramente o problema da engenharia de tráfego, do transporte na cidade.

A primeira demonstração desse possível movimento e introspecção profissional que antecedeu sua (re)aproximação foi apresentada na tese *Transportes coletivos: transporte rápido – metropolitano. Estudos do Rio e S. Paulo* (1950) que elaborou para o concurso de docente livre na Faculdade Nacional de Arquitetura. Em estudo analítico sobre os sistemas de transportes nas cidades do Rio de Janeiro e São Paulo, não deixou de focar objetivamente a importância e alternativa para a circulação da população que o transporte coletivo possibilitaria. Lamenta, entretanto, a condição do transporte no caso do Rio de Janeiro,

> onde, os serviços de transportes coletivos, a guisa de falta de material suficiente para atender às necessidades da

população, aproveitam-se da situação para abusar e impor condições as mais variadas de prestações de maus serviços, em flagrante desrespeitoso às finalidades precípuas de transporte coletivo (REIS, 1950: 3).

E ainda conforme apresentado no capítulo Generalidades do texto da tese de 1950, "deverá ser válida para todas as situações da cidade, isto é, deverá permanecer no tempo e no espaço, a fim de que em nenhuma ocasião seja aventado o pretexto de exceção para se transformar de prestador de serviço em explorador dos seus habitantes" (REIS, 1950: 3).

Frontispício da tese de Docência Livre realizada pelo engenheiro José de Oliveira Reis para concurso na cadeira de Urbanismo – Arquitetura Paisagística da Faculdade Nacional de Arquitetura da Universidade do Brasil. Junho de 1950. Exemplar do Autor.

A segunda demonstração ocorreu no estudo sobre transportes coletivos e tráfego nas cidades, durante a viagem que fez para participar do 2° Congresso da Federação Internacional de Habitação e Urbanismo, organizado pela União Internacional de Arquitetos. Não necessariamente o próprio congresso, realizado na cidade de Rabat no Marrocos, em setembro de 1951, mas principalmente na viagem que fez durante quatro meses após o congresso para estudar o transporte coletivo de várias capitais europeias. Entre setembro e dezembro de 1951, seu único objetivo foi levantar informações, registrar fotograficamente e elaborar relatório sobre o transporte coletivo das cidades que percorreu na viagem, para posteriormente ao seu retorno apresentar na prefeitura do Distrito Federal como documento resultante do trabalho que desenvolveu na Europa.

Dessa viagem apenas vestígios fotográficos foram preservados, não constando em seu acervo cópia sobre o relatório apresentado. Por fim, o terceiro evento daquela (re)aproximação – que culminaria com seu retorno ao cargo de diretor do Departamento de Urbanismo em 1954 – ocorreu nos trabalhos do Serviço Técnico Especial de Execução da Avenida Perimetral (STEAP). Após ocupar o cargo de substituto do serviço de Topografia, assim como integrar a comissão para instalação de núcleo agropecuário – entre outros prováveis trabalhos que desenvolveu no Distrito Federal de 1948 até 1950 –, a chefia do STEAP determinou outro início de atividade institucional no Departamento de Urbanismo.

Fotografias do 2° Congresso da Federação Internacional de Habitação e Urbanismo realizado em Rabat, no Marrocos, em setembro de 1951. (à esquerda): No canto inferior direito três pessoas no primeiro plano. Dois de terno claro e um entre eles de terno escuro. O de terno escuro é José de Oliveira Reis. (à direita): segunda fila de cadeiras está ocupada por três homens no canto esquerdo. José de Oliveira Reis é o do meio, com a mão posicionada no queixo escutando conversa do colega. Imagem reproduzida na *Revista Municipal de Engenharia* – edição especial, agosto de 1997.

O URBANISTA E O RIO DE JANEIRO   209

Um (novo) início entendido dentro de um processo mais longo, sendo impossível restringi-lo ao "Decreto P. 279", publicado no Diário Oficial no dia 4 de março de 1954, que definiu a nomeação de José de Oliveira Reis pela segunda vez ao cargo de Diretor do Departamento. A restrição é também inválida para os anos subsequentes – e particularmente até 1960 – do trabalho que José de Oliveira Reis desenvolveu na Prefeitura do Distrito Federal.

Ressalta-se ainda que se o argumento passar pela abordagem apenas jurídica, aquela definida por decretos e boletins da prefeitura do Rio de Janeiro, deve-se definir um conjunto de três passagens pelo Departamento de Urbanismo. No entanto, se quantitativamente pode ser utilizado como elemento de interpretação sobre a provável importância do engenheiro José de Oliveira Reis ao urbanismo no Rio de Janeiro, qualitativamente significa uma subtração e incompreensão do argumento construído no campo profissional.

Ao assumir o campo profissional como estrutura de análise, sem, no entanto, desconsiderar a instância que oficializa, legitima e confere autonomia no sistema administrativo, estamos trabalhando com duas passagens pelo Departamento de Urbanismo; a primeira entre 1945 e 1948, e a segunda entre 1954 e 1960. Nesse sentido, o que aparentemente pode significar subtração – se a lógica passar exclusivamente pela dimensão jurídica –, representa, por outro lado, a possibilidade de apreensão dos trabalhos orientados num espectro profissional complexo e diversificado.

Fundamentalmente três grandes temáticas conformaram e organizaram o trabalho de José de Oliveira Reis a partir de 1954: sistema viário, planejamento urbano-regional e engenharia de tráfego-transporte, todas pensadas no âmbito municipal. As duas primeiras estavam já associadas desde 1950, mediante articulação consubstanciada no âmbito do movimento municipalista. A terceira temática não surgiu, ou foi incorporada aos trabalhos de José de Oliveira Reis, apenas no texto da tese para o concurso na Faculdade Nacional de Arquitetura em junho de 1950. Antes até, é possível constatar seu interesse no problema do tráfego e transporte, mesmo com sua indireta participação. Foi o caso dos trabalhos daquela Comissão de Transportes Coletivos instituída pelo Prefeito Henrique Dodsworth em

1939, chefiada pelo engenheiro Edison Passos, à época, secretário geral de Viação e Obras.

No caso particular do engenheiro José de Oliveira Reis, a temática do tráfego e transporte na cidade esteve associada – além dos trabalhos discutidos no Rio de Janeiro – aos estudos realizados pela American Transit Association. Interesse explicitado no pedido de autorização para publicar a tradução que ele já realizara de um estudo sobre o movimento das massas nas grandes cidades, especialmente Nova York.

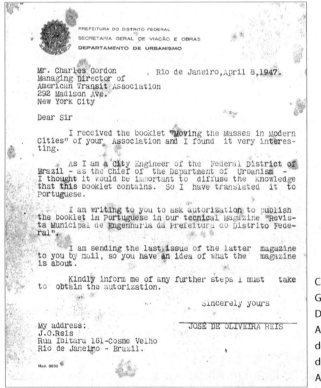

Carta enviada ao Mr. Charles Gordon. Abril de 1947. Documento localizado no Acervo José de Oliveira Reis do Arquivo Geral da Cidade do Rio de Janeiro. DM/FJOR/AGC-RJ

Foi inclusive o próprio José de Oliveira Reis quem reafirmou, praticamente dez anos mais tarde, após participação (como representante oficial do Clube de Engenharia) no 2° Congresso de Transportes, realizado em maio de 1956 na cidade de Porto Alegre, a importância da tradução publicada na *Revista Municipal de Engenharia* em julho de 1947.

CLUBE DE ENGENHARIA
AV. RIO BRANCO, 124
RIO DE JANEIRO-BRASIL, 11 de maio de 1956

C. nº 411/1956.S.

Ilmo. Sr.
Engº José de Oliveira Reis.

Tenho a satisfação de comunicar a V.S. que o Conselho Diretor deste Clube, resolveu, designá-lo para Delegado do Clube de Engenharia no " 2º Congresso Geral de Transportes " a se realizar em Pôrto Alegre de 20 a 26 do corrente.

Contando com o valioso concurso de V.S. sente-se a Diretoria tambem honrada com essa designação e agradece antecipadamente ao prezado consócio a colaboração que será certamente de grande valôr.

Atenciosamente

(Cesar Cantanhede)
1º Secretário.

Acervo José de Oliveira Reis no Arquivo Geral da Cidade do Rio de Janeiro.
DM/FJOR/AGC-RJ

Neste congresso José de Oliveira Reis apresentou a tese *Problemas de trânsito nas grandes cidades e a engenharia de tráfego,* focando seu argumento na necessidade premente de articulação entre os planos urbanísticos e o tráfego nas cidades. Segundo a tese por ele apresentada em Porto Alegre – também publicada na *Revista Municipal de Engenharia,* janeiro-dezembro de 1956, com o título *Serviços de engenharia de tráfego nas municipalidades* –,

> as razões que se poderiam enumerar em favor dessa criação são várias, bastando atentar que do mesmo modo que os serviços normais de engenharia municipal cuidam do desenvolvimento e melhoramentos das zonas urbanas, suburbanas e rurais da cidade, quer na parte de planos e projetos e de obras quer nas das respectivas execuções, bem como no planejamento geral

estabelecendo as leis e códigos urbanísticos para a futura expansão da cidade, também a parte relativa à circulação dos veículos e dos habitantes deve ser estudada, planejada, executada, disciplinada e policiada pelos órgãos competentes especializados em tal assunto (REIS, 1956: 20).

Um argumento que coaduna com as análises presentes no artigo escrito porMr. Charles Gordon, diretor da American Transit Association – traduzido por José de Oliveira Reis na edição de julho de 1947 da *Revista Municipal de Engenharia*, ao afirmar que,

um dos mais importantes, e igualmente um dos mais controvertidos e menos compreendidos problemas da cidade moderna, é o do melhoramento do seu sistema de transporte ou de circulação. Praticamente todos nós reconhecemos que o congestionamento das ruas, tornou-se de certo modo intolerável e urge que alguma cousa seja feita a esse respeito.[19]

Importância que José de Oliveira Reis enfatizaria na carta datada [ao "colega Armindo"] dia 23 de julho de 1956, após se desculpar pela demora no envio de um suposto "Regulamento" e mencionar o envio anexado, na carta, de uma lista bibliográfica sobre engenharia de tráfego; ele remete ao artigo traduzido em 1947, dizendo que o enviará também.

---

19 *Revista Municipal de Engenharia,* edição de julho-1947: 161-174.

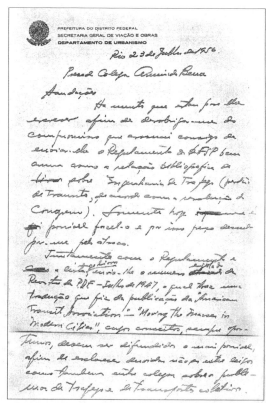

"Prezado Colega Armindo [?], Saudações.
Há muito que estou para lhe escrever afim de desobrigar-me do compromisso que assumi consigo de enviar-lhe o Regulamento da DFSP bem assim como a relação bibliográfica sobre Engenharia de Tráfego (perdão), de trânsito, de acordo com as resoluções do congresso). Somente hoje é possível faze-lo e por isso peço desculpas pelo atraso. Juntamente com o Regulamento e a lista, resolvi enviar-lhe o número esgotado da Revista da PDF – julho de 1947 – o qual traz uma tradução que fiz da publicação da "American Transit Association" – "Moving the Masses in Modern Cities", cujos conceitos, sempre oportunos, devem ser difundidos o mais possível a fim de esclarecer dúvidas não [somente] de leigos mas também entre colegas sobre o problema de Tráfego e Transporte Coletivo".
Acervo do engenheiro José de Oliveira Reis do Arquivo Geral da Cidade.
DM/AJOR/AGC-RJ.

Ao mencionar na carta a tradução do texto "Moving the masses in modern cities", fala da sua importância, "cujos conceitos, sempre apostamos, devemos difundi-los o mais possível, afim de esclarecer dúvidas não só entre leigos como também entre colegas, sobre problemas de tráfego e de transporte coletivos".

Interesses e estudos que desde a década de 1930 permeiam o trabalho de José de Oliveira Reis são aqui compreendidos como decisivos para sua atuação articulada entre o planejamento urbano, pelo Departamento de Urbanismo, e os sistemas de transporte e tráfego, pela Comissão Executiva do Metropolitano a partir de 1954, após seu retorno. Ou mesmo posteriormente, no início da década de 1960, ao responder, conforme Portaria nº 354 do secretário Geral de Viação e Obras datada de 25 de junho de 1960, pela Divisão de Engenharia de Tráfego criada pelo Decreto N° 14.847 de 3 de dezembro de 1959,[20] resultante, muito provavelmente, dos trabalhos direcionados à implementação dos Serviços de Engenharia de Tráfego; como já referido, o próprio artigo apresentado no Congresso de Transportes realizado em Porto Alegre.[21]

Por fim, se até 1948 está caracterizado que ocorreram divergências substanciais entre José de Oliveira Reis e Affonso Eduardo Reidy capazes de processar o afastamento do primeiro do departamento, a mesma situação parece se justificar a partir de 1954, produzindo um novo e muito breve afastamento de José de Oliveira Reis, provavelmente como resultante de prováveis desentendimentos ocorridos logo após o início da gestão Alim Pedro (1954-1955).

Mesmo não existindo em seu acervo qualquer tipo de informação sobre divergências profissionais, políticas ou administrativas vivenciadas pelo engenheiro que justifique sua segunda, ou qualquer outra, saída do Departamento de Urbanismo, o fato é que elas se processaram em momentos ímpares, e sempre relacionadas à presença de Affonso Reidy. Assim como as saídas deste estavam também associadas ao retorno de José de Oliveira Reis ao cargo de diretor.

Não deve mesmo ser simples coincidência, especificamente um desses momentos, entre o início da referida administração do prefeito Alim Pedro, no dia 6 de setembro de 1954, e a exoneração de José de Oliveira Reis do cargo de Diretor do Departamento de Urbanismo no dia 9 de setembro de 1954, pelo já mencionado "Dec. E. 543", publicado no Diário Oficial no dia 10 de setembro. Neste caso específico, também não existe em seu acervo informação que forneça qualquer vestígio de possíveis divergências entre

---

20 Documentação Manuscrita, Acervo José de Oliveira Reis, Arquivo Geral da Cidade do Rio de Janeiro.

21 Segundo José de Oliveira Reis, o Serviço de Engenharia de Tráfego foi criado durante a administração do prefeito Alim Pedro – entre 6 de setembro de 1954 e 11 de novembro de 1955 –, resultante de um convênio entre a prefeitura do Distrito Federal e o Departamento Federal de Segurança Pública, colocada em prática apenas em 1959 (REIS, 1965: 155-156).

o prefeito Alim Pedro – que também foi engenheiro municipal e secretário geral de Viação e Obras – e José de Oliveira Reis.

Analisar e empreender uma explicação pelo problema da divergência entre os dois funcionários públicos justifica-se quando perscrutadas no contexto do lugar profissional de cada um. Uma oportuna explicação pode inclusive ser construída como consequência mais imediata da relação entre os dois profissionais e suas atividades no Departamento de Urbanismo, ou seja, a contingência do trabalho de um em relação ao outro, pelas exonerações e (re)nomeações ao cargo de Diretor de Urbanismo.

Entendemos, como comentado anteriormente, ser extremamente restritivo fechar a análise na atribulada relação profissional vivenciada pelos dois urbanistas (Reis e Reidy) como única justificativa para os trabalhos que continuaram a exercer como engenheiros da Prefeitura. São ambos, antes de qualquer outro cargo ou função exercida, servidores municipais admitidos mediante concurso público. Estou determinando, nesse sentido, uma problemática que procura entender movimento próprio ao engenheiro José de Oliveira Reis pela estrutura organizacional da Secretaria Geral de Viação e Obras, para colaborar em diversos trabalhos durante a década de 1950. Não especificamente cada instância da estrutura administrativa, mas os possíveis prejuízos que tamanha quantidade de tarefas dessas instâncias acarretaram sobre o tempo disponível para exercê-las, principalmente a função de Diretor de Urbanismo.

O tempo entre seu retorno ao departamento, no dia 4 de março de 1954, e seu deslocamento – em princípio sem deixar a direção do departamento, que se daria oficialmente no dia 9 de setembro –, ainda em 1954, para assessorar a Comissão Executiva do Metropolitano, conforme Portaria nº 134 de 17 de março de 1954 (Processo nº 7.006 004/54), e atuar na Comissão de levantamento do anteprojeto de aproveitamento da área a ser aterrada com o desmonte do Morro de Santo Antônio, conforme Portaria nº 171 de 06 de abril de 1954 (Processo nº 7000 091/54), seria insuficiente para o desenvolvimento de todas as atividades que lhe foram solicitadas, praticamente ao mesmo tempo. Não deixa de ser uma hipótese mais subjetiva e intimamente relacionada ao processo de interpretação aqui desenvolvido.

Também não deve excluir a força e preponderância explicativa do argumento sobre a incompatibilidade de trabalho entre ambos, especificamente associada aos seus lugares profissionais, e a consequente alternância dos dois profissionais no cargo de Diretor do Departamento de Urbanismo. No caso do engenheiro José de Oliveira Reis, num momento particular marcado por trabalhos condicionados por saídas estratégicas temporárias do seu lugar institucional no setor de urbanismo do município do Rio de Janeiro. Especialmente o tempo da saída determinada pelo "Dec. E 543" do dia 9 de setembro de 1954, até o retorno ao mesmo lugar institucional auferido pelo "Dec. P-8" de 11 de janeiro de 1956.

Trabalhos não restritos ao município do Rio de Janeiro ampliaram o deslocamento institucional empreendido por José de Oliveira Reis, passando por instâncias internas na própria Secretaria Geral de Viação e Obras, mas em saídas estratégicas mediante atuação em consultorias públicas, consórcios técnicos e comissões profissionais para tratar de questões urbanísticas. São os casos da consultoria sobre o Plano Diretor de Ribeirão Preto, realizada em 1955, e de dois importantes trabalhos com participação ativa do engenheiro José de Oliveira Reis: o plano urbanístico da Base Naval de Aratu na Bahia, e o plano urbanístico de Vera Cruz – Futura Capital do Brasil –, cuja atuação ocorreu na Subcomissão de Planejamento Urbanístico –, realizados, respectivamente, pela participação em um consórcio e uma comissão, ambos envolvendo vários e distintos profissionais.[22]

---

22 Como informado na introdução, análise dos trabalhos realizados nessas "saídas estratégicas" não estão incorporados neste livro. As atuações serão incorporadas apenas para ampliar e qualificar a estrutura narrativa adotada, aquela que passa pela sua atuação exclusiva pela prefeitura do Rio de Janeiro.

CAPÍTULO 4

A Superintendência de Urbanização e Saneamento:
financiar para urbanizar

Poucos meses separaram a palestra Urbanismo e sua Influência no Município, proferida por José de Oliveira Reis em Ribeirão Preto no ano de 1955, e seu retorno ao cargo de diretor de Urbanismo do Distrito Federal, conforme Decreto P-8 do dia 11 de janeiro de 1956. Por um período de quatro anos – a mais longa permanência no referido cargo – e até o último dia do mês em que o Rio de Janeiro fora regulamentado como Estado da Guanabara, ele foi responsável jurídico pelas atividades do departamento; sua exoneração ocorreria definitivamente pela Portaria n° 7.000.463 do dia 30 de abril de 1960. Brasília já era a nova capital do Brasil

Concretizada a transferência da Capital Federal do Rio de Janeiro – transformado em Estado da Guanabara – para Brasília no dia 21 de abril de 1960, completou-se um processo de discussões e análises urbanísticas muito particulares no Brasil, iniciado com a criação da Companhia Urbanizadora da Nova Capital (NOVACAP) pela Lei Federal n° 2.874 do dia 19 de setembro de 1956. O mesmo dia em que foi aprovado o edital do Concurso Nacional do Plano Piloto da Nova Capital do Brasil, publicado no Diário Oficial da União no dia 30 de setembro.

Salienta-se, entretanto, que se por um lado a criação da NOVACAP e a aprovação do edital do concurso representaram uma oportunidade ímpar aos profissionais engenheiros e arquitetos brasileiros interessados nas questões urbanísticas – no caso, o plano de uma nova capital federal –, por outro significou o fim de um processo profissional que inclusive envolveu

José de Oliveira Reis. Processo profissional cujo objetivo também era a elaboração de um plano urbanístico para uma capital brasileira: a Comissão de Localização da Nova Capital Federal (C.L.N.C.F.) e sua Subcomissão de Planejamento Urbanístico, responsável pelo plano de Vera Cruz – Futura Capital do Brasil (DE FARIA, 2007).

Especificamente para José de Oliveira Reis, o término das atividades da Subcomissão de Planejamento Urbanístico de Vera Cruz representou, também, o fim de mais um processo de saída do seu lugar institucional do setor de urbanismo da administração municipal do Rio de Janeiro. Assim como a consultoria em 1955 ao Plano Diretor de Ribeirão Preto, e a elaboração do Plano Urbanístico da Base Naval de Aratu pelo Consórcio Técnico de Planejamento a partir de 1952 – possível data da criação do consórcio que teve José de Oliveira Reis como superintendente a partir de 1953 –, os trabalhos no plano de Vera Cruz também ocorreram nos momentos posteriores às exonerações de José de Oliveira Reis do cargo de diretor de Urbanismo do Rio de Janeiro.

Esse "novo" retorno ao Departamento de Urbanismo em janeiro de 1956, num momento em que a Comissão de Localização da Nova Capital Federal passava por crise política e profissional – nos meses iniciais deste mesmo ano –, ocasionada pela discordância de seu presidente, o Marechal José Pessoa Cavalcanti de Albuquerque, às intromissões de amigos de Juscelino Kubitschek sobre a transferência da capital, não se configura, nesse sentido, como uma simples coincidência.

Foram eventos cujas particularidades podem ser analisadas como fios de uma trama complexa de discussões jurídicas, políticas e urbanísticas que estiveram associados aos profissionais e governantes envolvidos com a criação da nova capital federal. Processo que envolveu vários profissionais urbanistas brasileiros, alguns deles funcionários públicos na Secretaria de Viação e Obras do Rio de Janeiro e atuantes no Departamento de Urbanismo: entre estes funcionários, particularmente José de Oliveira Reis que, nesse mesmo ano, não só assumiu pela última vez a direção do Departamento de Urbanismo, como finalizou sua participação na Subcomissão de Planejamento Urbanístico de Vera Cruz. Foi a única ocasião em que sua

O URBANISTA E O RIO DE JANEIRO **219**

atuação como urbanista durante a década de 1950 esteve vinculada por um determinado período a dois lugares institucionais distintos.

Aproximações e inserções que não significaram, entretanto, diminuição da intrínseca relação no pensamento urbanístico do engenheiro José de Oliveira Reis entre sistema viário e os planos urbanos, como por ele trabalhado à época da Comissão do Plano da Cidade do Rio de Janeiro. Como no texto escrito para a Associação Brasileira de Planejamento, apresentado como colaboração ao I Congresso Nacional de Municípios realizado em 1950 na cidade de Petrópolis, ao discorrer sobre "elementos principais necessários à urbanização das cidades" – o Plano Diretor –, o sistema viário foi apresentado como categoria de análise e intervenção de todo e qualquer plano urbano municipal. Conforme a explicação apresentada por José de Oliveira Reis,

> tem por finalidade o plano diretor estabelecer um sistema de vias principais de tráfego, discriminar e limitar as diferentes zonas da cidade, regular o uso das suas habitações, orientar o desenvolvimento e expansão da cidade dentro de um programa preestabelecido (...) são, por conseguinte, inúmeros os elementos necessários ao estabelecimento do plano diretor. O conhecimento desses elementos é uma tarefa que se torna, desde o primeiro momento, indispensável ao bom termo desse estabelecimento (REIS, 1950: 666).

Uma finalidade mantida nos trabalhos do Departamento de Urbanismo após seu retorno ao cargo de diretor, como ele mesmo apresentou na carta enviada ao secretário geral de Viação e Obras no dia 19 de julho de 1956, ao submeter à "elevada apreciação de V. Excia. (o secretário geral de Viação e Obras), o programa de obras urbanas mais urgentes compreendido no Plano Diretor de Vias Arteriais".[1]

O engenheiro fez ainda uma explanação pública sobre este Plano Diretor de Vias Arteriais desenvolvido no Departamento de Urbanismo ao

---

1 Documentação manuscrita, Acervo José de Oliveira Reis, Arquivo Geral da Cidade do Rio de Janeiro.

publicar na edição número 15 da *Revista Engenharia Municipal* – órgão oficial da Sociedade dos Engenheiros de São Paulo, na qual atuava como correspondente no Distrito Federal – o artigo "Notícia sobre as principais vias arteriais do plano diretor do Rio de Janeiro".[2] Na maior parte do artigo José de Oliveira Reis limita-se a indicar o nome das vias e seus respectivos P. A., seguido de uma descrição do percurso na cidade. No entanto, a única informação apresentada que pode ser considerada relevante (ou "nova") está na parte final do texto, porém surge sem maiores explicações ou detalhamentos. Ele se referiu à SURSAN: Superintendência de Urbanização e Saneamento.

Estado da Guanabara. Secretaria de Obras Públicas – Superintendência de Urbanização e Saneamento. SURSAN: Criação, Finalidade, Regulamentação, Estrutura. s/d. Documentação manuscrita, Acervo José de Oliveira Reis, Arquivo Geral da Cidade do Rio de Janeiro. DM/AJOR/AGC-RJ.

2   José de Oliveira Reis também escreveu o artigo "Engenharia de tráfego – Convênio entre o Governo Federal e a Prefeitura Municipal" na *Revista Engenharia Municipal*. Artigo publicado na edição n° 2, de março de 1956. Faz uma referência à sua atuação como presidente da Comissão de Implantação de Engenharia de Tráfego criada pelo prefeito Alim Pedro, cuja gestão ocorreu entre 6 de setembro de 1954 e 11 de novembro de 1955.

Conforme a passagem na parte final da carta de 19 julho de 1956,

> a entrosagem dessas pistas no centro é ponto principal do plano de urbanização, pois o projeto aprovado prevê o tráfego contínuo sem cruzamento com as seguintes avenidas: Norte-Sul, Rio Branco, Antonio Carlos e Perimetral, por meio de elevados e passagens inferiores. Sem dúvida as obras de urbanização programadas e que vem sendo executadas pela SURSAN mudarão por completo o aspecto dessa parte da cidade (carta enviada ao secretário geral de Viação e Obras no dia 19 de julho de 1956).[3]

Contudo, a relevância da informação ultrapassa a menção da execução das obras pela SURSAN,[4] ou mesmo a constatação de que o Plano Diretor de Vias Arteriais passou da etapa da concepção para a sua realização efetiva. A relevância da informação passa necessariamente pela associação da SURSAN a outras deliberações do poder executivo e legislativo do Rio de Janeiro, definidas na Lei nº 899, de 28 de novembro de 1957. Lei que

> Institui um Fundo Especial de Obras Públicas, aprova o Plano de Realizações e cria uma Superintendência de Urbanização e Saneamento; altera a Legislação Tributária e estabelece normas para evitar a sonegação; autoriza a emissão de Bilhetes do Tesouro do Distrito Federal, a instituição e arrecadação da Contribuição de Melhoria; aprova o Código de Contabilidade Pública do Distrito Federal e autoriza a abertura de créditos.

---

3   Documentação manuscrita, Acervo José de Oliveira Reis, Arquivo Geral da Cidade do Rio de Janeiro.

4   Todas as informações e citações sobre a SURSAN contidas neste livro integram o documento Estado da Guanabara. Secretaria de Obras Públicas – Superintendência de Urbanização e Saneamento. SURSAN: Criação, Finalidade, Regulamentação, Estrutura. s/d. Documentação manuscrita, Acervo José de Oliveira Reis, Arquivo Geral da Cidade do Rio de Janeiro.

Por esta lei criada durante a gestão do prefeito Negrão de Lima (1956-1958) articulou-se no Rio de Janeiro três intrínsecas dimensões de toda intervenção na cidade: o Plano Urbano, a execução do plano e os recursos financeiros para a intervenção. Entre as três, a que certamente significou aprimoramento no processo de intervenção na cidade, objetivando melhorias em infraestrutura, sistema viário, edificações, etc., foi a criação do Fundo Especial de Obras Públicas.

Esta criação recuperou um pressuposto considerado primário por vários profissionais, e pelo próprio discurso municipalista brasileiro pós-1946, na solução dos problemas urbanos das municipalidades: *financiar para urbanizar*. Conforme o Artigo 1º do Capítulo I da Lei nº 899, "fica instituído na Prefeitura do Distrito Federal, o Fundo Especial de Obras Públicas, destinado a prover e financiar a execução do Plano de Realizações".[5] O Fundo Especial foi também uma alternativa à escassez orçamentária da prefeitura municipal, determinada, prioritariamente, pelos gastos com o funcionalismo público, tendo sido esboçado como instrumento de geração de finanças ainda no ano de 1956. Segundo José de Oliveira Reis,

> (...) Uma vez que os recursos normais eram escassos e que com os mesmos nada poderia fazer, procurou o Prefeito Negrão de Lima uma fórmula para sair do impasse e que não implicasse na majoração dos impostos e afetasse a elevação do custo de vida. Foi o que realmente conseguiu através da Mensagem nº 77, de 3 de dezembro de 1956, na qual, justificando as mais prementes necessidades urbanísticas da cidade, para atender ao seu crescimento demográfico, e a um mínimo de obras figuradas no Plano Diretor da Cidade do Rio de Janeiro, propunha a conveniência da aprovação de um Plano de Realizações a ser custeado pelo Fundo Especial de Obras Públicas. Esse fundo seria obtido essencialmente pela venda dos terrenos urbanizados, e pela arrecadação da receita de um adicional a ser criado pelo prazo de dez anos

---

5   Documentação manuscrita, Acervo José de Oliveira Reis, Arquivo Geral da Cidade do Rio de Janeiro.

sobre os impostos de vendas e consignações e transmissão de propriedade enter-vivos (REIS, 1977: 145).[6]

A esses mecanismos de arrecadação de finanças, outras formas foram incorporadas a partir da regulamentação do fundo pela Lei n° 899. Conforme o documento SURSAN: Criação, Finalidades, Regulamentação, Estrutura, produzido pelo Serviço de Documentação da Divisão de Administração da Secretaria de Obras do Estado da Guanabara, em seu *Capítulo I – Da Finalidade*, o Fundo Especial de Obras Públicas foi também constituído por,

b) dotações orçamentárias ou subvenções constantes dos orçamentos do Distrito Federal;

d) juros de depósitos bancários de disponibilidades do Fundo Especial;

e) dividendos e outras participações em sociedades de economia mista, relativos a capital formado com recursos do Fundo Especial;

f) produto da contribuição de melhoria e de pedágio ou de quaisquer outras taxas existentes ou que vierem a ser criadas, decorrentes das obras do Plano de Realizações, ou referentes a serviços incorporados nos termos desta lei;

g) operações de crédito a realizar, por antecipação das receitas do mesmo plano.

Por estas especificações do Fundo Especial de Obras Públicas, definindo sua implementação e respectivos instrumentos de arrecadação de divisas para financiar o Plano de Realizações, era de se esperar um encaminhamento imediato da etapa executória que caberia à SURSAN. Recai nesse ponto, entretanto, um problema gerado pelos próprios dispositivos da Lei n° 899, especialmente em seu Artigo 5° do Capítulo II – Da Administração, ao determinar que "A administração do Fundo Especial e a execução do Plano de Realizações referidas nesta Lei são delegadas à SURSAN".

---

6 Praticamente a mesma argumentação foi apresentada pelo engenheiro José de Oliveira Reis na conferência Os Prefeitos do Rio de Janeiro como Capital da República – de 1889 a 1960, realizada no dia 26 de agosto de 1971, no auditório do Ministério de Educação e Cultura. Fundo José de Oliveira Reis, Arquivo Geral da Cidade do Rio e Janeiro.

Certo é que nenhum tipo de problema está relacionado à delegação da SURSAN como gerenciadora da captação de recursos e aplicação das verbas nas obras projetadas. Numa análise mais geral, a responsabilidade pela administração dos recursos financeiros concentrados no mesmo órgão executor das obras poderia significar maior agilidade no processo, diminuindo tramitações na própria administração pública. O problema passou pela SURSAN, sem caracterizar, no entanto, qualquer tipo de irregularidade em suas finalidades, mas na regulamentação dessas mesmas finalidades e da própria superintendência.

Somente no dia 10 de setembro de 1958 – já na administração Sá Freire Alvin, iniciada em julho de 1957 –, pelo Decreto N° 14.054, praticamente um ano após aprovação da Lei n° 899, ocorrida em novembro de 1957, que a regulamentação definidora de toda a organização da SURSAN foi apresentada. Conforme o Artigo 1° do Decreto N° 14.054,

> A Superintendência de Urbanização e Saneamento (SURSAN), autarquia com personalidade jurídica de direito público e autonomia financeira, criada pela Lei n° 899, de 28 de novembro de 1957, terá a seguinte organização:
> ADMINISTRAÇÃOGERAL: I – Conselho de Administração; II – Presidência;
> DEPARTAMENTOS ESPECIALIZADOS: III – Departamento de Urbanização; IV – Departamento de Esgotos Sanitários;
> ÓRGÃOS DE CONTROLE: V – Junta de Controle; VI – Comissão Especial das Classes Contribuintes.[7]

Antes mesmo de adentrar na análise da própria estrutura da SURSAN, sobretudo do Departamento de Urbanização, pela relação imediata ao Departamento de Urbanismo dirigido à época por José de Oliveira Reis, convém elaborar uma pergunta: se existiu essa disparidade temporal entre a lei que criou (Lei n° 899) e o decreto que regulamentou a organização da

---

7 SURSAN: Criação, Finalidades, Regulamentação, Estrutura. Serviço de Documentação da Divisão de Administração da Secretaria de Obras do Estado da Guanabara. Fundo José de Oliveira Reis, Arquivo Geral da Cidade.

Superintendência de Urbanização e Saneamento, então não foram imediatamente executadas as obras definidas no Plano de Realizações apresentado por José de Oliveira Reis ao secretário geral de Viação e Obras, juntamente com carta do dia 19 de julho de 1956?

Não eram poucas, ou de reduzidas dimensões, as obras apresentadas por José de Oliveira Reis no Plano de Realizações Urbanísticas, elaborado pelo Departamento de Urbanismo. Elas também foram, posteriormente à carta de 19 de julho de 1956, especificadas no Artigo 3° do CAPÍTULO I – Da Finalidade da Lei n° 899, aprovada no dia 28 de novembro de 1957:

> O Plano de Realizações previsto no artigo 1° desta Lei abrangerá o início, prosseguimento ou término das seguintes obras: Avenida Beira-Mar; Avenida Norte-Sul; Avenida Perimetral; Avenida Presidente Vargas; Avenida Radial-Oeste; Avenida Radial-Sul; Desmonte do Morro de Santo Antônio e consequente aterro da orla marítima do Flamengo e da Glória;Ligação do Cais do Porto-Copacabana, através do Túnel Catumbi-Laranjeiras; Saneamento e urbanização da zona suburbana do Distrito Federal e obras complementares, inclusive redes de abastecimento d´água e de esgoto sanitário; Túnel General Glicério-Avenida Radial-Sul; Túneis locais de Copacabana (Barata Ribeiro-Raul Pompéia, Toneleros-Pompeu Loureiro e Sá Ferreira-Nascimento Silva.

Somando às obras apresentadas pela Lei n° 899, na carta com o Plano de Realizações Urbanísticas que José de Oliveira Reis apresentou em 1956 constava ainda um programa de Industrialização do Lixo, e os custos das desapropriações e das obras de viação, com uma somatória total de $ 7.630.000.000,00 de cruzeiros.

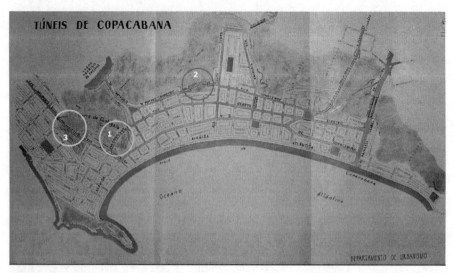

Plano Urbanístico dos Túneis de Copacabana elaborado pelo Departamento de Urbanismo. Segundo José de Oliveira Reis, "a primeira grande obra concluída e executada em tempo recorde foi o Túnel Barata Ribeiro-Raul Pompéia, inaugurado em 31 de janeiro de 1960 pelo presidente Juscelino Kubitschek. Esse túnel recebeu, posteriormente, o nome de Sá Freire Alvim" (REIS, 1977: 153). N° 1: Túnel Barata Ribeiro-Raul Pompéia; N° 2: Túnel Toneleros-Pompeu Loureiro; N° 3: Túnel Sá Ferreira-Nascimento Silva

A resposta sobre o início da execução de todas essas obras, em função da problemática jurídica de regulamentação da SURSAN, perpassa outro dispositivo legal criado na administração do prefeito Francisco Negrão de Lima. Segundo José de Oliveira Reis, o funcionamento da Superintendência de Urbanização e Saneamento foi autorizado pelo Decreto Municipal n° 13.790 de 18 de janeiro de 1958 (REIS, 1977: 153). Portanto, se realmente a SURSAN iniciou a execução das obras que constavam do Plano de Realizações Urbanísticas, isso ocorreu antes da regulamentação que estruturou administrativamente a autarquia: o Decreto Municipal n° 14.054 do dia 10 de setembro de 1958, assinado pelo prefeito José Joaquim de Sá Freire Alvim (sucessor de Francisco Negrão de Lima), cuja administração teve início no dia 4 de julho de 1958, terminando em 21 de julho de 1960 Entretanto, ainda que exista o aspecto positivo da continuidade administrativa na regulamentação da estrutura funcional da SURSAN, fica a dúvida sobre o próprio processo das ações que essa autarquia realizou entre janeiro e setembro de 1958, respectivamente, entre o inicio do seu funcionamento e sua estruturação interna. Até a criação da SURSAN pela Lei n° 899, tanto a elaboração dos projetos como a execução das obras estavam sob a responsabilidade direta da Secretaria Geral de Viação e Obras, pelos seus departamentos técnicos, como o de Urbanismo, dirigido por José de Oliveira Reis.

Sendo esse o encaminhamento mantido naqueles meses de 1958, que efetivamente se mantinha desde 1945, quando o Departamento de Urbanismo foi criado, é certo que, no âmbito administrativo interno da secretaria ou mesmo externo da execução das obras que vinham sendo estudas e discutidas desde 1945, não ocorreram problemas que pudessem atrapalhar o encaminhamento das obras. Tanto que o conjunto de realizações denominadas por José de Oliveira Reis de Plano Diretor de Vias Arteriais é o mesmo Plano Diretor orientador dos trabalhos do Departamento de Urbanismo.

E o próprio José de Oliveira Reis confirmou serem tais obras apresentadas por ele no Plano de Realizações Urbanísticas as mesmas que desde a criação do Departamento de Urbanismo e, porque não, desde os tempos da Comissão do Plano da Cidade, estavam sendo estudados pelos profissionais do setor de urbanismo. Conforme o documento Sínteses de Obras Necessárias à Urbanização da Cidade do Rio de Janeiro, preparando para o 4° Centenário – 1965, apresentado por José de Oliveira Reis no dia 15 de outubro de 1956,

> somente serão consideradas as principais vias arteriais desse plano, muito embora figurem outras que, também necessárias dentro do planejamento de conjunto, poderão ter execução programada para futuro mais remoto (...) Uma descrição mais detalhada do traçado dessas vias encontra-se na publicação "Urbanismo no Rio de Janeiro"-Capítulo VI – Sistema de Vias Arteriais do Plano do Rio de Janeiro – p. 79 – Adalberto Szilard e José de Oliveira Reis – Editora "O Construtor S. A" – 1949.[8]

---

8 Documentação manuscrita, Acervo José de Oliveira Reis, Arquivo Geral da Cidade do Rio de Janeiro.

Ou seja, é praticamente o mesmo conjunto de obras que vinham sendo planejadas, e que pautaram a partir do Decreto Nº 13.790 de 18 de janeiro de 1958 – ou o Decreto Nº 14.054 de 10 de setembro de 1958 – os trabalhos da SURSAN, cujos recursos financeiros foram solicitados na Mensagem nº 53 do dia 20 de setembro de 1957, enviada pelo prefeito Francisco Negrão de Lima para a Câmara dos Vereadores solicitando crédito de até $ 3 bilhões de cruzeiros. Como esta solicitação de recursos financeiros ocorreu ainda em 1957, portanto não somente antes da Lei nº 899, aprovada em novembro deste ano, como anterior ao decreto que autorizou o funcionamento, e o Decreto que regulamentou a organização da SURSAN, ambos de 1958, certamente os recursos seriam – caso tenha sido liberados – aplicados pela Secretaria de Viação e Obras Públicas.

Provável que até o encaminhamento e aprovação final para uso dos recursos solicitados na Mensagem nº 53, a definição dos valores tenha sido elaborada e administrada pela Superintendência do Financiamento Urbanístico (SFU), cuja finalidade, segundo José de Oliveira Reis, era "estudar e preparar os meios de financiar a execução das obras urbanísticas da Cidade do Rio de Janeiro" (REIS, 1977: 123). Importante salientar que essa Superintendência do Financiamento Urbanístico (SFU) – criada na gestão do Prefeito Hildebrando de Góes (1946-1947) – estava subordinada à Secretaria Geral de Finanças, mesmo que ligada diretamente aos programas da Secretaria Geral de Viação e Obras por ser ela, a SFU, conforme José de Oliveira Reis, a responsável pelos cálculos e pelos meios de geração de recursos financeiros para as obras públicas.

Uma característica estrutural que permite elaborar duas perguntas importantes e relacionadas ao Departamento de Urbanismo, à Superintendência de Urbanização e Saneamento e seu Departamento de Urbanização e, por fim, à superintendência de Financiamento Urbanístico. Se já existia uma Superintendência responsável pela questão financeira para execução das obras do Plano Diretor elaborado pelo Departamento de Urbanismo, qual a justificativa de criação de uma autarquia que, além da administração orçamentária, seria responsável pela execução das obras? A criação do Departamento de Urbanização na estrutura funcional da

O URBANISTA E O RIO DE JANEIRO   **229**

Superintendência de Urbanização e Saneamento significaria sobreposição de funções e conflitos na administração municipal com o Departamento de Urbanismo da Secretaria Geral de Viação e Obras?

Para uma resposta à primeira pergunta é necessário ampliar o espectro de análise, e constatar que não surgiram informações sobre a destituição da Superintendência de Financiamento Urbanístico. Corroborar essa premissa significa empreender uma interpretação que não passa pela noção de *oposição* de uma superintendência em relação à outra, de destituição de uma instância funcional para a criação de outra, inclusive com as mesmas funções, ainda que acrescidas de novas. A interpretação plausível passa pela noção de *aprimoramento* do funcionamento da máquina administrativa pública, num processo que, por mais lento e truncado, sempre ocorreu nos setores de urbanismo das prefeituras municipais.

Partindo, portanto, dessa noção de aprimoramento podemos explicitar algumas particularidades que, se corretamente encaminhadas naquele momento, representariam melhor exequibilidade do processo geral dos planos urbanos municipais: o processo da elaboração passando pela captação de recursos até a execução das obras. Uma primeira mudança que a criação da SURSAN acarretou, pois previamente definida na lei nº 899, passou pela sua definição como personalidade jurídica autárquica de direito público, portanto autônoma em suas funções públicas. Outra característica distinta e certamente de primeira importância quando se trata de problemas urbanos, de intervenção na cidade, é a questão financeira. Também pela Lei nº 899, à SURSAN foi delegada autonomia financeira para a realização das suas atividades, no caso, com recursos advindos do Fundo Especial de Obras Públicas, criado pela mesma lei.

Particularidades que possivelmente não perfaziam as atividades da Superintendência de Financiamento Urbanismo, porque ela foi criada como instância administrativa subordinada à Secretaria Geral de Finanças. Não tinha, nesse sentido, nenhuma autonomia que um órgão autárquico tem na esfera administrativa, como também ficou atrelada financeiramente às determinações da Secretaria Geral de Finanças. É certo, porém, como apresentou José de Oliveira Reis, que a Superintendência de

Financiamento Urbanístico era responsável apenas pelos estudos e preparação dos meios para financiar a execução das obras urbanísticas da cidade do Rio de Janeiro. Da mesma forma que sua subordinação técnica e financeira não acarretava maiores entraves ao encaminhamento do processo para o qual ela foi criada, o processo geral do plano urbano do município do Rio de Janeiro; e isso desde a elaboração do plano pelo Departamento de Urbanismo, passando pela captação de recursos orçamentários pela Superintendência do Financiamento Urbanístico, até a execução das obras pela Secretaria Geral de Viação e Obras Públicas.

Entretanto, se essa suposta inexistência da autonomia técnica e financeira não representava nenhum tipo de entrave ao processo do planejamento urbano no Rio de Janeiro, por que criar outra instância funcional autônoma técnica e financeiramente da administração executiva? Uma possível resposta pode passar pelas discussões e encaminhamentos das Comissões Técnicas dos Congressos Nacionais de Municípios, especialmente aquelas que debatiam a intrínseca relação entre o urbanismo e os municípios.

A Superintendência de Financiamento Urbanístico foi criada na administração do Prefeito Hildebrando de Góes – entre janeiro de 1946 e junho de 1947 –, ou seja, antes do I Congresso Nacional dos Municípios realizado em Petrópolis, no ano de 1950. Portanto, dos vários pressupostos municipalistas, especialmente dois deles presentes nos debates do I Congresso não foram integrados à criação da Superintendência de Financiamento Urbanístico, possivelmente por não estarem ainda profundamente difundidos entre as municipalidades: a autonomia financeira e autonomia política, ambas explicitadas de diversas formas na Carta de Princípios, Direitos e Reivindicações Municipais, declarada pela Associação Brasileira dos Municípios no final do I Congresso.

Diferentemente, a Superintendência de Urbanização e Saneamento criada em 1957, no momento em que a autonomia financeira e política estavam na crista das reivindicações e anseios municipalistas discutidas nos três primeiros Congressos Nacionais de Municípios: Petrópolis, São Vicente e São Lourenço, respectivamente em 1950, 1952 e 1954. Contudo, não é possível afirmar que o tema da autonomia política recaiu diretamente na gestão administrativa da SURSAN, tornando-a totalmente independente dos encaminhamentos do poder executivo municipal. Nem mesmo pensar na existência de uma autonomia político-partidária da SURSAN ao mesmo poder público.

O que parece oportuno relacionar aos debates municipalistas dos Congressos Nacionais de Municípios está focado no pressuposto da autonomia da gestão, no caso da SURSAN, uma autonomia técnica responsável pela administração do Fundo Especial de Obras Públicas. Da mesma forma, pela execução de obras projetadas pelo Departamento de Urbanismo, que continuaria também autônomo em relação ao processo de discussão e elaboração do Plano Diretor do Rio de Janeiro.

O próprio José de Oliveira Reis reconheceu a importância da autonomia da SURSAN, independentemente da cautela ao mencionar uma total desvinculação dela com a Secretaria Geral de Viação e Obras por ele definida como "subordinada tecnicamente":

> (...) *Com o correr dos tempos, tornou-se esse fato* [a autonomia da SURSAN pela transferência dos encargos pertinentes à Secretaria Geral de Viação e Obras] *uma realidade e, embora subordinada tecnicamente à Secretaria de Viação, a autonomia de ação facultada à SURSAN, bem como os recursos financeiros também abundantes postos à sua disposição, permitiram a Administração resolver um dos angustiantes problemas da cidade, sem a burocracia emperradora da máquina funcional. De qualquer modo, o Prefeito Negrão de Lima prestou um inestimável serviço à Cidade do Rio de Janeiro, criando esse importante órgão da administração pública, através do qual foi possível obter-se uma soma de obras notáveis que vieram e virão beneficiar a população* (REIS, 1977: 146).

Para complementar a análise, convém neste ponto retomar a segunda pergunta acima elaborada: a criação do Departamento de Urbanização na estrutura funcional da Superintendência de Urbanização e Saneamento significaria sobreposição de funções e conflitos na administração municipal com o Departamento de Urbanismo da Secretaria Geral de Viação e Obras?

Conforme José de Oliveira Reis, "são obras projetadas pelo Departamento de Urbanismo, incluídas no plano prioritário de execução para o atendimento imediato de problemas da cidade, e atribuídas, portanto, à SURSAN" (REIS, 1977: 153). Outra parte da resposta está no Artigo 4° do Decreto N° 14.054 do dia 10 de setembro de 1958, que criou o Regulamento da Superintendência de Urbanização e Saneamento: o "Departamento de Urbanização é órgão incumbido da execução das obras compreendidas no Plano de Realizações previsto no art. 3° da Lei n° 899, de 28 de novembro de 1957".[9]

Estavam, assim, delimitadas as ações dos vários órgãos do setor de urbanismo da prefeitura municipal do Rio de Janeiro, conferindo total autonomia ao Departamento de Urbanismo na elaboração dos planos urbanísticos. Claramente um processo de especialização interna de todo o setor de urbanismo, com órgãos específicos desenvolvendo trabalhos característicos das suas exclusivas determinações, e que no conjunto atuavam no processo maior do planejamento urbano municipal. Entretanto, uma especialização que pode produzir duas resultantes distintas: por um lado, um incipiente movimento de fragmentação do processo todo, por outro, melhor aproveitamento dos profissionais, que passaram a atuar em suas áreas de especialidades, vinculadas aos órgãos públicos municipais situados entre o estudo e a concepção dos planos e projetos até a execução das obras.

Dentre essas obras – e que durante vários anos esteve presente nos trabalhos do Departamento de Urbanismo sem maiores soluções –, podemos destacar a da avenida Perimetral. Um longo tempo sem solução em função de problemas gerados pelo Clube da Aeronáutica, o Lóide Brasileiro e o Mercado Municipal, que, por questões específicas a cada entidade, obstruíam sua execução definitiva – a avenida Perimetral foi concluída após criação da SURSAN.

---

9 SURSAN: Criação, Finalidades, Regulamentação, Estrutura. Serviço de Documentação da Divisão de Administração da Secretaria de Obras do Estado da Guanabara. Fundo José de Oliveira Reis, Arquivo Geral da Cidade do Rio de Janeiro.

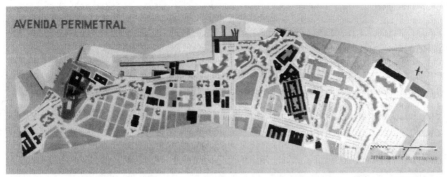

Plano urbanístico da avenida Perimetral elaborado pelo Departamento de Urbanismo. A execução já estava sob a responsabilidade da Superintendência de Urbanização e Saneamento. No canto direito superior, o encontro da avenida Perimetral com o Aeroporto Santos Dumont. PA nº 4375, 7642 (REIS, 1977).

A avenida Perimetral seria ainda motivo de alteração da proposta que o Departamento de Urbanismo elaborou para a localização da boca do túnel Rio-Niterói. Este sistema de ligação entre as duas cidades separadas pela baía da Guanabara foi aprovado pela Lei Federal nº 1.783-A, do dia 26 de dezembro de 1952. Segundo o engenheiro Mauro Vieira, representante do Departamento Nacional de Estradas de Rodagem, a Lei nº 1.783-A autorizava "o Poder Executivo a abrir concorrência pública para os estudos e projetos de concessão da construção e exploração de um túnel submarino entre as cidades do Rio e Niterói".[10]

No relatório denominado de "Julgamento da concorrência pública e exploração do túnel Rio-Niterói", apresentado no dia 7 de agosto de 1961 ao presidente da Comissão de Concorrência Pública do Túnel, o engenheiro Mauro Vieira mencionou também a existência do Decreto Nº 47.168 do dia 4 de novembro de 1959, em seu Artigo 1º, que determinara a elaboração da implantação do sistema rodoviário e não ferroviário para o túnel. O Decreto foi expedido pelo Presidente Juscelino Kubitschek em decorrência da inexistência na Lei Federal nº 1.783-A, de qualquer determinação sobre o sistema que deveria ser implantado: autopista ou ferrovia.

---

10 Documentação manuscrita, Acervo José de Oliveira Reis, Arquivo Geral da Cidade do Rio de Janeiro.

Pela dimensão das obras necessárias para abertura da boca do túnel no lado do Rio de Janeiro, assim como as interferências que esse projeto acarretaria nos planos elaborados pelo Departamento de Urbanismo, o seu diretor, engenheiro José de Oliveira Reis, encaminhou manifestação oficial ao secretário Geral de Viação e Obras sobre o caso. No documento elaborado no dia 16 de junho de 1959,[11] José de Oliveira Reis apresentou considerações exatamente sobre a localização da saída do túnel na cidade do Rio de Janeiro em três áreas: a do Calabouço, da Praça 15 ou Praça Mauá. Segundo o Diretor do Departamento de Urbanismo,

> (...) não é de hoje que, e já há bastante tempo esse problema preocupa os serviços administrativos da Prefeitura e em particular o Departamento de Urbanismo que mais de uma vez tem se interessado pelo mesmo. Daí várias soluções terem sido focalizadas para a saída do túnel no Rio de Janeiro na orla marítima que vai do Calabouço à Praça Mauá.
>
> Todavia, novas condições urbanísticas surgiram no decorrer do tempo e que vieram modificar profundamente a concepção primitiva com relação à saída nessa orla marítima. Face a essas novas condições as quais figura a Avenida Perimetral com a pista elevada no eixo da mesma, e, por outro lado, a necessidade de separação do tráfego rodoviário peculiar do túnel, do tráfego de veículos inherentes à cidade do Rio de Janeiro, tornou-se obrigatório encarar o problema de ligação Rio – Niterói através do túnel em termos diferentes do até então considerado, qual seja, de ser mesmo apenas um meio facilitador dos passageiros de barcas em substituição às mesmas.[12]

Essa posição do Departamento de Urbanismo sobre a locação da boca do túnel não foi desconsiderada naquele relatório – Julgamento da Concorrência Pública e Exploração do Túnel Rio-Niterói – apresentado

---

11 Documentação Manuscrita, Acervo José de Oliveira Reis, Arquivo Geral da Cidade do Rio de Janeiro.

12 Documentação manuscrita, Acervo José de Oliveira Reis, Arquivo Geral da Cidade do Rio de Janeiro.

pelo engenheiro Mauro Vieira, em agosto de 1961. No entanto, ao abordar no relatório o posicionamento institucional do engenheiro José de Oliveira Reis sobre a proposta de locação da boca do túnel na Praça Salgado Filho, afirma que ele

> (...) discordou da sua implantação nesse local, apresentando justificativa que me escuso de comentá-las para não entrar em considerações que não cabem no julgamento da concorrência e, também, por desconhecer os planos urbanísticos e a situação atual e futura do tráfego no centro da cidade do Rio de Janeiro.[13]

O engenheiro Mauro Vieira certamente não teve nenhum interesse em envolver-se nas discussões sobre a interferência do túnel no planejamento urbanístico do Rio de Janeiro. Afinal, os motivos da discordância que escusou comentar já haviam sido apresentados por José de Oliveira Reis, na carta do dia 16 de junho de 1959, ao secretário Geral de Viação e Obras. A discordância era mesmo do Departamento de Urbanismo, que segundo seu diretor, José de Oliveira Reis,

> (...) pelo projeto do DUR prevê-se a saída do túnel cerca de 400 metros além da Praça Mauá e, a via continua elevado por cima das linhas férreas do Cais do Porto, entre Avenida Venezuela e Avenida Rodrigues Alves, em direção ao pateo da Estação Marítima da Estrada de Ferro Central do Brasil (...) Desse modo, a Estação Pedro II que é o centro natural da irradiação de todos os transportes coletivos do Distrito Federal, ficará acrescido de mais essa ligação com Niterói (...) Em termos urbanísticos a solução proposta pelo DUR é a que melhor consulta os interesses da cidade do Rio de Janeiro e maioria dos passageiros de Niterói. E como a interdependência dos problemas obriga uma solução que abranja vários aspectos, não se pode adotar a solução simplista de colocar a boca do túnel seja no Calabouço ou na Praça 15 ou na Praça Mauá ou outro ponto de poucas

---

13 Documentação manuscrita, Acervo José de Oliveira Reis, Arquivo Geral da Cidade do Rio de Janeiro.

> possibilidades de espaço e ordenação e disciplina do tráfego, a fim de que não produza o congestionamento na região ou mesmo dentro do túnel (...) Daí a insistência deste DUR na proposição de afastar a saída no Rio de Janeiro além da Praça Mauá que, pelas suas dimensões exíguas não comportaria o desafogo do tráfego complicado com a da própria cidade.[14]

Em vista da importância do cargo ao qual o engenheiro Mauro Vieira foi credenciado pelo Ofício DG/7.961, de 19 de junho de 1961 do diretor do Departamento Nacional de Estradas de Rodagem – sua função era acompanhar e auxiliar os trabalhos relativos aos anteprojetos concorrentes do túnel rodoviário submarino –, assumir a posição distanciada das polêmicas que certamente ocorreram não foi a melhor postura.

Sobretudo pelas justificativas por ele apresentadas, em especial a que afirma "desconhecer os planos urbanísticos e a situação atual futura do tráfego no centro da cidade do Rio de Janeiro", demonstra desinteresse pelos problemas de tráfego que uma obra das dimensões de um túnel submarino acarretaria nas cidades interligadas. Talvez um desinteresse desprovido de intencionalidade conflituosa com o Departamento de Urbanismo, mas certamente significativo de uma limitação do olhar para com os problemas urbanos e suas estreitas relações com qualquer obra viária: um túnel, uma ponte, uma avenida, uma rotatório, entre outras.

Duas outras especificidades desse processo envolvendo o Departamento de Urbanismo, a ligação entre o Rio de Janeiro e Niterói e o próprio José de Oliveira Reis podem ampliar o desconforto da postura assumida pelo o engenheiro Mauro Vieira. A primeira estava diretamente relacionada ao tempo disponível para inteirar-se sobre planejamento urbanístico no Rio de Janeiro. Entre a carta do Diretor de Urbanismo, engenheiro José de Oliveira Reis – escrita no dia 16 de junho de 1959 –, e o relatório apresentado pelo engenheiro Mauro Vieira no dia 7 de agosto de 1961 passaram-se praticamente dois anos.

---

14 Documentação manuscrita, Acervo José de Oliveira Reis, Arquivo Geral da Cidade do Rio de Janeiro.

O URBANISTA E O RIO DE JANEIRO   **237**

Poder-se-ia argumentar que ele foi credenciado somente em junho de 1961 pelo Ofício DG/7.961, e que isso o impossibilitou de maiores informações sobre o caso. Argumento pouco substancial, pois como simplesmente assumir "desconhecer os planos urbanísticos e a situação atual e futura do tráfego no centro da cidade do Rio de Janeiro" se os trabalhos que lhe foram confiados analisar certamente apresentariam interferências importantes no centro do Rio de Janeiro? Melhor seria então recusar o trabalho com uma justificativa profissional pautada em seu desconhecimento sobre as questões urbanísticas do Distrito Federal?

A segunda indagação está justamente atrelada ao profissional José de Oliveira Reis, diretor do departamento responsável por todos os planos urbanísticos do Rio de Janeiro, e que desde os anos de 1954 e 1955 estava envolvido justamente com os trabalhos, respectivamente, da Comissão Executiva do Metropolitano e Comissão de Engenharia de Tráfego. Portanto, envolvido com a problemática do tráfego na cidade, assim como com os estudos sobre as interferências negativas da localização da boca do túnel. Estudos que foram produzidos pelos profissionais do Departamento de Urbanismo e pelas duas comissões para os quais a referida localização provocaria problemas sérios ao tráfego da região central do Rio de Janeiro. Assim, a recusa de Mauro Vieira, caso tivesse ocorrido, não o colocaria em debate direto com quem estava absolutamente envolvido com a Engenharia de Tráfego no Rio de Janeiro: José de Oliveira Reis.

Por fim, considerando que o elevado da avenida Perimetral foi inaugurado na administração do prefeito José de Sá Freire Alvim – gestão ocorrida entre julho de 1957 e abril de 1960 – e que já em 1961, no dia 19 de junho, o comandante Raul de Andrade Figueira apresentou o documento Ligação Rio-Niterói: um viaduto e duas pontes rotativas, certamente as discussões sobre a saída do túnel deixaram de ser consideradas, porque a alternativa para ligação entre as duas cidades não mais seria submarina. Segundo a justificativa do comandante Raul de Andrade,

> a engenharia nacional domina com invejável capacidade as construções de qualquer espécie em concreto armado sendo a primeira

> no mundo conforme afirmação repetida dos maiores técnicos estrangeiros. Porque, então, dar concessão de 50 anos a uma firma Argentina para construir um túnel de 4.000 metros com duas pistas por cerca de 22 bilhões de cruzeiros quando podemos fazer a ponte com 6 a 8 pistas valendo por 3 a 4 túneis e por cerca de metade do preço? (...) Foi dentro desta sadia orientação que imaginamos um novo tipo de ligação toda em concreto armado protendido respeitando as leis e regulamentos da Aeronáutica, da Marinha de Guerra, do Exército, da Marinha Mercante, do Departamento de Portos, do Departamento de Urbanismo, do Departamento de Tráfego, da Sursan, etc, com apenas 6.500 a 6.700 metros.[15]

Portanto, tão importante quanto a justificativa do comandante Raul de Andrade ter se pautado pela capacidade técnica da engenharia brasileira foi a proposição de uma mudança no sistema de ligação entre o Rio de Janeiro e Niterói: não mais um túnel, mas uma ponte. Proposição também consubstanciada na referida capacidade técnica. Mas seriam apenas as variáveis construtivas responsáveis pela proposta de mudança no sistema de ligação? Considerando que não, seria o caso de ampliar as variáveis mediante incorporação das justificações e alegações do Departamento de Urbanismo e da Comissão de Engenharia de Tráfego? Justificativas que influenciaram na escolha, alterando a proposta de um túnel por um sistema elevado? Complementadas por outras variáveis, por exemplo, financeiras, são plausíveis as considerações que tenham conjuntamente desarticulado as pessoas e entidades defensoras do sistema submarino.

Fato é que em documento do dia 08 de setembro de 1966, da Comissão Executiva para a Elaboração dos Projetos Definitivos da Ponte Rio-Niterói, está considerada a formação de um consórcio determinado "nos termos do AEQ da USAID", em que surgem os seguintes membros: "SPL – Serviço de Planejamento Ltda.; Themag Engenharia Ltda.; José Luis Cardodo; Edwaldo

---

15 Documentação manuscrita, Acervo José de Oliveira Reis, Arquivo Geral da Cidade do Rio de Janeiro.

Moreira de Vasconcellos; Cadima Engenharia e Planejamento S.A; José de Oliveira Reis".[16]

Este documento permite enunciar duas conclusões distintas, mas associadas à trajetória de José de Oliveira Reis: primeiro, que ocorreu alteração do sistema submarino para o sistema elevado; segundo, inclusive com a participação de José de Oliveira Reis como membro do consórcio integrante da Comissão Executiva para a Elaboração dos Projetos Definitivos da Ponte Rio-Niterói. Uma constatação intimamente relacionada com suas atividades na prefeitura do Rio de Janeiro após a exoneração do cargo de diretor do Departamento de Urbanismo, pela portaria do dia 30 de abril de 1960, publicada no Diário Oficial no dia 2 de maio do mesmo ano. José de Oliveira Reis assumiria a chefia da Divisão de Engenharia de Tráfego – criada pelo Decreto N° 14.847 do dia 3 dezembro de 1959 –, conforme Portaria n° 354 do Boleto n° 99.[17]

BOLETIM Nº 99

ATOS DO SECRETARIO GERAL

Expediente de 25 de junho de 1960.

O Secretário Geral de Viação d Obras, usando das atribuições que lhe confere o art. 3º do Decreto nº 11.948 , de 26 de fevereiro de 1953, resolve:

Portarias:

Nº 354- Designar o Engenheiro padrão "R", mat. 28.808 - José de Oliveira Reis, para responder pela Divisão de Engenharia , de Tráfego, criada pelo Decreto nº 14.847, de 3 de dezembro.. de 1959, podendo tomar as providências relativas à sua implantação.

---

16   Documentação manuscrita, Acervo José de Oliveira Reis, Arquivo Geral da Cidade do Rio de Janeiro.

17   Documentação manuscrita, Acervo José de Oliveira Reis, Arquivo Geral da Cidade do Rio de Janeiro.

Seu vínculo com as instâncias administrativas públicas destinadas ao estudo do problema do tráfego urbano o acompanhava e fazia parte do seu cotidiano profissional dentro da prefeitura, desde a época de sua atuação como primeiro diretor do Departamento de Urbanismo. Relação explicitada nos seguintes documentos: o primeiro, da Comissão de Viação, Obras e Urbanismo da Câmara do Distrito Federal, e o segundo, do Departamento Federal de Segurança Pública. Existe, portanto, um processo complementar e associado entre essas atividades que o funcionário público José de Oliveira Reis desenvolveu e desenvolveria na própria máquina administrativa pública nos anos posteriores à sua exoneração da diretoria do Departamento de Urbanismo. Ou seja, mais um movimento que o engenheiro empreendeu em sua vida profissional pelos diversos órgãos públicos que trabalhavam com a intervenção na cidade – a partir deste momento, particularmente na Divisão de Engenharia de Tráfego do Rio de Janeiro.

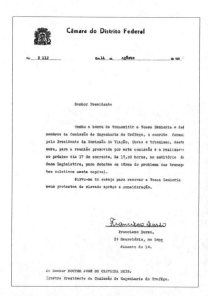

Documento que faz referência ao cargo de Presidente da Comissão de Engenharia de Tráfego que José de Oliveira Reis ocupou. Acervo José de Oliveira Reis do Arquivo Geral da Cidade do Rio de Janeiro. DM/AJOR/AGC-RJ.

Documento que demonstra o longo tempo em que José de Oliveira Reis ocupou o cargo de Presidente da Comissão de Engenharia de Tráfego. No documento anterior a data é agosto de 1956. Neste a data é junho de 1958. Acervo José de Oliveira Reis do Arquivo Geral da Cidade do Rio de Janeiro. DM/AJOR/AGC-RJ.

O urbanista e a construção da cidade: entre a engenharia de tráfego e o planejamento urbano na formação profissional

A Divisão de Engenharia de Tráfego foi criada como unidade técnica e administrativa independente de qualquer departamento especializado da Secretaria de Viação e Obras, e sua organização interna definida pelo Artigo 3° do Decreto N° 14.847 com as seguintes áreas:

1 – Serviço de Estudos e Projetos
2 – Serviço de Sinalização e Equipamento
3 – Serviço Eletromecânico
4 – Serviço de Estacionamento, Cargas e Descargas
5 – Serviço de Censo de Tráfego
6 – Serviço de Sinais e Tráfego
7 – Serviço de Transporte e Oficina
8 – Serviço de Correspondência
9 – Setor de Pessoal
10 – Setor de Material
11 – Setor de Contratos
12 – Setor de Expediente[18]

Entre estes serviços, o primeiro, de *Estudos e Projetos*, coaduna com a centralização da *execução* das obras na SURSAN, após serem elaborados os planos e projetos pelas diversas instâncias administrativas da Prefeitura. Ou seja, não foi organizado na Divisão de Engenharia de Tráfego um *Serviço de Execução* das obras estudadas e projetadas.

Outra determinação importante do decreto que criou a divisão foi a organização de uma Comissão de Coordenação, cuja finalidade, segundo José de Oliveira Reis, era

> conseguir um perfeito entrosamento entre os diversos órgãos da municipalidade e do Governo Federal. Integravam essa Comissão os diretores dos Departamentos de Urbanismo, do Serviço

---

18   Documentação manuscrita, Acervo José de Oliveira Reis, Arquivo Geral da Cidade do Rio de Janeiro.

de Trânsito, do Departamento de Concessões, Departamento de Obras, Departamento de Estradas de Rodagem, Chefe da Divisão de Engenharia de Tráfego e Divisão de Planejamento, da Secretaria Geral de Viação e Obras (REIS, 1977: 158).[19]

Essa determinação jurídica implicou na implantação de um processo importante ao planejamento urbano do Rio de Janeiro, sobretudo pela articulação entre várias unidades administrativas sob a orientação da Comissão de Coordenação. Neste caso, particularmente entre José de Oliveira Reis, chefe da Divisão de Engenharia e o engenheiro Francisco Marques Lopes, diretor do Departamento de Urbanismo no final do ano de 1960. Nesta lógica, a possibilidade de os estudos e projetos que José de Oliveira Reis coordenou no Departamento de Urbanismo – até sua exoneração do cargo de Diretor no dia 30 abril de 1960 – encontrarem um ponto de interlocução pela Divisão de Engenharia de Tráfego, ou seja, por ele mesmo como o elo entre as duas esferas administrativas.

Já nas atribuições que o cargo de chefe pela Divisão de Engenharia de Tráfego determinava, e cumprindo com as providências necessárias para implantar o serviço na municipalidade, enviou carta ao secretário geral de Viação, no dia 4 de julho de 1960. Nesta, José de Oliveira Reis solicita a transferência para a referida secretaria de um importante colaborador, o arquiteto Stelio de Moraes. Segundo o texto da carta,

> (...) é desnecessário encarecer os méritos do Arquiteto Stelio de Moraes que há vários anos vem colaborando continuamente com a Secretaria Geral de Viação, nos problemas relativos ao tráfego desta Capital. Agora mesmo, sua colaboração é prestada ao D.E.R.

---

19 Ainda segundo José de Oliveira Reis, a preocupação em manter o entrosamento com o governo federal se justifica porque a criação da Divisão de Engenharia de Tráfego foi "estabelecida pelo Convênio assinado entre a Prefeitura e o Serviço Federal de Segurança Pública pelo Prefeito Alim Pedro e o Cel. Geraldo de Meneses Cortes, então Chefe de Polícia" (REIS, 1977: 158).

e SURSAN, por solicitação do Serviço de na solução de vários problemas de tráfegos apresentados por aqueles órgãos.[20]

Entretanto, se a solicitação de transferência do arquiteto Stelio de Moraes foi aceita, e por quanto tempo para atuar com José de Oliveira Reis na Divisão de Engenharia, não há vestígios em seu acervo para tal constatação. Confirmada foi a designação de Stelio de Moraes para ocupar outro cargo, o de diretor do serviço de Trânsito, no momento em que a situação do tráfego era caótica e este Serviço também não dispunha de recursos, ou eram extremamente deficientes.[21] Para José de Oliveira Reis,

> (...) Somente a abnegação e entusiasmo do Prof. Stelio de Moraes e os profundos conhecimentos que tem sobre Engenharia de Tráfego e de Urbanismo, de cuja cadeira é professor na Faculdade Nacional de Arquitetura da Universidade do Brasil, somente a abnegação e entusiasmo repetimos, podem mantê-lo naquele posto, realmente de sacrifício.[22]

Ainda sobre a Divisão de Engenharia de Tráfego, é possível, por outro lado, mediante argumentação feita pelo próprio José de Oliveira Reis em nova carta enviada ao Secretário de Estado da Viação e Obras – do dia 2 de dezembro de 1961 –, considerar que não só não ocorreu qualquer

---

20 Documentação manuscrita, Acervo José de Oliveira Reis, Arquivo Geral da Cidade do Rio de Janeiro.

21 Consideração realizada por José de Oliveira Reis no artigo "Engenharia de Tráfego e as Municipalidades – Caso do Rio de Janeiro", publicado na *Revista de Administração Municipal* – IBAM – ano IX – set/out de 1962. A consideração que desenvolveu sobre Stelio de Moraes só foi localizada pela permanência das duas vias que antecedem o texto final publicado na revista. Uma particularidade muito comum no trabalho do engenheiro José de Oliveira que geralmente elabora uma primeira versão que sofrerá correções e acréscimos, uma segunda em que o texto está praticamente fechado e a última, que seria a versão impressa nos periódicos. No caso da referência ao arquiteto Stelio de Moraes a observação surgiu na primeira versão, não constando na segunda ou na versão impressa.

22 Continuação da sua consideração sobre Stelio de Moraes e seu trabalho no Serviço de Tráfego, não incluída na versão publicada na *Revista de Administração Municipal*.

incorporação de pessoal, como a divisão permaneceu praticamente inoperante: mesmo criada pelo Decreto N° 14.847 do dia 3 de dezembro de 1959, a divisão não foi estruturada com instalações próprias, verbas, profissionais e materiais de trabalho.

Outra tentativa de implementação dos trabalhos pela Divisão ocorreu, ainda segundo José de Oliveira Reis, pelo Decreto N° 339 do dia 14 de janeiro de 1961, definindo a transferência da Divisão de Engenharia de Tráfego para o Departamento de Urbanismo. Tal condição não alterou em nada a situação da divisão, que continuou durante todo o ano desprovida de infraestrutura material e orçamentária. Estrutura considerada por ele como precária e piorada pela inexistência de um engenheiro chefe da divisão após sua nova nomeação ao cargo de Diretor de Urbanismo, em dezembro de 1961, já na administração Carlos Werneck de Lacerda do Estado da Guanabara.

José de Oliveira Reis considerou o Decreto N° 339 como instrumento desencadeador da mutilação das atribuições da Engenharia de Tráfego, ao transferir a Divisão de Planejamento e a Divisão de Engenharia de Tráfego para o Departamento de Urbanismo, e passar para o Serviço de Trânsito as funções da Engenharia de Tráfego relativas à sinalização, mãos de direção e locais de estacionamento, paradas e carga e descarga. Instrumento jurídico que reduziu "aquela Divisão a um simples órgão de projetos, anexo ao Departamento de Urbanismo", e em nada contribuiu para a implantação definitiva do serviço responsável pelos problemas do tráfego na cidade. Conforme José de Oliveira Reis em artigo publicado em 1962 na *Revista de Administração Municipal,* dois foram os motivos que impediram a implantação: "1° falta de verba específica na lei orçamentária; 2° falta de interesse real da alta administração que, por desconhecimento da importância desse elemento auxiliar, vem adiando sua efetiva efetivação", concluindo pessimisticamente que, "as lamentáveis consequências sofridas pela cidade, no que diz respeito à sua circulação, estão aí gritantes, desafiando as nossas autoridades" (REIS, 1962: 364).

Em todas as outras possibilidades e oportunidades que José de Oliveira Reis teve para discorrer sobre os problemas da engenharia de tráfego e transporte na cidade do Rio de Janeiro, as constatações foram praticamente as mesmas: a inoperância, as dificuldades e a falta de interesse dos políticos e profissionais da engenharia sobre a temática. O artigo publicado na *Revista de Administração Municipal* em 1962 é um claro exemplo do interesse que tinha em debater o assunto, tal como ocorrera ainda em outubro de 1960, ao participar como palestrante da *DTE de Transportes – Seção de Transportes Urbanos do Clube de Engenharia*, assim como vários outros profissionais que também proferiram conferências.[23]

Na ocasião desse ciclo de palestras realizadas no Clube de Engenharia entre os dias 16 de setembro e 27 de outubro de 1960, sete profissionais apresentaram estudos relacionados ao tráfego urbano e sistemas de transporte: "O automóvel e suas características no tráfego urbano", do engenheiro Luiz Ribeiro Soares; "O auto ônibus e suas características no tráfego urbano", do engenheiro Mario Neves dos Santos; "O lotação e suas características no tráfego urbano", do engenheiro Francisco da Costa Faria Junior; "O ônibus elétrico e suas características no tráfego urbano", do engenheiro Hilton J. Gadret; "O bonde e suas características no tráfego urbano", do engenheiro Luiz Ribeiro Soares; "Elementos para a organização dos transportes urbanos", do engenheiro Aydano de Almeida Correa Filho e, por fim, na penúltima data, dia 21 de outubro de 1960, "Observações sobre engenharia de tráfego e transportes coletivos em algumas cidades europeias", do engenheiro José de Oliveira Reis.

O texto por ele apresentado foi elaborado depois de uma viagem à Europa logo após sua nomeação como responsável pela Divisão de Engenharia de Tráfego, pela Portaria nº 354 do dia 25 de junho de 1960.

> Foi uma viagem rápida e durou cerca de quarenta dias. Por esse motivo, não houve tempo para maiores indagações nas cidades visitadas. Acresce, que por motivo de força maior, demorei-me em Portugal mais tempo do que o previsto. Os países percorridos foram os seguintes, pela ordem de viagem: Portugal, Itália, Suíça, Alemanha e França. As cidades visitadas foram,

---

23 Documentação manuscrita, Acervo José de Oliveira Reis, Arquivo Geral da Cidade do Rio de Janeiro.

respectivamente: Lisboa, Roma, Zürich, Frankfurtt, Colônia, Bonn, Dusseldorf e finalmente, Paris.[24]

Na ocasião da palestra não deixou também de solicitar aos profissionais da área e governantes, e talvez até com mais instrumentos e exemplos sobre situações por ele consideradas positivas, proporcionadas pela viagem às cidades europeias, "o maior interesse para esses dois grandes problemas que, neste momento, assoberbam o Rio de Janeiro: tráfego e transporte".[25]

Diante da ocorrência de ciclos como este organizado no Clube de Engenharia, passando pelas discussões ocorridas ao longo da década de 1950 com a Comissão de Engenharia de Tráfego, posteriormente transformada em Divisão de Engenharia de Tráfego, é pertinente considerar que o assunto estava totalmente integrado aos debates urbanísticos do Rio de Janeiro. Os documentos enunciam a existência de um consenso entre profissionais que atuavam na Secretaria Geral de Viação e Obras, ou participavam de instituições como o Clube de Engenharia, sobre a importância de estudar e elaborar proposições para a o tráfego urbano. Entretanto, pouco se pronunciou sobre o que estava sendo denominado por esses mesmos profissionais de *"Engenharia de Tráfego"*. E mais ainda, existia efetivamente uma relação direta entre engenharia de tráfego e planejamento urbano?

Se existiu, convém saber qual é essa relação na compreensão do principal articulador e interlocutor dos assuntos inerentes à engenharia de tráfego no Rio de Janeiro: José de Oliveira Reis. Antes, porém, é importante apresentar algumas referências consideradas pelo engenheiro como importantes para as formulações sobre engenharia de tráfego:

> (...) Para um volume sempre crescente de veículos, torna-se necessário que as Prefeituras cuidem, nas respectivas cidades, de providências mínimas para a disciplinação do tráfego e

---

24 Documentação manuscrita, Acervo José de Oliveira Reis, Arquivo Geral da Cidade do Rio de Janeiro.

25 Documentação manuscrita, Acervo José de Oliveira Reis, Arquivo Geral da Cidade do Rio de Janeiro.

circulação de pedestres. Hoje, graças à experiências alheia, podemos contar com um bom número de regras e ensinamentos que facilitarão a nossa tarefa.

É, pois, natural que busquemos esses ensinamentos onde eles mais se avolumaram pela enorme experiência que adquiriam face aos grandes problemas que tiveram de enfrentar em conseqüência, também, do seu fantástico progresso. Queremonos referir aos Estados Unidos da América onde a indústria automobilística despeja 5 milhões de carros por ano. É claro que para tão grande produção não há a absorção correspondente do seu mercado, principalmente interno. Como fazer circular esse fabuloso número de veículos que atingiu a casa de 52 milhões em 1961, senão por meio de sistema lógico, científico, baseado na sua longa experiência? Afastando-se do empirismo das soluções policiais, e, sobretudo, da improvisação que surge comumente na autoridade eventual ocupante de um cargo de direção, foi criada naquele país uma nova ciência, ramo da engenharia e que se denominou de Engenharia de Tráfego. Assim, como existem as diversas modalidades da engenharia especializada tais como de estrutura, eletricidade, ferroviária, rodoviária, etc., também surgiu com a necessidade, a especialização desse novo ramos que cuida da circulação do veículo e do pedestre no emaranhado das ruas da cidade (REIS, 1962).[26]

No entanto, fica evidente pelo texto que a referência é estritamente externa ao Brasil e aos problemas de circulação das cidades brasileiras, e sim relacionadas aos processos urbanos das cidades norte-americanas. Nesse sentido é de se questionar sobre a existência de alguma produção realizada no próprio país, e mais ainda, quais profissionais, entidades ou órgãos que estiveram vinculados à organização do serviço de tráfego. Segue assim o argumento de José de Oliveira Reis:

---

26 Versão manuscrita (por isso sem indicação de página) do artigo "Engenharia de tráfego e as municipalidades – caso do Rio de Janeiro". Publicado na *Revista de Administração Municipal,* IBAM – ano IX, set-out, 1962. Neste caso, as duas versões (manuscrita e impressa) são idênticas.

Historicamente, cabe ao Rio de Janeiro a iniciativa da tentativa da criação do Departamento de Engenharia de Tráfego na antiga Prefeitura do Distrito Federal. Foi o Cel. Menezes Côrrea, hoje General e Deputado Federal pelo Estado da Guanabara, que em 1954, quando chefe de Polícia do Departamento Federal de Segurança Pública, propôs ao Prefeito Alim Pedro, em convênio assinado com aquele Departamento, a criação de um órgão na Prefeitura que cuidasse da Engenharia de Tráfego. Ao Serviço de Trânsito estava afeta a responsabilidade de resolver os problemas de tráfego da cidade embora não estivesse ele aparelhado, nem técnica e nem materialmente, para solucioná-los. O Gen. Côrtes baseado na experiência adquirida em anos anteriores como Diretor do Serviço de Trânsito, procurou por em prática aquilo que julgava da maior importância para a cidade do Rio de Janeiro. A sua passagem na direção do Serviço de Trânsito foi das mais proveitosas, resultando, em conseqüência, pela primeira vez em nosso País a introdução de métodos novos e científicos para a solução dos problemas do tráfego (...) Infelizmente, não pode o Gen. Côrtes completar a sua obra, por motivos independentes de sua vontade. Mas da semente lançada na sua administração resultou alguma coisa de útil para o País. Dos seus ensinamentos recolhemos as lições que se encontram no seu trabalho com o título "O Tráfego e sua Repercussão no Urbanismo" publicado na Revista do Serviço Público (do DASP) parceladamente nos números relativos aos meses de setembro, outubro e dezembro de 1953 e nos meses de janeiro, fevereiro, março, abril, junho, julho, agosto e setembro de 1954 (REIS, 1962).[27]

Surge aqui uma compreensão que delimita mais especificamente a engenharia de tráfego, pois esclarece ser ela não apenas algum tipo de ação reguladora do transporte e do tráfego geral. Sua implementação

---

27 Versão manuscrita (por isso sem indicação de página) do artigo "Engenharia de tráfego e as municipalidades – caso do Rio de Janeiro". Publicado na *Revista de Administração Municipal*, IBAM – ano IX, set-out, 1962. Neste caso, as duas versões (manuscrita e impressa) são idênticas.

passa necessariamente pela aplicação de "métodos novos e científicos para a solução do tráfego", que o Coronel Menezes Côrrea preconizou em seu trabalho nos serviço público federal. Por fim, José de Oliveira Reis explicitou claramente quais eram os critérios, os procedimentos, enfim, os instrumentos necessários à organização e melhoria do tráfego no âmbito do Serviço de Engenharia de Tráfego. Ou seja, em que se estrutura a ação da engenharia de tráfego:

> (...) Somente com a observação constante dos fenômenos relativos ao comportamento do tráfego na cidade, podemos fazer alguma coisa de duradouro e benéfico para a população (...) Urge então a criação de um órgão nas Municipalidades que trate precipuamente, desse assunto (...) A sua implantação justifica-se nas cidades de certa importância, nas quais o número de veículos motorizados é elevado, do mesmo modo que a sua população. Para se ter uma referência com relação à população, admite-se que uma cidade com 100 mil habitantes e 2000 carros registrados comporta um órgão de engenharia de tráfego, a princípio modesto, que se vai ampliando com o crescimento da cidade em habitantes, carros e extensão de sua área.
>
> Não obstante a população, a extensão e número de veículos, tanto o Rio de Janeiro como S. Paulo não possuem, até o momento, esse órgão especializado, preconizado e tão necessário ao comando da circulação urbana. As consequências dessa falta, observamos diariamente nos distúrbios do tráfego das grandes capitais brasileiras (REIS, 1962).[28]

Excluindo o tom quase profético sobre a situação da cidade de São Paulo, que neste início do século XXI sofre diariamente transtornos decorrentes do problema do tráfego, existe na análise de José de Oliveira Reis uma crítica indireta ao seu colega Prestes Maia? A resposta para essa

---

28 Versão manuscrita (por isso sem indicação de página) do artigo "Engenharia de tráfego e as municipalidades – caso do Rio de Janeiro". Publicado na *Revista de Administração Municipal*, IBAM – ano IX, set-out, 1962. Neste caso, as duas versões (manuscrita e impressa) são idênticas.

pergunta nunca foi explicitamente enunciada em seus estudos, seus artigos e nos planos urbanos desenvolvidos. Podemos, talvez, localizar uma primeira contraposição à concepção do planejamento da cidade São Paulo por Prestes Maia no Plano de Avenidas de 1930, no Plano Diretor da cidade de Ribeirão Preto, elaborado em 1945. Neste trabalho, José de Oliveira Reis propõe claramente uma estrutura de contenção do crescimento da malha viária com as propostas de criação de *parkways* no trajeto dos córregos situados no limite da área urbana.

Proposta de *parkway* no Plano Diretor de Ribeirão Preto, 1945. Estudo preliminar.
Fonte: Fundo José de Oliveira Reis, Arquivo Público e Histórico de Ribeirão Preto.

Uma segunda contraposição está relacionada aos interlocutores que perpassaram seu trabalho profissional. Particularmente um deles, também pela contraposição ao engenheiro Prestes Maia, pode ser uma resposta

O URBANISTA E O RIO DE JANEIRO 251

positiva para a possível crítica a este: o engenheiro e professor Anhaia Mello. Na resposta sobre os instrumentos para organização e melhoria do tráfego, a interlocução com o engenheiro Anhaia Mello é enunciada pelo interesse que ambos tinham no trabalho de um profissional norte-Americano, autor de proposições para melhora do tráfego nas cidades. Conforme o próprio José de Oliveira Reis,

> (...) a propósito da Engenharia de Tráfego, seria oportuno repetir os ensinamentos das maiores autoridades de âmbito mundial. Entre estes destacam-se as 14 proposições do Urbanista Prof. Harland Bartholomew que, no dizer do Prof. Luiz Anhaia Mello, é o "príncipe dos urbanistas norte-americanos", professor da Universidade de Harvard, autor de inúmeros trabalhos de urbanização, entre os quais as cidades de Memphis e Saint Louis. Das observações colhidas pelo referido professor em várias cidades norte-americanas de tráfego intenso, chegou-se às conclusões gerais resumidas nas 14 proposições que visam melhorar as condições de tráfego no centro urbano, facilitando a circulação e evitando o congestionamento das vias centrais (REIS, 1962: 365).[29]

Entre as proposições, as três mais genéricas enunciadas interessam particularmente a essa possível e muito evidente interlocução com Anhaia Mello, resultando na contraposição ao pressuposto do crescimento da cidade presente nos trabalhos do engenheiro Prestes Maia. Especificamente as proposições de número 5 e 9 são complementares e, de certa forma, geralmente aceitas e propagadas por profissionais urbanistas, engenheiros e arquitetos como condição para o crescimento ordenado das cidades: "5ª – Toda cidade dever ter um plano de urbanização; 9ª – O plano de urbanização da cidade deve conter uma rede de vias arteriais principais, capaz de satisfazer a circulação entre todos os pontos e evitar concentrações excessivas".[30]

---

29 "Engenharia de tráfego e as municipalidades – caso do Rio de Janeiro". Publicado na *Revista de Administração Municipal*, IBAM – ano IX, set-out, 1962.

30 In: "Engenharia de tráfego e as municipalidades – caso do Rio de Janeiro". Publicado na *Revista de Administração Municipal*, IBAM – ano IX, set-out, 1962. As proposições também foram apresentadas no material do Curso de Especialização

Por outro lado, a proposição número 1 contém uma dimensão reguladora não explicitada, mas que certamente confere oposição aos pressupostos da cidade pensada exclusivamente pela problemática da circulação do automóvel: "É IMPOSSÍVEL – obter espaço suficiente para todos os automóveis". Se argumentarmos que essa proposição pode produzir o entendimento da necessidade de contenção não só do número de automóveis, como da própria área urbana dos municípios, não existe dúvida sobre a sua contraposição às concepções do seu colega Prestes Maia. Contraposição que permite uma indagação: estaria presente nessa proposição (número 1) uma crítica ao argumento que propaga a ampliação do sistema de vias de circulação como alternativa para a liberação dos espaços, mais espaços, para os automóveis?

Se incorporássemos a 6ª proposição na premissa da 1ª, que menciona a impossibilidade de espaço para todos os automóveis, é possível chegar à conclusão de que a crítica existe: "6ª – O volume de tráfego deve ser reduzido pela exclusão do automóvel de passageiros de algumas ou de todas as ruas onde a congestão é aguda". A crítica pode ser ainda mais aguda se a análise for organizada pela articulação da proposição em duas partes, e que se amalgamam pelo argumento da "exclusão do automóvel de passageiros". A primeira parte ficaria assim: "exclusão do automóvel de passageiros de algumas ou de todas as ruas onde a congestão é aguda". Organização que permite formular uma pergunta inerente à proposição: quais os instrumentos necessários para produção dessa exclusão?

Muito provavelmente o argumento da restrição passaria pela aprovação de legislação de trânsito restringindo as áreas de estacionamento nas ruas congestionadas, determinação de horários específicos para a liberação do tráfego de automóveis, entre outras, que, no entanto, não resolveria a problemática explicitada na primeira proposição, aquela sobre

---

de Engenharia de Tráfego ministrado por José de Oliveira Reis para o Instituto de Pesquisas Rodoviárias – Presidência da República/Conselho Nacional de Pesquisa. O curso ministrado tinha como tema o planejamento: planejamento urbano e rural e suas relações com a engenharia de tráfego/Sistemas de vias arteriais do Rio de Janeiro. Segundo anotações do próprio engenheiro, o material foi lido em aula do dia 8 de março de 1966: 9.

a impossibilidade de espaço para todos os automóveis. Não, pois não se produziria política pública de transportes (produziu alguma política pública até hoje?) capaz de processar a diminuição dos automóveis individuais e ampliar transporte de massa, mas apenas um conjunto de restrições para circulação, não reduzindo o contingente de carros da poderosa indústria automobilística.

Recai aí uma contraposição a outras duas proposições: "Oferecer área de estacionamento nas ruas não é uma obrigação pública" e "O veículo estacionado deve ceder lugar ao veículo em movimento (o veículo estacionado reduz a capacidade da via de 36%)", respectivamente, as proposições 2ª e 3ª. E foi o próprio José de Oliveira Reis quem elaborou consideração sobre tal problemática no texto "Planejamento urbano e rural e suas relações com a engenharia de tráfego" que escreveu para o Curso de Especialização de Engenharia de Tráfego do Instituto de Pesquisas Rodoviárias, realizado no dia 8 de março de 1966:

> (...) a Engenharia de Tráfego não deve preocupar-se em querer dar vagas para todos os carros porque esse problema não tem solução. Poderá, isto sim, minorar as condições do estacionamento, na via pública, proporcionando o revezamento do carro estacionado, isto é, dando oportunidade de uma mesma vaga ser utilizada por vários automóveis no decorrer do dia, seja com a instalação de parkimetros, se com a cobrança por hora ou fração, tempo curto, e não apenas com o objetivo de produzir receita extra-orçamentária para custeio da repartição (...) se houvesse um eficiente serviço de transporte coletivo, muitos desses carros deixariam de circular no centro comercial urbano, seja por economia, seja por comodidade, de vez que a procura de uma lugar para estacionar é, sem dúvida, bastante incômoda (...) As ruas tornaram-se indistintamente, no centro ou nos bairros, verdadeiros depósitos de automóveis. A indústria automobilística vomita carros e mais carros. A cidade não foi preparada para eles. O Planejamento falhou e as consequências são as mais lamentáveis. Procura-se, então, soluções de remendos (REIS, 1966: 6).

Frontispício do programa do Curso de Especialização de Engenharia de Tráfego realizado em 1963. O texto Planejamento urbano e rural e suas relações com a engenharia de tráfego é do curso de 1963. Acervo José de Oliveira Reis, Arquivo Geral da Cidade do Rio de Janeiro. DM/AJOR/AGC-RJ.

Diante da afirmação-constatação realizada por José de Oliveira Reis de que o planejamento falhou, convém retomar nesse momento a análise da 6ª proposição do professor Harland Bartholomew, a partir daquela segunda parte do texto para a análise do problema do tráfego: "O volume de tráfego deve ser reduzido pela exclusão do automóvel de passageiro". Oportuno recuperar uma questão feita ao engenheiro José de Oliveira Reis e que não foi suficientemente abordada: existe uma relação direta entre esta política pública de transporte, o planejamento urbano e a engenharia de tráfego na solução dos problemas dos transportes, dos sistemas viários, do crescimento das cidades?

A resposta não parte exclusivamente do engenheiro José de Oliveira Reis, mas principalmente dos cursos de especialização de engenharia de Tráfego que o Instituto de Pesquisas Rodoviárias do Conselho Nacional de Pesquisas passou a oferecer a partir de 1963, após receber, segundo o

O URBANISTA E O RIO DE JANEIRO 255

prospecto do primeiro curso, "apelos que nesse sentido lhe foram formulados pela VII RAR em Brasília e pelo Seminário promovido pelo CENDEPLAN da PUC-RJ".[31]

Entretanto, não somente o referido curso iniciado em 1963, mas em 1962, com a criação do Centro de Estudos de Planejamento/CENDEPLAN, na Pontifícia Universidade Católica do Rio de Janeiro, ou antes, nas Recomendações do II Congresso Brasileiro de Urbanismo, realizado em Recife entre os dias 6 e 12 de dezembro de 1961. Particularmente na sessão temática Tráfego e Comunicação do II Congresso, ao apresentar, entre outras, a seguinte recomendação:

> Que nos governos estaduais sejam criados órgãos de Engenharia de Tráfego, para o planejamento, execução e fiscalização do trânsito, bem como para estacionamento de veículos em áreas próprias, com a finalidade também de fornecer subsídios aos estudos e planejamento dos Planos Diretores das cidades, ficando estabelecido que: a) os órgãos estaduais darão orientação e auxílio aos municípios, visando a uniformização da estrutura do tráfego; b) os órgãos estaduais, por sua vez, receberão subsídios e orientação do órgão federal, para o planejamento, padronização e sinalização do tráfego em todo o território nacional.[32]

Além da constatação, pelo documento, do encaminhamento em nível nacional sobre a importância dos órgãos de Engenharia de Tráfego para a solução das questões viárias nas municipalidades, é importante registrar a criação de um órgão estadual subsidiado, no caso, por órgão federal. No entanto, nestas mesmas recomendações do congresso não aparece menção a nenhum órgão federal para orientar os trabalhos sobre engenharia de tráfego.

No Rio de Janeiro, não apenas a Divisão de Engenharia de Tráfego havia sido criada dois anos antes, pelo Decreto Nº 14.847, do dia 3 dezembro de

---

31 Documentação manuscrita, Acervo José de Oliveira Reis, Arquivo Geral da Cidade do Rio de Janeiro.

32 *Revista do Clube de Engenharia*, nº 309-Vol. 25 – maio de 1962.

1959, como essa discussão estava presente desde a Comissão de Engenharia de Tráfego, presida por José de Oliveira Reis a partir de 1956. Uma especificidade do Rio de Janeiro pautada nos estudos dos profissionais que atuavam nos departamentos especializados da Secretaria Geral de Viação e Obras, e que certamente contribuiu tanto para essa antecipação, como para encaminhamentos posteriores, tal como a proposta do seminário por entidades também recém-criadas como o CENDEPLAN.

E segundo folheto explicativo enviado ao engenheiro José de Oliveira Reis, juntamente com o convite para colaborar com o Seminário deEngenharia de Tráfego Urbano, realizado no Rio de Janeiro entre 27 de agosto e 1° de setembro de 1962, o urbanista H. J. Cole – coordenador do CENDEPLAN –, ficou esclarecido sucintamente a origem e os interesses do centro:

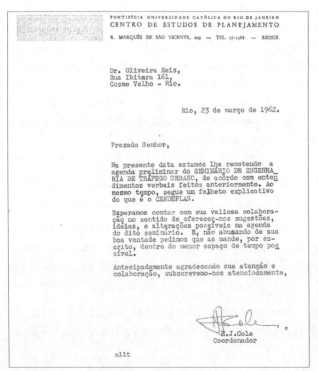

A carta enviada por H. J. Cole, coordenador do CENDEPLAN, integra os documentos do acervo do engenheiro José de Oliveira Reis que estão no Arquivo Geral da Cidade do Rio de Janeiro. O folheto também integra os documentos do Arquivo Geral da Cidade do Rio de Janeiro. Fonte: DM/AJOR/AGC-RJ.

Há alguns anos atrás um grupo de pessoas ligadas ao planejamento em diversos setores da administração pública teve a idéia de fundar um Centro de Estudos que permitisse alcançar uma visão de conjunto dos problemas do planejamento físico. Nesse intuito foram realizadas 15 reuniões em que tomavam parte urbanistas, geógrafos, engenheiros, economistas, especialistas em administração, sanitaristas, sociólogos, etc. (...) A idéia que estamos promovendo é a do estabelecimento do CENDEPLAN como unidade universitária, ligada à Pontifícia Universidade Católica do Rio de Janeiro. Conta inicialmente, para seu sustento, com alguns contratos de planejamento regional, dos quais o primeiro, para três cidades satélite do novo Distrito Federal, já foi assinado (...) Nosso programa prevê alguns pontos que nos parecem de grande oportunidade, e para os quais chamamos atenção:

1 – O aperfeiçoamento de administradores públicos num sentido completamente novo;

2 – A utilização da Universidade como órgão de assistência técnica no planejamento governamental ou de comunidade

3 – Colaboração com outras Instituições de Planejamento.[33]

Na sessão inaugural do seminário organizado pelo CENDEPLAN, o arquiteto Stelio de Moraes, que à época ocupava o cargo de diretor do Serviço de Trânsito do Estado da Guanabara, proferiu a conferência Criação de um Organismo de Engenharia de Tráfego no Estado da Guanabara, não constando, porém, o nome do engenheiro José de Oliveira Reis entre os conferencistas. Possivelmente limitou-se ao que lhe foi solicitado na carta de H. Cole, ou seja, oferecer sugestões, ideias e alterações ao seminário.[34] Talvez a inclusão do próprio nome do colega Stelio de Moraes, que tantos elogios

---

33 Documentação manuscrita, Acervo José de Oliveira Reis, Arquivo Geral da Cidade do Rio de Janeiro.

34 O título da conferência de Stelio de Moraes enfatiza aquela recomendação do II Congresso Brasileiro de Urbanismo sobre o órgão estadual de engenharia de tráfego. Constatação importante da amplitude dos estudos e interesses de profissionais sobre esse órgão público e os serviços da sua área de especialidade.

de José de Oliveira Reis já havia recebido quando daquela solicitação de transferência, tenha sido uma dessas sugestões.

Entretanto, se no caso do Seminário organizado pela CENDEPLAN José de Oliveira Reis esteve possivelmente limitado ao papel de ouvinte e colaborador externo da organização, nos cursos de especialização de engenharia de tráfego, sua participação foi constante e direta. Pelos documentos do seu acervo é possível identificar sua participação no primeiro curso, realizado no Rio de Janeiro em 1963, e outro também no Rio de Janeiro, em 1966. Constam ainda dois convites para atuar como docente no mesmo curso, nos núcleos do IPR (Instituto de Pesquisas Rodoviárias) de Salvador e Brasília, respectivamente em 1966 e 1967, cuja participação pode ser constatada em carta enviada para Fernando Luiz Ramos Dias, agradecendo as gentilezas da estadia que ele e sua esposa, senhora Georgette, receberam no Distrito Federal – já é a cidade de Brasília.

Entre os cursos em que atuou, especificamente o de 1966 é importante pelos dois textos produzidos (que formam a apostila do curso) para ministrar aula na "7ª Parte: PLANEJAMENTO", no dia 8 de março de 1966, uma terça-feira, no auditório do Departamento Nacional de Estradas de Rodagem: "Planejamento urbano e rural e suas relações com a engenharia de tráfego" e "Síntese das vias arteriais do Rio de Janeiro". Sobretudo o primeiro, pois a análise nele desenvolvida perpassa a indagação sobre as relações, como o próprio título apresenta, entre planejamento e engenharia de tráfego. O texto todo foi pautado pela análise sobre as questões urbanísticas desde o século XIX – naquela mesma crítica que fez na palestra proferida em Ribeirão Preto em 1955: Urbanismo e sua Influência no Município –, passando pela necessidade de pensar o planejamento urbano, "abrangendo tanto à área urbana, como a suburbana e rural", mediante incorporação nos planos diretores de "um elemento altamente perturbador do antigo e sossegado burgo (...) o automóvel" (REIS, 1966: 3).

Instituto de Pesquisas Rodoviárias – Convite para José de Oliveira Reis participar do Curso de Engenharia de Tráfego em Salvador. Fonte: DM/AJOR/AGC-RJ.

Conforme José de Oliveira Reis, o advento do automóvel produziria, na medida em que "comanda o sistema viário de circulação da cidade", uma transformação na forma de pensar a cidade, já que sua interferência não constava ainda dos planos realizados no século XIX ou início do século XX – como no Plano Agache, segundo o engenheiro –, pois "não havia ainda um problema" gerado pelo número de veículos em circulação. Pela análise que integra o texto, a situação nas cidades mudou radicalmente a forma de pensar as cidades e, por isso,

(...) o urbanismo contemplativo é atropelado pelo veículo. Ele tem que se movimentar. Deixou de ser estático para tornar-se dinâmico, extende-se além dos limites urbanos, entra pela área suburbana expalha-se pela rural. É o Planejamento Urbano-Rural, que não podendo parar, expande-se para o Planejamento Regional (...) Entre outras condições que o Planejamento Urbano deve satisfazer destacam-se as relativas ao tráfego. É indiscutível que o tráfego urbano tem um influência marcante na elaboração do Plano Diretor do Sistema de Vias Arteriais da Cidade (REIS, 1966: 3).

PRESIDÊNCIA DA REPÚBLICA
CONSELHO NACIONAL DE PESQUISAS
INSTITUTO DE PESQUISAS RODOVIÁRIAS

OFICIO CIRCULAR

Brasília, 19 de outubro de 1967

DO: NÚCLEO DO DISTRITO FEDERAL
AO Engº JOSÉ DE OLIVEIRA REIS

REFERÊNCIA: C O N V I T E

Prezado Senhor

Tenho o prazer de comunicar-lhe que êste Instituto realizará através do NÚCLEO DO DISTRITO FEDERAL o "CURSO D E ENGENHARIA DE TRÁFEGO", com início previsto para o dia 28 do mês de ou tubro do corrente ano e duração de cêrca de dois meses. Sua orientação obedecerá ao ante-projeto do "PLANO-GERAL", em anexo.

A fim de que o CURSO atenda às suas fina lidades e às nossas aspirações, estamos procurando escolher um corpo - docente dentre as mais capacitadas autoridades nas matérias a serem ministradas.

Assim sendo, temos imensa honra em convi dar-lhe para proferir aula(s) ou palestra(s) sôbre os item(s) 25,26,27 do "PLANO-GERAL", no(s) dia(s) 16,17 e 18 do mês de novembro do corrente ano. Essas aulas ou palestras, sempre que possível, deverão - ser complementadas com filmes ou projeções de slides.

Certo de podermos contar com a sua valio sa colaboração, gostaríamos em tempo hábil, de receber uma confirmação e sugestões julgadas oportunas.

Atenciosamente,

Fernando

ENGº FERNANDO LUIZ RAMOS DIAS
Diretor do Curso

Instituto de Pesquisas Rodoviárias – Convite para José de Oliveira Reis participar do Curso de Engenharia de Tráfego em Brasília. Fonte: DM/FJOR/AGC-RJ.

O URBANISTA E O RIO DE JANEIRO   **261**

Importante ressaltar que a concepção denominada por José de Oliveira Reis de "urbanismo contemplativo" passava, conforme mencionado, pela referência utilizada na palestra em Ribeirão Preto. No texto do curso de 1966, surgem identificados aos planos limitados aos projetos isolados de algumas ruas ou avenidas, interessados no efeito monumental e arquitetural das perspectivas convergentes aos pontos focais, identificados ou produzidos na cidade. A incorporação do automóvel define outra transformação: "o monumental, o arquitetural de efeito cenográfico cede lugar ao utilitário (...) o plano diretor da cidade abrange uma gama de assuntos até então não considerados. O problema se complica e a complexidade aumenta" (REIS, 1966: 2).

E foi nessa direção que José de Oliveira Reis deferiu a principal, ou talvez única, crítica por ele considerada pertinente ao trabalho de Alfred Agache no Plano de Remodelação, Extensão e Embelezamento da Cidade do Rio de Janeiro. Sem receios das análises favoráveis que durante toda sua vida profissional proferiu ao plano elaborado por Alfred Agache, foi taxativo no seguinte argumento:

> (...) a análise crítica do Plano Agache mostra que houve mais preocupação com a parte estética da cidade, dando ênfase ao monumental e à parte arquitetônica que propriamente a de circulação. Deveria ser dado maior facilidade de escoamento do tráfego, no centro da cidade, para as diferentes zonas e isto não foi atendido no plano. Nota-se nesse plano uma influência parisiense bastante acentuada. As praças rótulos, tipo "Etoile" e os cruzamentos oblíquos são projetados com certa prodigalidade (REIS, 1966: 5-6).

A crítica, por outro lado, não deixou de contextualizar, segundo seu olhar, as determinantes que orientaram o plano na ênfase monumental, pois, através dessa prodigalidade das praças e cruzamentos,

> evidencia-se que na década de 1920 – 1930 o automóvel não influenciava o plano, ele ainda não se constituía o problemas em que mais tarde se tornou. O Plano Agache foi elaborado entre

os anos de 1927 e 1930 quando foi entregue à Prefeitura (...) Naquela época, tinha o Rio de Janeiro a população de 1.157.873 habitantes em 1º de setembro de 1920 (...) Nesse ano o número de veículos automotores registrados era de 4.425 (...) A citação dos números vale, no entanto, para mostrar a pouca importância que eles [os automóveis] tinham então (...) Não havia ainda um problema (REIS, 1966: 6).

Se houve esta crítica importante de José de Oliveira Reis ao plano elaborado por Alfred Agache, permeada, no entanto, por certa compreensibilidade sobre as determinações em relação ao plano viário e os automóveis, a mesma posição não ocorreu na análise de outro importante plano urbano para a cidade do Rio de Janeiro: Urbanização da Área do Aterro Conquistada ao Mar entre o Aeroporto Santos Dumont até Botafogo (REIS, 1979). A crítica neste caso está no texto "As pistas do aterrado do Flamengo" (1963)[35] que José de Oliveira Reis elaborou, provavelmente, em resposta ao artigo "A urbanização do aterrado Gloria-Flamengo" de autoria de Maria Carlota de Macedo Soares, este publicado na *Revista de Engenharia do Estado da Guanabara* – vol. XXIX, nº 1/4, janeiro-dezembro de 1962. No texto, José de Oliveira Reis refutou veementemente as considerações que a coordenadora da Comissão Especial para Execução do Aterro apresentou como justificativa para o projeto definitivo (PA nº 7.815 –, que substituiu o plano desenvolvido pelo Departamento de Urbanismo, o PA nº 7.172).

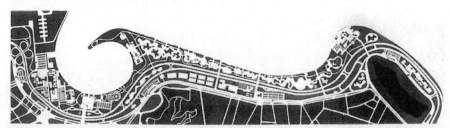

Projeto definitivo do Aterro do Flamengo (MOTA, 1984: 21). Comissão Especial para Execução do Projeto coordenada por Maria Carlota de Macedo Soares. PA nº 7815 (REIS, 1979: 15).

---

35 Documentação manuscrita, Acervo José de Oliveira Reis, Arquivo Geral da Cidade do Rio de Janeiro. Texto provavelmente nunca publicado nas revistas.

A crítica recaiu particularmente no problema do sistema viário-automóvel e, de modo geral, na própria posição do parque elaborado pelos profissionais da Comissão Especial, entre eles, Affonso Reidy, Jorge Machado Moreira, Helio Mamede e Roberto Burle Marx. Posteriormente, foram a ela agregados os arquitetos Helio Modesto, Carlos Werneck de Carvalho, Cláudio Marinho de A. Cavalcanti, Ulisses P. Burlamaqui, C. P. Motta e J. D. Ortega; a engenheira Betha C. Leitchic e o botânico Luiz Emyglio de Mello Filho (CAIXETA, 2007).

Segundo José de Oliveira Reis,

> primeiramente investe-se contra o automóvel. No entanto ele é uma fatalidade do progresso e do conforto, devendo ser considerado e não desprezado, em todo plano moderno de urbanização. Nestas Condições o que se tem de fazer é equacionar o problema automóvel e pedestre, dosando convenientemente um e outro no caso, para a devida solução. Também é sem sentido a generalização, feita pela autora, de que todos os planos de urbanização despersonalizam a cidade fazendo-a parecer cada vez mais com os subúrbios de Los Angeles. Além do que a injustiça de imaginar que os que planejam não se interessam pelos pedestres e só vêem o problema do trânsito no seu aspecto mais simples. Quanto ao problema do transporte parece desconhecer o que tem sido feito nas grandes cidades, de vez que afirma até hoje em nenhum paiz do mundo foi ele tratado com a importância que merece e os erros, os mais evidentes continuam a ser cometidos nas pequenas e grandes cidades. Aliás, é comum as pessoas leigas confundirem tráfego com transporte coletivo, e daí esse equivoco provável. Para confirmar o desconhecimento dos problemas relativos à cidade do Rio de Janeiro, no que diz respeito ao seu Plano Diretor das Principais Vias Arteriais, basta atentar, com que desenvoltura expende opinião as mais disparatadas, sobre o que ignora; e, o que é pior, induz a Administração Superior a cometer graves erros. Mais tarde esses erros irão custar aos cofres estaduais grandes somas para a sua correção (REIS, 1963).[36]

---

36 Documentação manuscrita, Acervo José de Oliveira Reis, Arquivo Geral da Cidade do Rio de Janeiro. Texto provavelmente nunca publicado nas revistas.

Projeto para urbanização da área do aterro conquistada ao mar entre o Aeroporto Santos Dumont até Botafogo. Departamento de Urbanismo, PA n° 7172 (REIS, 1977).

Salientemos que a referida Administração Superior enunciada por José de Oliveira Reis é a do governador do Estado da Guanabara, Carlos Lacerda, e que o chefe do Departamento de Urbanismo no momento da criação da Comissão Especial em 1962 era ele próprio. Neste breve e último retorno ao cargo de diretor, ocorrido entre 1962 e 1963, refutar como fez às argumentações de Maria Carlota sobre os encaminhamentos do Departamento de Urbanismo passava, na sua compreensão, certamente pela exigência do posicionamento do funcionário público atuante em cargo de confiança diretivo. Uma posição que necessariamente deveria estar aberta às críticas e sugestões decorrentes das ações propostas e executadas, porém embebidas de uma confiabilidade absoluta nos pressupostos da argumentação técnica que sempre justificou seu trabalho.

E José de Oliveira Reis assim o fez, numa crítica dura e direta às considerações da Comissão Especial do Aterro, cuja conclusão só pode ser uma: a presidente da Comissão Especial não tem conhecimento dos trabalhos desenvolvidos pelo Departamento de Urbanismo, como também desconhece os problemas da engenharia de tráfego, dos sistemas viários, do transporte coletivo e do tráfego. Uma conclusão que fornece indícios para realizar duas perguntas interessantes: como então presidia essa comissão? A resposta poderia passar pelo campo das relações políticas no Rio de Janeiro?

O URBANISTA E O RIO DE JANEIRO   **265**

Se ampliarmos o espectro de abrangência das considerações feitas por José de Oliveira Reis para o conjunto dos profissionais envolvidos na Comissão Especial – afinal, entre seus membros alguns eram funcionários públicos que tinham atuado ou atuavam no Departamento de Urbanismo –, surgem contornos que revelam polêmicas complexas entre os profissionais. Nesse sentido, aceitando a possibilidade dessa ampliação, para nela tentar localizar contradições, disputas e associações entre os profissionais, convém elaborar outra pergunta: José de Oliveira Reis apresentou uma crítica aos seus colegas de Departamento de Urbanismo, especialmente Eduardo Affonso Reidy, Hélio Modesto e Hélio Mamede, pela atuação que tiveram na Comissão Especial do Plano do Aterro, como responsáveis pelo que explanou a respectiva presidente, Maria Carlota de Macedo Soares? Fundamentalmente pela alteração que esses seus colegas realizaram no plano urbanístico-viário que a equipe que atuava no Departamento havia elaborado e apresentado como PA nº 7.172, aprovado em 1958 pela Prefeitura?

Um possível caminho foi apresentado pelo próprio José de Oliveira Reis no texto sobre as pistas do aterrado do flamengo. O caminho por ele indicado é extremamente volátil e não aborda a escolha, pelo poder público, do PA nº 7.815 que substituiu o PA nº 7.172. Segundo José de Oliveira Reis,

> As obras do aterrado com os jardins projetados, concebidos pelo paisagista Roberto Burle Marx, de há muito conhecedor dos vários projetos elaborados para aquela área, podem igualmente ser encaixados e perfeitamente solucionados com as quatro pistas em vez de duas. Não há incompatibilidade de solução, como a primeira vista pode aparecer com a leitura do artigo citado de D. Maria Carlota de Macedo Soares. Talvez por questões de ponto de vista pessoais e não técnicos é que prevaleceu a execução do projeto atual (PA 7815) (REIS, 1963).

Quem seria, então, o emissor de opinião pessoal tão decisiva na escolha de um projeto elaborado por uma comissão que acabara de ser criada, em detrimento de estudos em desenvolvimento desde o ano de 1946, quando o Departamento de Urbanismo foi criado, e nele atuaram profissionais como

Eduardo Affonso Reidy? O próprio Eduardo Affonso Reidy pode representar o ponto de inflexão para aprovação e execução do plano da Comissão Especial do Aterro. Aí, talvez, a resposta para decisão pautada pelo que José de Oliveira Reis chamou de "ponto de vista pessoal", indício possível de desentendimentos e discordâncias sérias entre ambos. Reafirmamos, no entanto, o eixo conceitual do argumento: discordâncias instituídas pela compreensão de cidade associada aos seus lugares profissionais.

Atuando na Comissão Especial do Aterro, Eduardo Affonso Reidy teve, enfim, a oportunidade de realização, senão na totalidade da proposta original, de novos estudos cuja concepção espacial estava centrada em parte importante do plano urbanístico que elaborou ainda em 1948, quando propôs o centro cívico com o museu projetado por Le Corbusier.

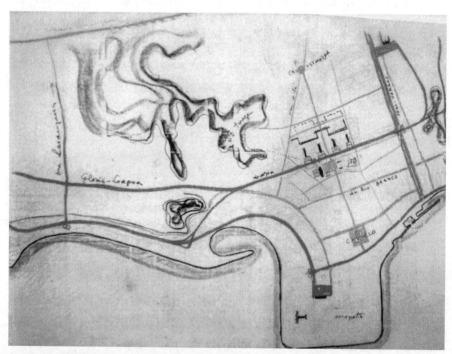

Croquis do Plano Urbanístico de 1948 norteado pelo Centro Cívico e Museu – Imagem reproduzida em: Affonso Eduardo Reidy – Arquitetos Brasileiros. Nabil Bonduki (org.). Editorial Blau/Instituto Lina Bo e P. M. Bardi, 2000.

Ou seja, o PA nº 7.815 foi a concretização de uma oportunidade surgida mediante atuação na Comissão Especial do Aterro – que segundo José de Oliveira Reis passou pela decisão pessoal e não técnica –, e que certamente significou a retomada dos estudos que vinha desenvolvendo – ainda que nesse processo de elaboração de propostas, outro estudo na sequência, de 1949 tenha sido norteado pelos interesses da administração pública ao determinar a inclusão no projeto de um conjunto edificado de apartamento na área destinada ao aterro.

A situação obrigou Affonso Reidy a abandonar a proposta da área verde com as vias em toda a extensão do Flamengo, realizando o projeto de 1949 (BONDUKI, 2000), centrado na ampliação da área edificada sobre a área aterrada. Por fim, no âmbito das discussões que os artigos de Maria Carlota de Macedo Soares e José de Oliveira Reis explicitaram, o mais absoluto é a oposição de um plano em relação ao outro.

Uma situação que pode conferir, enfim, densidade documental aos argumentos presentes na historiografia do urbanismo sobre Rio de Janeiro em relação os desentendimentos entre José de Oliveira Reis e Eduardo Affonso Reidy. No entanto, uma densidade até tardia já que os argumentos geralmente estão associados à inserção de ambos desde a criação do Departamento de Urbanismo.

Aqui considerada tardia em relação ao ano de criação do Departamento de Urbanismo (1946), pois, somente pelos trabalhos da Comissão Especial do Aterro, a partir de 1962, foi possível localizar vestígio substantivo sobre aquele desentendimento. As vias de circulação no aterro foram o ponto nodal da longa e detalhada crítica que José de Oliveira Reis apresentou, após desconsiderar categoricamente a opinião de Maria Carlota de Macedo Soares sobre as questões viárias no mesmo *texto* "As pistas do aterrado do Flamengo":

> Vejamos o caso das pistas do aterrado da Gloria-Flamengo. Façamos uma ligeira comparação entre o projeto anterior, aprovado sob o nº 7.172, e o atual de nº 7.815.
>
> Mostraremos que o primeiro atendia melhor à segurança dos pedestres. É excusado dizer que também do ponto de vista

do tráfego, o projeto primitivo consulta muito mais os interesses da cidade que o substitutivo. No primeiro projeto, P.A. 7172, sente-se que a área aterrada está intimamente vinculada à área urbanizada da esplanada do Morro de Santo Antônio.

Explica-se: era desde muitos anos sentida a necessidade de desmontar o morro (...) A deposição da terra proveniente do morro, somente poderia ser, por várias, na enseada da Gloria, extendendo-se pela praia do Flamengo. Vê-se que o aterrado é simplesmente uma conseqüência do desmonte do morro, cuja área a ser urbanizada era a de importância vital para o sistema viário do centro urbano. Do estudo desse sistema viário, ligado intimamente ao morro, surgiu a Av. Norte Sul, que se destina a desempenhar um papel impar no escoamento do tráfego da parte central da cidade, uma vez que a Av. Rio Branco, já não comporta mais aumento de volume de veículos nas horas do rush. Assim a Av. Norte-Sul destinada a desafogar o trafego da área central fará com a Av. Rio Branco, o sistema paralelo preconizado pela Engenharia de Tráfego, em que duas grandes artérias, atravessando o centro comercial, permitirão a ligação para as Zonas Norte e Sul.

A Av. Norte-Sul tem sua continuidade prevista para a zona não só através da área do aterrado, como igualmente pela Rua do Catete, que seria alargada e continuada pela Av. Radial Sul em direção à Lagoa Rodrigo de Freitas.

A ligação da Av. Norte-Sul tanto para as pistas do aterrado como para a Rua do Catete, seria feita por um viaduto sobre o Largo da Glória, no qual, várias rampas de acesso convenientemente estudadas, permitiriam aos veículos se dirigirem para diversas direções, como se pode ver no citado projeto P.A. 7172 (...) Vê-se que há lógica nas intercomunicações, e os estudos foram feitos, não como simples projetos de alargamentos isolados, como aparentemente possam parecer. Voltando à zona do aterrado, sentimos que há necessidade de dar continuação à Avenida Norte-Sul para a Zona Sul. Esta somente ocorre logicamente pela área conquistada ao mar, o que foi feito com duas avenidas totalizando quatro pistas.

Não há dúvida que depõe contra a engenharia municipal a execução do projeto substituto, como está sendo orientado. Depois da obra inaugurada, todos os erros recairão sobre os engenheiros que construíram e jamais contra os administradores, que ordenaram assim o fizessem a despeito das explicações, esclarecimentos técnicos daqueles que por obrigação procuram mostrar antecipadamente tais erros. Mas febre das inundações não respeita nem mesmo os que se julgam imunes a tais cometimentos (REIS, 1963).

Plano urbanístico para área do desmonte do morro de Santo Antônio. Avenida Norte-Sul cortando (linha central horizontal) a nova área edificada em direção às pistas do aterrado do Flamengo conforme o projeto PA n° 7.172, do Departamento de Urbanismo.

Na parte final do mesmo artigo, José de Oliveira Reis ampliou sua critica ao relacionar o problema do tráfego na cidade com a própria concepção da área verde do projeto definitivo. Ao mencionar a inexorabilidade da existência do automóvel na vida urbana, identificando-o como uma "fatalidade social urbana" sugere que qualquer solução deveria prever, e não afastar, esse sistema de transporte. Para José de Oliveira Reis o parque existente no projeto definitivo da Comissão Especial do Aterro determinava justamente o afastamento como solução do problema, segundo o engenheiro, quando tomou "o acidental pelo principal", ou seja, o parque como o eixo estruturador da ocupação da área com as terras do desmonte. Segundo José de Oliveira Reis,

> sem dúvida, é mais agradável, mais poético, mais bucólico projetar áreas de parque necessárias à população, principalmente para aquelas que precisam, do que projetar pistas para automóvel. Entretanto, enquanto que no P.A. 7172, foi prevista uma faixa para recreação ativa, destinada sobretudo à população ribeirinha da Glória, Flamengo, Catete e parte do Centro Comercial, sem desprezar a função primacial das pistas destinadas ao desafogo do tráfego, no projeto substitutivo foi tomado o acidental como principal. A solução do problema foi invertida. Considerar-se a área aterrada destinada unicamente à construção de um bosque para recreação da população, e eventualmente, como intempestiva, a passagem de duas pistas pela referida área, para ligação do centro à zona sul, é o que pode haver de mais esdrúxulo. Na verdade a população precisa de parques. Mas onde se faz necessário principalmente é na zona norte. No entanto, nesta zona, foi inutilizada a única área disponível, destinada a parque, que teria contato com o mar, conforme projeto 7171 (Avenida Guanabara), que foi revogado. Com a revogação desse projeto a construção de favela foi intensificada e a área foi liberada para instalação de indústria.[37] Quer dizer que a população suburbana, tão ressentida de áreas de recreação, ficou prejudicada por mais esta atitude da atual administração (REIS, 1963).

---

37 Nesse ponto José de Oliveira Reis faz uma anotação manual: "Parque Uruçumirim defronte à Cidade Universitária".

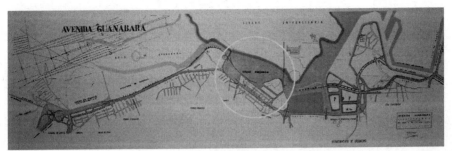

Imagem acima: Departamento de Urbanismo do Distrito Federal – Projeto Urbanístico da Avenida Guanabara – PA 7069 e PA 7171. No círculo, a demarcação da área do Parque Uruçumirim defronte à Cidade Universitária (REIS, 1977).

Com um olhar distanciado do momento em que José de Oliveira Reis discorreu sua crítica aos trabalhos da Comissão Especial do Aterro do Flamengo, em especial aquela última sobre a concepção do projeto que valorizou substancialmente o parque público, é possível afirmar que a resultante não tem a dimensão negativa enunciada por ele. Isso porque o Parque do Flamengo é certamente um dos melhores exemplos de área pública de uso livre, integrado na cidade que se entremeia a ele pelas pistas que o delineiam e pelas passarelas que o transpõe do mar ao bairro do Flamengo.

Por outro lado, sua crítica enunciou uma opção do poder público pela ocupação industrial de área que considerava importante e, talvez, a última possível para a implantação de um parque em região carente de espaços públicos qualificados. Crítica que permite elaborar uma pergunta que passa inteiramente pelo profissional José de Oliveira Reis: estaria ele apontando para a centralização das prioridades urbanísticas na área mais nobre da cidade do Rio de Janeiro, a zona sul a partir da Glória? Ou, por outro lado, seria apenas um descontentamento com as profundas alterações no plano de intervenção por ele coordenado como diretor do Departamento de Urbanismo?

A primeira pergunta pode ser respondida mediante a constatação atual do contraste ambiental-urbanístico-habitacional-viário-social que perfaz as duas regiões da mesma cidade, divididas pela área central. No caso, com o mesmo e confortável recurso do afastamento do momento das críticas que empreendeu à Comissão Especial do Aterro e ao governo da Guanabara, é possível entender e constatar os aspectos negativos da opção da Administração do Estado da Guanabara pela revogação do projeto do Parque Uruçumirim.

Ao criticar, segundo seus parâmetros urbanísticos, a opção principal pelo projeto do Parque do Flamengo, e não pela elaboração das quatro pistas associadas à proposta de uma área para recreação ativa do entorno, como previsto no plano do Departamento de Urbanismo (PA n° 7.172), José de Oliveira Reis focou seu argumento na inexorabilidade da relação entre o planejamento urbano e a engenharia de tráfego, incluindo aí os projetos urbanísticos. Entendeu inexistir essa compreensão nos trabalhos da Comissão Especial do Aterro, e por isso a opção em refutar o projeto mediante explícito descontentamento sobre o que considerou equivocado na proposta. Tal entendimento responde a segunda pergunta, e ao mesmo tempo realiza outra mais complexa: por que José de Oliveira Reis, como diretor do setor da prefeitura que ao longo dos anos estudou e apresentou propostas de intervenções para a área que seria aterrada, não se envolveu com a Comissão Especial presidida por Maria Carlota de Macedo?

Para esta pergunta, o argumento por ele apresentado sobre o "ponto de vista pessoal e não técnico" para a escolha do projeto que seria executado parece justificar sua ausência entre os profissionais que atuaram na Comissão Especial; e isso considerando, para a aceitação do argumento, que alguns dos profissionais integrantes da Comissão Especial trabalharam com ele em outras atividades do próprio Departamento de Urbanismo, como Hélio Mamede e Helio Modesto, e, por que não, Eduardo Affonso Reidy.

Obviamente desentendimentos pessoais e profissionais entre colegas de formação e atuação podiam ocorrer em décadas de discussão sobre os problemas da cidade. Porém, trata-se novamente de um caminho explicativo circunscrito à extremidade do problema,[38] e que pouco acrescenta

---

38 Como diria Paul Veyne, "uma falsa situação em que nos tínhamos metido, por termos tomado o problema por suas extremidades e não pelo meio, como diz Deleuze". Ainda segundo Veyne, para escapar aos perigos das análises construídas pelas extremidades é necessário que "situamos, pois, essa filosofia do objeto tomado como um fim ou como causa por uma filosofia da relação e encaremos o problema pelo meio, pela prática ou pelo discurso" (VEYNE, 1998: 256-259).

O URBANISTA E O RIO DE JANEIRO   273

à compreensão do movimento urbanístico brasileiro entre a engenharia e a arquitetura moderna.

A importância da análise pode ser substantivada se a pergunta for ampliada para o embate entre esses dois lugares institucionais, ou seja, para a definição e execução de um projeto elaborado por um lugar institucional recém-criado (Comissão Especial do Aterro) em detrimento do projeto do outro lugar institucional que desde 1946 – Departamento de Urbanismo – integrava oficialmente a máquina administrativa. Sobretudo porque essa ampliação, nesse caso, possibilita entender, numa perspectiva temporal retroativa, como o problema do plano urbanístico do aterro esteve absolutamente delineado pelo próprio processo de contínua construção do campo disciplinar do urbanismo no Rio de Janeiro e, por que não, no Brasil.

O Departamento de Urbanismo, ainda dirigido entre 1962 e 1963 pelo engenheiro José de Oliveira Reis, e a comissão presidida pela paisagista Maria Carlota de Macedo, eram, respectivamente, uma representação clara do lugar profissional da engenharia e do lugar da arquitetura moderna no urbanismo brasileiro. Não sem justificativa, a afirmação já apresentada sobre a condição de Eduardo Affonso Reidy como elemento de inflexão na concepção urbanística modernista do plano final – concepção que ela já trabalhara desde 1948 no plano urbanístico da área da região de Santo Antônio.

No movimento contínuo de construção do urbanismo brasileiro, o caso do Parque do Aterro do Flamengo representou a consolidação da proposição urbanística modernista iniciada tanto com os estudos de Le Corbusier para o Rio de Janeiro na década de 1920, quanto com o Projeto do Ministério de Educação e Saúde na década de 1930. No parque construído com as terras do desmonte de Santo Antônio, a arquitetura moderna consolidou definitivamente a construção do campo disciplinar urbanístico brasileiro. Um projeto entremeado nos planos urbanísticos do concurso para o Plano Piloto de Brasília, realizado por alguns engenheiros, mas, fundamentalmente por arquitetos formados nas escolas de arquitetura e urbanismo. Entretanto, engenheiros que em sua trajetória profissional aproximaram-se já no final da década de 1920 da concepção arquitetônica moderna *corbuseriana*, entre eles, particularmente Carmen Portinho e Eduardo Affonso Reidy, no Rio de Janeiro.

José de Oliveira Reis, diplomado engenheiro politécnico e funcionário público com longa atuação no setor de urbanismo, representava, em sua última passagem como diretor do Departamento do Departamento (1962-1963), a genealogia urbanística brasileira construída pela engenharia desde os tempos da Comissão de Melhoramentos do Rio de Janeiro e do Plano Urbanístico elaborado pelo engenheiro Aarão Reis, ambos no século XIX.

Sua trajetória, assim como a de outros profissionais que partilharam a formação politécnica no início do século XX, foi encaminhada por concepções e aproximações diversas, construídas mediante movimentos relacionais inerentes aos diversos lugares institucionais de atuação: seja na Comissão de Obras Novas de Abastecimento de Água de São Paulo, na Comissão do Plano da Cidade do Rio de Janeiro, no Departamento de Urbanismo do Rio de Janeiro, a Divisão de Engenharia de Tráfego, no Consórcio Técnico de Planejamento, na Associação Brasileira dos Municípios, no Departamento de Urbanismo do Centro Carioca, na Associação Brasileira de Planejamento, no Comitê Nacional de Urbanismo, na Subcomissão de Planejamento Urbanístico de Vera Cruz.

Para outros profissionais, outros lugares institucionais marcaram as concepções e as aproximações. Um lugar institucional, no entanto, teve papel estrutural no processo de institucionalização do urbanismo no Rio de Janeiro, da mesma forma que na vida profissional de José de Oliveira Reis: a Secretaria Geral de Viação e Obras, que englobava tanto o Departamento de Urbanismo como o Departamento de Habitação Popular, respectivos lugares institucionais do próprio José de Oliveira e Carmen Portinho.

Nesse sentido, a explicação para o não envolvimento de José de Oliveira Reis com a Comissão Especial do Aterro passa pelos deslocamentos institucionais e profissionais que perfizeram a construção do urbanismo no Brasil. No seu caso, um deslocamento ocorrido em sua quase totalidade no próprio lugar profissional da engenharia, e não pelo lugar profissional da arquitetura moderna. O que não deve significar a impossibilidade de compreender seu trânsito entre concepções urbanísticas diversas,

O URBANISTA E O RIO DE JANEIRO   275

encerrando-o exclusivamente nos pressupostos urbanísticos estruturados no campo disciplinar da engenharia politécnica.

Exemplo claro desta aproximação de José de Oliveira Reis com a arquitetura moderna – pelo que foi possível levantar em toda a documentação do seu acervo – ocorreu na concepção do Plano Urbanístico da Base Naval de Aratu, elaborado pelo Consórcio Técnico de Planejamento. Neste trabalho, cuja atuação estava circunscrita ao cargo de superintendente do Consórcio Técnico e sócio da URBA Ltda. – parte do consórcio responsável pelo plano urbanístico –, sua interlocução com o lugar profissional da arquitetura moderna é explicitada na referência à Carta de Atenas. Como consta no Relatório sobre Urbanismo – Plano da Cidade Anexa à Base na Península do Paripe: "no seu conjunto, o plano de urbanização procurou realizar as quatro funções primordiais da cidade, preconizadas na Carta de Atenas (CIAM – Atenas – 29 de julho a 13 de agosto) que são: 1 – Habitar; 2 – Trabalhar; 3 –Recrear; 4 – Transportar.[39]

Esse movimento demarca sua efetiva aproximação com a arquitetura e o urbanismo modernos, sem, no entanto, abdicar de sua trajetória profissional como urbanista formado no exercício cotidiano da engenharia municipal. São interlocuções e deslocamentos entre engenheiros e arquitetos interessados nas questões urbanísticas que ocorreram nas administrações municipais, nos congressos,[40] nas revistas especializadas, nas faculdades de arquitetura e urbanismo e em comissões como a do Aterro do Flamengo.

Em todas essas instâncias coletivas e não necessariamente nacionais de discussão, a circulação das ideias geriu instrumentos de concepção e

---

39   Integra a documentação sobre a Base Naval de Aratu que consta do acervo do engenheiro no Arquivo Geral da Cidade do Rio de Janeiro.

40   Congressos Panamericanos de Arquitetos, Congressos Brasileiros de Urbanismo, Congressos Nacionais de Municípios Brasileiros, Congressos Interamericanos de Municípios, Seminário Internacional sobre Cidades Novas (realizado no Rio de Janeiro em outubro de 1958. Editorial da *Revista de Administração Municipal*, n° 31, ano V, nov-dez, 1958), Primer Seminário Interamericano de Estudios Municipales, realizado na cidade de São Paulo em novembro de 1958, como parte das atividades do VII Congresso Interamericanos de Municípios que ocorreu no Rio de Janeiro, no mesmo ano, entre vários outros.

intervenção que foram transformados e incorporados aos processos individuais e locais de atuação no campo disciplinar do urbanismo. Característica fundamental do processo de construção e institucionalização do urbanismo no Brasil, também delineou a atuação profissional de José de Oliveira Reis neste processo.

Sua discordância ao plano definitivo do Aterro do Flamengo demarcou claramente um ponto de vista pautado, naquele momento, pelos pressupostos da engenharia de tráfego. A discordância não recaiu sobre a concepção urbanística modernista do plano, na articulação das áreas verdes livres e as edificadas – por exemplo, o Museu de Arte Moderna projetado por Eduardo Affonso Reidy – que seriam executadas conforme projeto definitivo para o Aterro do Flamengo. Toda a crítica foi fundamentada nos pressupostos da engenharia de tráfego sobre a solução apresentada pelo projeto definitivo que reduziu o sistema de circulação viário.

José de Oliveira Reis reconheceu a importância das áreas livres, ainda que na defesa para a mesma área, conforme o plano do Departamento de Urbanismo, de uma "faixa de recreação ativa", que em sua dimensão e qualidade espacial certamente não seriam as mesmas que as do projeto definitivo. Até porque, pela perspectiva da engenharia de tráfego, sabia que não tinha parâmetros ou instrumentos para discorrer sobre a área livre, mas que teria sobre o problema do tráfego gerado pela redução de quatro para duas pistas para automóveis. Todavia, é necessário compreender que naquele momento o eixo do seu pensamento passava pela estreita relação entre o planejamento urbano e a engenharia de tráfego, marcado pelos estudos e discussões interessados na solução de *um problema* que se tornava recorrente na cidade: o automóvel.

E mediante essa estreita relação determinada por um objeto de estudo preciso, o automóvel, seria possível concordar com José de Oliveira Reis na definição que apresentou da engenharia de tráfego como uma ciência, construída profissionalmente a partir da constatação-análise--problematização-proposição de medidas que viriam a solucionar tal *problema*? Estaria a Engenharia de Tráfego organizada e articulada como a ciência da cidade (o urbanismo), para a qual, segundo Christian Topalov, "qualquer que seja a forma como é caracterizado o mal de que a ciência deverá se ocupar, tratar-se-á sempre de recolocar as coisas em seus lugares" (TOPALOV: 1991: 29)? A engenharia de tráfego poderia ser pensada como outro saber sobre a cidade, ou o que estava se definindo como o seu objeto – o automóvel, o tráfego de um modo geral – são apenas categorias dos problemas urbanos?

José de Oliveira Reis não chegou a caracterizar assim a engenharia de tráfego, mesmo considerando-a, no texto do curso de especialização de 1966, como uma nova ciência. Porém, no *artigo* "Planejamento urbano e planejamento regional – Sua interligação" apresentado no Tema III – Serviços Públicos e Municipais da VII Reunião do Congresso Interamericano de Municípios, realizado no Rio de Janeiro em novembro de 1958, José de Oliveira Reis identificou o "tráfego, trânsito, transportes coletivos" como um dos conjuntos de dados, "com o qual se procura definir com clareza e precisão a cidade, tanto no seu aspecto físico como no funcional". Tais dados, assim como vários outros enunciados pelo engenheiro, integrariam a primeira fase, das quatro existentes, do planejamento urbano. Segundo o engenheiro,

> (...) Do mesmo modo que no Planejamento Regional, de acordo com Lewis Munford, distinguimos 4 fases; também o Planejamento Urbano pode ser distribuído em 4 fases, que, nas suas linhas gerais, se resumem nas seguintes:
> 1ª Fase – Definição; 2ª Fase – Análise; 3ª Fase – Elaboração do Plano Urbano; 4ª Fase – Execução (REIS, 1958).

Reforçou, portanto, pelos dois artigos, "Planejamento urbano e planejamento regional – Sua interligação" (1957) e "Planejamento urbano e rural e suas relações com a engenharia de tráfego" (1966 – elaborado para o curso de especialização) que a relação entre a engenharia de tráfego e o planejamento urbano é fundamental para a intervenção na cidade, esclarecendo ainda que no estudo e proposição das "vias arteriais a engenharia de tráfego entra com a sua colaboração bastante acentuada no projeto de detalhes das mesmas" (REIS, 1966).

Uma colaboração ainda mais diretamente relacionada com as terceira e quarta fases do planejamento urbano, respectivamente, aquela que cuida "do início da elaboração do plano de desenvolvimento e expansão da cidade", e da "execução propriamente dita"; esta última precedida das etapas de *programação* do tempo de execução das propostas – no caso da relação com a engenharia de tráfego, execução das obras do sistema viário, sinalizações, estacionamentos, entre outras – e de *aprovação* pelas autoridades públicas.

No caso de José de Oliveira Reis, a interconexão entre o sistema viário e o tráfego, o planejamento urbano e o planejamento regional, começou a ser construída nos argumentos que desenvolveu no texto da palestra Urbanismo e sua influência no município, proferida na cidade de Ribeirão Preto em 1955. Relação presente no artigo "Planejamento urbano e planejamento regional – Sua interligação", apresentado na VII Reunião dos Congressos Interamericanos de Municípios de 1958 e, por fim, na apostila "Administração municipal e serviços de utilidade pública", por ele desenvolvida para a disciplina de Administração Municipal do Curso Superior de Urbanismo da Faculdade Nacional de Arquitetura.[41]

Especialmente nos dois artigos (1955 e 1958), pois ambos estão estruturados pela identificação do que ele chamou de "cinco tipos de planejamento": físico, econômico, social, cultural e de área. Entre os cinco tipos, particularmente o "planejamento de área", por agrupar em seu escopo o planejamento urbano, o planejamento regional e o planejamento nacional, particularizados em função da abrangência das várias atividades humanas sobre uma determinada extensão do território.

---

41 A referência ao curso consta no breve currículo do engenheiro José de Oliveira Reis que foi publicado na *Revista de Administração Municipal do Instituto Brasileiro de Administração Municipal*, ano IX, set/out de 1962. Nesta edição foi publicado o artigo "Engenharia de tráfego e as municipalidades – caso Rio de Janeiro" que José de Oliveira Reis escreveu, segundo nota da seção Planejamento & Urbanismo, especialmente para a Revista do IBAM.

O URBANISTA E O RIO DE JANEIRO

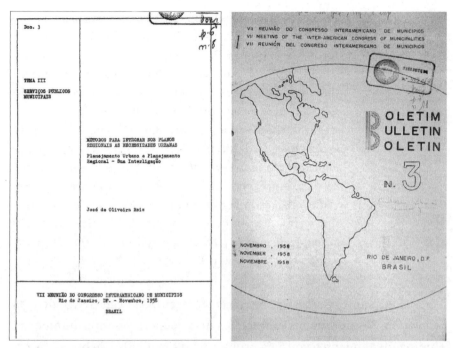

Frontispício do texto de José de Oliveira Reis para o tema Serviços Públicos Municipais e dos Anais da VII Reunião do Congresso Interamericano de Municípios. Rio de Janeiro, novembro de 1958. Acervo da Biblioteca do Instituto Brasileiro de Administração Municipal.

Em sua concepção,

> O planejamento urbano é conhecido, principalmente, com o nome de urbanismo. É um planejamento local, com todas as suas variantes. É também o mais antigo dos planejamentos, que, inicialmente se preocupava mais com os aspectos materiais da cidade e, de preferência, os estéticos. No conceito moderno, entretanto, o urbanismo evoluiu para o âmbito mais geral, abrangendo todas as atividade num entrosamento perfeito das forças físicas, sociais, econômicas, políticas e administrativas, visando propiciar um Plano Diretor para a cidade, pelo qual a comunidade terá um guia e um roteiro para seu desenvolvimento e expansão, com o objetivo de dar aos seus habitantes uma vida melhor. Com esse novo conceito, o Urbanismo transformou-se em planejamento e, como tal, as

> responsabilidades cresceram para as municipalidades, para as organizações particulares, enfim, para todos os habitantes da cidade que não podem ficar alheios ou isolados na obra comum de organização de uma vida melhor para a comunidade (...) Abrangendo um campo territorial mais vasto, o planejamento regional é mais do que um simples mapa ou coleção de mapas e gráficos. É, além disso, um programa, um guia (...) deve o plano regional fixar as diretrizes gerais ao alcance dos programas públicos e privados, sem, contudo, incluir os detalhes específicos de cada programa (...) Deve, isto sim, fazer previsões para o futuro, deixando, entretanto, que as soluções sejam decididas com acerto, mais tarde, nas oportunidades respectivas, afim de que, desse modo o planejamento possa corresponder às exigências da coletividade (REIS, 1958).

Na lógica interna da argumentação apresentada neste artigo de 1958, a reversão dos problemas municipais pela cooperação intermunicipal – eliminando também eventuais problemas provenientes de barreiras impostas por limitações jurídicas das áreas administrativas – poderia passar pela criação de

> uma comissão mista de planejamento de um grupo de municipalidade ou entre estas e o Estado, abrangendo uma ou várias regiões do mesmo Estado ou Estados vizinhos (...) Os resultados dessas comissões mistas são as mais animadoras pelo entendimento e compreensão dos problemas mútuos das regiões abrangidas. A cooperação municipal e interestadual somente pode beneficiar a nação com um todo (REIS, 1958).

Todas essas concepções enunciadas pelo engenheiro José de Oliveira Reis seriam amplamente reforçadas já no início da década de 1960, no âmbito do polêmico II Congresso Brasileiro de Urbanismo, realizado na cidade do Recife entre os dias 6 e 13 de dezembro de 1961 – na ocasião, José de Oliveira Reis integrou, como membro do Comitê Nacional de Urbanismo, a

Comissão Executiva que foi presidida pelo engenheiro Francisco Saturnino de Brito Filho.[42]

Especialmente duas Recomendações da Plenária Final do II Congresso Brasileiro de Urbanismo podem ser consideradas importantes ao conjunto das análises que desenvolveu até então, assim como para os trabalhos desenvolvidos a partir de 1961; especialmente a clara relação com os artigos de 1955 e 1958. A primeira recomendação consta no item 14° do Tema Planejamento, determinando que

> (...) se promovam coordenação e consulta permanentes entre os diversos órgãos encarregados dos planejamentos regionais e urbanos, de modo a se obter o máximo de eficiência e homogeneidade nesses trabalhos, admitindo que tais planejamentos estejam sempre subordinados ao planejamento nacional" (OLIVEIRA, 1962: 132).

---

42 Entre os integrantes do Comitê Nacional de Urbanismo, os seguintes atuaram na Comissão Executiva: Felix Von Ranke, Victor Hugo da Costa, Durval Lobo, Jeronymo Cavalcanti, Leizer Lerner, José Jayme Oliveira da Silva, Eduardo Burle Gomes, Antonio Hugo Guimarães, Jayme Cunha da Gama, Aristides Wittgen, José Octacílio de Sabóia Ribeiro, Luiz Emygdio de Melo Filho, Luiz Rodolpho Cavalcanti de Albuquerque Filho, F. V. Miranda Carvalho, José de Oliveira Reis, Adilson Coutinho Seroa da Mota, Waldemar Paranhos de Mendonça, Hugo Regis dos Reis, Leda Matos Reis, Manoel Rego Barros, Luiz Augusto Duprat, César de Lima, Affonso da Costa Mendonça, Caio Brito Guerra, Wanildo de Carvalho. A listagem foi mencionada pelo engenheiro Francisco Baptista de Oliveira, presidente do Comitê Nacional de Urbanismo. Foi apresentada no artigo "Considerações sobre o II Congresso Brasileiro de Urbanismo", publicado na *Revista do Clube de Engenharia*, n° 309, vol. 25, maio 1962: 129. A polêmica foi gerada após uma carta apresentada na 1ª Sessão Plenária por Icaro de Castro Mello, presidente do Instituto de Arquitetos do Brasil. Entre outras considerações a carta faz a seguinte ressalva: "Além dessas condições desfavoráveis e da completa falta de perspectiva para os trabalhos, causou-nos estranheza a ausência, praticamente total dos organizadores do Conclave. De outra parte, dois membros do Comitê Organizador do Congresso retiraram-se por discordarem da aplicação dos termos de acordo estabelecido entre o I.A.B. e o Comitê Nacional de Urbanismo. Criou-se, assim, para os arquitetos, situação de constrangimento, clima de desconfiança e desinteresse, que impossibilitavam nível eficiente de colaboração e trabalho." A carta também consta do artigo escrito por Francisco Baptista de Oliveira, ao se justificar pela ausência no congresso.

No caso dessa recomendação do Tema Planejamento, a passagem inter-ligada nas análises presentes nos artigos "Urbanismo e sua influência no urbanismo" e "Planejamento urbano e planejamento regional – Sua inter-ligação" está relacionada com a existência do planejamento nacional. Nos dois artigos, entretanto, José de Oliveira Reis não chegou à necessidade de estarem – o planejamento urbano e o planejamento regional –, "sempre su-bordinados ao planejamento nacional". Em seus artigos construiu-se uma relação supostamente menos hierarquizada, sem, no entanto, desconside-rar que a construção de um plano nacional deve passar pelas relações entre o local e o regional. Segundo José de Oliveira Reis, "a de haver somado às escalas locais e regionais, a necessidade de operar com questões relativas às macro-escalas territoriais e à integração supra-nacional, com ou sem continuidade espacial" (REIS, 1958).

A segunda consideração, presente nas Recomendações da Plenária do II Congresso Brasileiro de Urbanismo, apresentou uma relação direta-mente associada à atividade docente que José de Oliveira Reis continua-ria a desenvolver após sua aposentadoria em 1965-1966. No caso, a ativi-dade docente na cadeira de Administração Municipal do Curso Superior de Urbanismo da Faculdade Nacional de Arquitetura, para o qual elabo-rou uma apostila datada de 1965. No tema Adequadação do Ensino de Urbanismo a Plenária do II Congresso Brasileiro de Urbanismo aprovou quatro tópicos importantes:

> 48ª – Que seja fomentado o ensino de urbanismo através da criação de cursos de pós-graduação, destinados a profissio-nais de nível superior oriundos das escolas de Engenharia, Arquitetura e Agronomia;
>
> 49ª – Que os Curso de Arquitetura e de Engenharia Civil mantenham cátedras de Urbanismo, a fim de ser proporciona-do aos estudantes visão global do planejamento urbano;
>
> 50ª – Que o ensino de Urbanismo leve em conta as peculia-ridades do meio brasileiro;
>
> 51ª – Que se criem junto às Universidade órgãos de pesqui-sas urbanológicas (OLIVEIRA, 1962: 132).

O URBANISTA E O RIO DE JANEIRO   283

A referida apostila "Notas sobre administração municipal e serviços de utilidade pública" para a cadeira de Urbanismo da Faculdade Nacional de Arquitetura coadunava explicitamente com a 49ª recomendação, sobretudo por apresentar uma visão geral do planejamento urbano e sua importância para os municípios.

Para ser mais preciso, o eixo do curso é o município, desde um estudo da História Geral do Município – desde o município romano –; da "Constituição, o Município e sua Organização" – pelas leis constitucionais republicanas a partir de 1891 –; do "Planejamento e Urbanismo" – definições, tipos, influências no município –; do Municipalismo – pelos Congressos Nacionais –; encerrando com uma análise do município na América e Europa – pelo estudo das formas de governo: *city manager, city commission*; os municípios ibéricos, assim como os da França, Inglaterra, Alemanha e Itália.

Também pela apostila do curso é possível considerar a importância que os livros sobre urbanismo e planejamento da sua biblioteca – livros adquiridos nas várias viagens que fez pelo Brasil e por outros países – tiveram na construção do seu pensamento urbanístico, portanto, na construção do seu próprio curso. Entre os livros, o que recebeu um destaque acentuado na elaboração do curso foi *The Planning of Modern City*, autoria de Harold Maclean Lewis, numa edição de 1923, segundo consta na apostila. O livro foi assinado e datado por José de Oliveira Reis em 1951, mesmo ano da sua participação no Congresso da Federação Internacional de Habitação e Urbanismo, realizado na cidade de Rabat, no Marrocos.

Sem desconsiderar outros interlocutores como Gaston Bardet, Raymond Urwin, Anhaia Mello, Thomaz Adams, Francisco Burkinski e Edward Bassett – este anotado por José de Oliveira Reis como a maior autoridade americana em zoneamento –, buscou no referido livro de Harold Lewis, entre as definições por ele mesmo selecionadas, uma que congrega as categorias do seu pensamento urbanístico:

> Urbanismo significa a antecipação do desenvolvimento da cidade armando-a legislativamente, socialmente e financeiramente, antes que um aumento de população torne proibitivo o

custo das cousas. O contrário é exemplificado na congestão da população e tráfego, inadequados e retardados serviços públicos e um antieconômico financiamento nas cidades que faltavam a previsão do urbanismo (REIS, 1965).[43]

Além desta primeira importante referência ao livro *The Planning of Modern City* de Harold Maclean Lewis, outro autor foi substancialmente incorporado na concepção urbanística presente na apostila "Notas sobre administração municipal e serviços de utilidade pública". Trata-se de Nelson P. Lewis, autor do livro "The Planning of Modern City". Na referência ao segundo livro, que, conforme anotação na apostila é a 2ª edição, publicada no ano de 1923, constam, entre outros, os seguintes nomes cuja definição de urbanismo foi apresentada: George MacAney, Charles Mulford Robison, Arnald W. Brunner, J. P. Hynes, Gregore B. Ford e o próprio Nelson P. Lewis, para quem,

> urbanismo é simplesmente o exercício de uma tal previsão de promover o desenvolvimento ordenado e agradável da cidade e seus arredores, em linhas racionais, com o devido cuidado para com a saúde, amenidade e comodidade, bem como para os seus progressos comercial e industrial (LEWIS *apud* REIS, 1965).

Ainda em relação ao texto de Harold Mclean Lewis, outros dois autores e um específico lugar institucional são apresentados como referência importante na definição de urbanismo: Thomas Adams, Edward M. Basset e o The American Institute of Planners, que propôs, segundo José de Oliveira Reis, os seguintes objetivos do urbanismo:

> Sua particular esfera de atividades deverá ser o planejamento do desenvolvimento unificado das comunidades urbanas e seus arredores, dos estados, regiões e da nação como estatue determinação sobre o arranjo compreensivo do uso e

---

43 Fragmento transcrito na apostila do Curso de Administração Municipal e Serviços de Utilidade Pública. Acervo José de Oliveira Reis. Arquivo Geral da Cidade do Rio de Janeiro.

ocupação das terras e da regulamentação apropriada a esse respeito (REIS, 1965).

No entanto, as referências utilizadas por José de Oliveira Reis na apostila não ficaram limitadas aos dois autores. A interlocução intelectual foi também construída com dois nomes de urbanistas europeus: Gaston Bardet e Raymond Unwin. A interlocução com o urbanista francês Gaston Bardet, para quem, segundo a referência na apostila, "o urbanismo, presentemente, tem por fim o planejamento do solo em todas as escalas, o estudo de todas as formas de localização humana sobre a terra" (BARDET *apud* REIS, 1965), José de Oliveira Reis mantinha desde sua aproximação com as discussões municipalistas brasileiras no início da década de 1950, ainda que a principal evidência dessa profícua interlocução tenha ocorrido na palestra Urbanismo e sua Influência no Município, proferida em Ribeirão Preto no ano de 1955. Na ocasião, José de Oliveira Reis apresentou crítica ao que considerava ser a "fase primária do urbanismo", definida "como arte de projetar a cidade", para enunciar a prática do planejamento com abrangência para a área de todo o município, não mais "restrito apenas à área urbana da cidade" (REIS, 1955).[44]

Esta abrangência estava associada, segundo José de Oliveira Reis, à elaboração do planejamento da região, "do *City Planning* para o *Regional Planning* e deste para o *National Planning*", necessariamente atrelada à compreensão de que os "problemas que afetam as cidades estendem-se aos municípios" e que esses problemas, que são "problemas em Urbanismo", foram enquadrados por Gaston Bardet "em cinco classes gerais":

1 – problemas de Circulação
2 – problemas de Higiene e Conforto
3 – problemas Sociais e Econômicos
4 – problemas Estéticos
5 – problemas Intelectuais e Espirituais (REIS, 1955).

---

44 Manuscrito original sem identificação de página

Estes mesmos problemas foram descritos no texto da apostila do curso de Urbanismo, definidos, no entanto, como "grandes problemas de Urbanização" e não como problemas de urbanismo, numa clara distinção, em relação ao texto da palestra de 1955 – quando usou o termo "problemas de urbanismo". Urbanismo e Urbanização, o primeiro, um saber, campo disciplinar que interfere, intervém, e o segundo, que é um processo, este sim, de circulação, conforto, social, econômico, higiene, ou seja, processo de urbanização. No entanto, não parece ser uma distinção consciente, mas apenas uma utilização indiferenciada dos termos urbanismo e urbanização, como se ambos representassem um mesmo objeto, tal qual palavras sinônimas.

A interlocução com Raymond Unwin, urbanista inglês, tem relação com o próprio processo de formação de José de Oliveira Reis como urbanista, sobretudo na substancial interação entre sua formação no contexto de formação do campo disciplinar do urbanismo. Uma interlocução que está no âmago da contingência da construção do seu pensamento urbanístico, principalmente da contingência de *uma origem* que instituiu este pensamento ao longo de toda sua trajetória profissional: a aproximação, seguida de interlocução com o engenheiro Armando de Godoy, pelos diálogos sobre a construção do processo de institucionalização do urbanismo pela engenharia brasileira.

Nesse sentido, se a atuação de José de Oliveira Reis em seu primeiro trabalho profissional[45] aproximou-o dos problemas urbanos, sobretudo do problema sanitário e de infraestrutura associado à captação e circulação das águas, foi justamente sua interlocução com Armando de Godoy, a partir de 1933, ou seja, quando do início da sua trajetória como funcionário público da engenharia municipal, que ocorreu sua aproximação com a ciência da cidade, o urbanismo. Consubstanciou-se neste momento *uma origem* decisiva para a instituição do seu pensamento urbanístico no âmbito do lugar profissional da engenharia, e não no lugar profissional da arquitetura moderna.

---

45 Como engenheiro da Comissão de Obras Novas de Abastecimento de Águas de São Paulo, entre 1926 e 1928, chefiada pelo engenheiro Henrique de Novaes.

E foi exatamente Armando de Godoy um dos responsáveis pela contínua interlocução entre Raymond Unwin e a engenharia brasileira – a engenharia que atua na construção do urbanismo brasileiro –, portanto, e especificamente, com os engenheiros da prefeitura do Distrito Federal. Armando de Godoy reconheceu e anunciou no texto "A cidade-jardim", publicado em outubro de 1931, a importância do urbanista inglês, cuja aproximação com o Brasil já havia ocorrido na década de 1910 em São Paulo, com os trabalhos de seu associado, o urbanista Barry Parker, especialmente no plano do Jardim América. Segundo Armando de Godoy,

> A felicidade de Ebenezar Howard foi encontrar um urbanista em condições de bem traduzir e realizar as suas idéias, completando e desenvolvendo algumas. O profissional que efetuou e realizou a primeira cidade-jardim, digna de tal nome, foi Raymond Unwin, que é hoje na Inglaterra a maior autoridade em assuntos de urbanismo (GODOY, 1943: 139).

Na preparação do texto da apostila do curso de Urbanismo, José de Oliveira Reis empreendeu uma interlocução com Raymond Unwin, inclusive mediante esse mesmo reconhecimento apresentado por Armando de Godoy, enunciado, porém, três décadas mais tarde. No entanto, no texto da apostila, Raymond Unwin surge como profissional alocado na categoria da referência pura, abstrata e encerrada pelo seu conhecimento sobre urbanismo, com pouca margem para a interlocução e mais para a admiração profissional. Tanto que, segundo José de Oliveira Reis, "em homenagem a um dos maiores urbanistas do mundo, que foi Raymond Unwin, vamos enunciar a sua sintética definição, encontrada no seu livro *Tow Planning in Practice*, definição essa que segundo Anhaia Mello é a melhor: urbanismo é a ciência de estabelecer ligações entre as coisas" (REIS, 1965).

Ainda assim, essa interlocução é a que encerra e engloba aquela contingência do pensamento urbanístico de José de Oliveira Reis determinada pela construção da *"origem"* do seu pensamento nos diálogos com Armando de Godoy, inexoravelmente associados às suas (re)apropriações, (re)articulações e (re)construções. Processos e procedimentos que estiveram presentes na sua formação de urbanista ao longo da constituição da própria área do urbanismo no Brasil na primeira metade do século XX, e, em seu caso, intrinsecamente relacionada à atuação como engenheiro municipal da prefeitura do Rio de Janeiro entre 1933 e 1966 (a partir de 1960, com a mudança do Distrito Federal, na atuação como funcionário do Estado da Guanabara).

Uma atuação profissional nos temas e problemas da engenharia urbana e urbanismo que, todavia, não estavam presentes na sua formação como engenheiro geógrafo e civil pela Escola Politécnica do Rio de Janeiro. Tronar-se-iam assunto do seu cotidiano, mesmo ainda incipiente, no referido trabalho como engenheiro da Comissão de Obras Novas de Abastecimento de Águas de São Paulo entre os anos 1926 e 1928.

Sua admissão, por concurso público em 1933, para o cargo de engenheiro civil na prefeitura do Rio de Janeiro representou o início do processo de aproximação com o urbanismo, ciência da cidade, saber erudito restrito a especialistas: um processo contínuo de formação como urbanista. Até 1965-66, quando se aposentou do funcionalismo público, a cidade foi seu objeto ininterrupto de análise, problematização, instância material transformada pelos planos urbanísticos e obras que coordenou e executou. Não se esquivou da compreensão de que na cidade existem moradores, habitantes, ou como sempre surgiu em seus textos, "a população".

Instância social que, no limite da sua compreensão sobre as significações do próprio termo, perpassou seus planos, porém, na maioria das vezes, como objeto e não como interlocutor. Como especialista do urbanismo pressupunha portar a capacidade e os instrumentos necessários para produzir a melhor transformação dessa instância social, entretanto, como resultante da transformação da instância material, ordenada racionalmente pelos planos desenvolvidos nos gabinetes públicos e privados.

Em 1965, iniciou outro processo profissional que lhe permitiu continuar transformando a cidade. O trabalho de *historiógrafo* – mencionado na introdução do trabalho – não pode ser considerado deslocado do trabalho como urbanista, pois o *historiógrafo* construiu interpretações, críticas e posicionamentos. O instrumento de construção mudou. As palavras têm as suas particularidades, distintas dos desenhos, mas são também instrumentos de transformação. Os suportes desses instrumentos são distintos: para as palavras, geralmente as páginas dos livros ou das revistas; para os desenhos, as pranchas de papel branco organizadas em escalas específicas.

Não são diversos em um ponto: palavras e desenhos são representações profissionais sobre a cidade, que processam intervenções sobre a cidade organizada em códigos também profissionais, legíveis em lugares profissionais específicos. Existe uma cidade sendo construída nos desenhos e nas palavras, nos planos e nas descrições dos planos. José de Oliveira Reis trabalhou com palavras e desenhos, em suas divergências e convergências, especialmente a convergência que perpassa a construção da cidade. Um processo fundamental na sua construção como urbanista.

Procurou entender que a prática histórica é também uma prática construtiva, e que a cidade não pode ser pensada, problematizada somente pelo olhar do urbanismo, do urbanista. Instituído desse entendimento continuou transformando e construindo a cidade em seu trabalho de *historiógrafo*, certamente uma construção interessada e muitas vezes imbuída de parcialidades irredutíveis. Suas certezas eram geralmente absolutas, expondo-as sem receios dos debates que gerariam.

Como definir essa sua característica? Eu apresento a seguinte compreensão: um profissional que acreditava nos pressupostos que norteavam seu trabalho como urbanista. Característica intrínseca à sua vida profissional como funcionário público municipal no Rio de Janeiro entre 1933 e 1965-66. Atuação absolutamente relacionada ao processo de legitimação e institucionalização do urbanismo nas administrações municipais pelo Brasil ao longo do século XX.

No seu caso particular, pela legitimação e institucionalização dos setores municipais de urbanismo no Rio de Janeiro, especialmente a Comissão do Plano da Cidade e o Departamento de Urbanismo. Nesse sentido, um profissional formado institucionalmente no século XX como engenheiro geógrafo-civil, e que se formou urbanista no exercício cotidiano das atividades administrativas públicas. Portanto, um urbanista em contínua construção. Um engenheiro-urbanista.

POSFÁCIO
Biografia, não mais Trajetória: para (re)pensar argumentos de outrora

Sintoma de alguma contradição?

Este texto tem como objetivo abrir o debate com o leitor em relação à própria opção pela *biografia profissional* e não (mais) pela *trajetória profissional*, como está definido no título do livro. Todavia, a opção pelo posfácio elimina a (suposta) necessidade de leitura deste debate teórico no início do livro, até porque, a não leitura em nada atrapalha o desenvolvimento da narrativa.

A opção também poderia ser pela não inclusão da discussão trajetória-biografia, mas em função da mudança que ocorreu em relação ao texto originário – que é a tese de doutorado, quando o argumento tentou justificar a opção pela *trajetória profissional* – parece oportuno manter o texto e tentar construir novo argumento, agora pela *biografia profissional*. Nesse sentido, não deixa de ser uma discussão crítica em relação ao próprio argumento utilizado no texto da tese de doutorado pelo uso de *trajetória profissional*.

Sintoma de alguma contradição? A proposta não passa pelo reconhecimento de alguma contradição existente na tese (ainda que ela possa existir e o leitor faça sua crítica), mas pelo exercício contínuo de avaliação do que foi todo o trabalho de pesquisa desenvolvido em relação ao desenvolvimento posterior. Exercício que fica mais evidente no momento em que se realiza o trabalho de preparação do livro, quase uma reescrita integral do texto originário, inclusive pela possibilidade de reorientação da estrutura do texto e dos argumentos desenvolvidos.

Esta opção tem (apenas) a pretensão de permitir ao autor, tanto quanto ao leitor, refletirem sobre o que foi o trabalho de pesquisa e a escrita que neste livro foi descortinada. Ao leitor a importante vantagem do deslocamento e afastamento em relação ao texto, o que geralmente não ocorre com o autor, muitas vezes comprometido e convencido das certezas absolutas de seus posicionamentos ao longo de toda a escrita.

Como informado nas Considerações Finais da tese, a pretensão era manter o "texto aberto" para as considerações críticas, retomadas neste momento em que a construção do livro possibilita aquele exercício de avaliação. Não deixa de ser um exercício de autocrítica que abre espaço para a reelaboração dos próprios pressupostos teóricos, desfazendo assim preceitos muitas vezes monolíticos e absolutos.

Nesse sentido, a proposta é oferecer ao leitor um conjunto de argumentações que até poderiam estar na Apresentação do livro, mas pelo caráter mais teórico e específico (ainda que não configure um capítulo propriamente dito), escapa um pouco ao objetivo traçado sobre as características da pesquisa em si e o recorte espacial proposto que estão na Apresentação. Tal especificidade está estruturada em duas perguntas: todo trabalho de pesquisa histórica sobre a vida de uma pessoa deve receber a denominação de biografia? Todo trabalho sobre a atuação profissional desta mesma pessoa, ou outra qualquer, só pode receber a denominação de trajetória profissional?

Se uma biografia, uma biografia intelectual, uma biografia histórica, uma trajetória profissional, uma trajetória de vida, ou ainda, termo pouco explorado, talvez nem enunciado e que está neste livro adotado, uma biografia profissional, cabe ao leitor enunciar suas considerações sobre esta deliberação. Neste momento, e apenas pela perspectiva do autor, é necessário assumir e tentar explicar a mudança. Opção que implica reavaliar minimamente os argumentos que justificaram o uso na tese de "trajetória profissional" e não de "biografia profissional". E de saída outras duas perguntas sintéticas: Trajetória ou Biografia? E por que trajetória para o caso dos estudos sobre a atuação profissional, e não biografia profissional?

Para as perguntas já apresentadas não serão delineadas respostas fechadas, mas argumentações que estavam na própria tese, e aqui novamente recuperadas para qualificar a opção neste momento pela biografia profissional e não pela trajetória profissional. Entre as argumentações, uma que foi elaborada por Vavy Pacheco Borges para analisar a escrita biográfica, ao apresentar duas referências sobre as significações do próprio termo "biografia": para o *Dicionário Houaiss da Língua Portuguesa*, a biografia é uma "narração oral, escrita ou visual dos fatos particulares das várias fases da vida de uma pessoa ou personagem". Outra pergunta: é necessário trabalhar com todas as fases? Complementando esta pergunta com outra: ou as fases (possíveis) estão informadas no que é a matéria de trabalho em história, a documentação? A outra elaboração apresentada por Vavy Pacheco é sobre a referência originária do termo, que é oriundo do mundo grego: "bios = vida e grapheim = escrever, inscrever, acrescida do ia, um formador de substantivo abstrato".[1]

Partindo da definição levantada por Vavy Pacheco no *Dicionário Houaiss* sobre as "várias fases da vida" é possível questionar sobre a viabilidade de uma pesquisa em história abordando "fases" da vida de uma pessoa. No caso de uma resposta positiva para este questionamento, o que poderia definir a dimensão analítica possível de "cada fase" desta vida, ou seja, como determinar a parte – a fase – possível ou interessada para a elaboração de um trabalho com esta particularidade? Ou ainda, esta viabilidade está associada à capacidade e autonomia do autor na elaboração da narrativa, ou passa pelas deliberações do personagem-objeto, sobretudo aqueles que ao longo de sua vida organizaram seus arquivos particulares? Por fim, é necessário trabalhar com todas as fases cumprindo na escrita história o ritual biológico entre o nascimento e a morte? Na aceitação da noção da história total, talvez sim. Este livro (e seu texto originário, a tese) não foi pautado por esta totalidade, mas no reconhecimento de uma ilusão, a ilusão do todo, que será ainda abordada.

Partindo do entendimento de que a história é uma escrita, as informações contidas nos livros, nas teses e dissertações devem ser elaboradas a partir da interpretação de vestígios existentes sobre o objeto de estudo em

---

[1]   In: *Grandezas e Mazelas da Biografia (ou de seu alcance e seus limites)*. Texto impresso gentilmente cedido pela própria autora. Sou ainda muito grato à professora Vavy pelas referências bibliográficas, pelos e-mails prontamente respondidos esclarecendo dúvidas que surgiram sobre a biografia.

foco – no caso deste livro um profissional formado em engenharia. Da mesma forma, ser possível selecionar e recortar entre os vestígios existentes e tornados acessíveis aqueles que nortearão uma leitura interessada sobre determinado *problema*, este sim de responsabilidade do autor. A pergunta é sempre responsabilidade do autor. Entretanto, anterior ao processo de seleção e interpretação dos documentos que serão analisados, é fundamental empreender um movimento introspectivo pela vida da pessoa, certamente pelo que desta vida é possível ainda conhecer e, neste movimento, delinear o *problema* do estudo.

Nesta possibilidade, porém, o seu oposto, qual seja, a impossibilidade de apreender a vida no seu ínterim, pois os documentos não são a vida em si, são apenas vestígios materiais de uma vida – muitas vezes vestígios que remetem a períodos extremamente curtos desta vida, nem mesmo de uma "fase da vida". Uma condição importante e que de partida inviabiliza certa *ilusão do todo* – referência àquela "ilusão biográfica" apresentada por Pierre Bourdieu (BOURDIEU, 2002: 183-191) –, de compreensão da vida em seu absoluto.

Partido do sentido desta *ilusão* proposta por Bourdieu, e ao mesmo tempo comparando-a com argumentos provenientes da antropologia apresentados por Suely Kofes, ao afirmar que não imprime

> à etnografia o sentido de 'totalidade' dado por Malinoswski: "Sem dúvida, para que um trabalho etnográfico seja válido é imprescindível que cubra a totalidade de todos os aspectos – social, cultural e psicológico – da comunidade; pois estes aspectos são de tal forma interdependentes que um não pode ser estudado e entendido a não ser levando-se em consideração todos os demais (KOFES, 2001: 28),

estaria a autora concordando com a possibilidade de interpretar determinado aspecto particularmente, ou ainda, individualmente, e que, mesmo diante dessa possibilidade, isso não inviabilizaria a própria ideia da escrita biográfica – ou o que a própria Kofes denominará como *intenção biográfica*?

Sendo afirmativa a resposta para esta indagação, seria correta a consideração de que a possibilidade passaria pela definição e delimitação pelo

O URBANISTA E O RIO DE JANEIRO **295**

próprio pesquisador, no caso uma antropóloga, do foco do estudo interessado para realizar o que a própria Suely Kofes apresentou como "descrição de uma particularidade" – associando, nesse caso, as fases da vida com determinados e não contínuos aspectos sociais, culturais e psicológicos. Uma "descrição", segundo a autora, de uma "etnografia inspirada em Lévi-Strauss quando ele distingue Etnografia de Etnologia".

Sobre as particularidades dos procedimentos antropológicos ou históricos, é ainda a própria Suely Kofes quem apresenta Marc Auge coma referência para lembrar, segundo este autor, "a relação sedimentada, e simplificada, que afirmaria o presente para os antropólogos, o passado e o estudo dos documentos para os historiadores" (KOFES, 2001: 28).

Uma relação sedimentada que Suely Kofes pretendeu não observar em seu estudo sobre Consuelo Caiado, pois na pesquisa sobre esta mulher esquecida e reclusa, a autora fala de "interconexão de temporalidades em um 'agora' e, também, com a interconexão de lugares em um 'aqui'": para a autora, uma "pesquisa antropológica, com observação direta do campo e com documentos escritos". Em sua reação à sedimentação, trabalhou, respectivamente, com procedimentos analíticos do campo disciplinar da antropologia e do campo disciplinar da história para, nessa reciprocidade, "fazer da intenção biográfica um exercício etnográfico (...) de tornar a intenção 'biográfica', o foco na trajetória de Consuelo Caiado, uma etnografia de uma experiência" (KOFES, 2001: 28).

Convém aqui elaborar uma pergunta: no caso do trabalho de Suely Kofes, o que foi apresentado como "intenção biográfica" surge como recurso opositivo e também reação àquela *ilusão do todo*, de compreensão da vida em seu absoluto, para poder trabalhar com a "descrição de uma particularidade"? Qualquer consideração para essa pergunta que tenha na antropologia o eixo de observação não será neste texto desenvolvida. Cabe ao leitor com formação (ou interesse profundo) na interpretação antropológica fazer suas próprias considerações.

Aqui a argumentação dialogará com o campo disciplinar da história, muito mais próximo no diálogo interdisciplinar com a arquitetura e urbanismo. Nesse sentido, primeiramente reforçar o que foi denominado de *ilusão do todo,* associando-o necessariamente à questão das partes, aquelas denominadas de "fases da vida", etapas que não são únicas e não são contínuas na trajetória de uma pessoa. Associação que também não passa pela "descrição", como apresentada por Suely Kofes em seu procedimento antropológico-etnográfico, pois o entendimento adotado aqui é aquele em que na história não se opera simplesmente uma descrição, a história é fundamentalmente interpretação.

É inclusive esta condição interpretativa dos eventos, mediante estudos dos documentos, a que estabelecerá a íntima relação entre o necessário reconhecimento da *ilusão do todo* e a opção pela denominação biografia profissional, pautada na construção das possíveis etapas da vida, ou "fases da vida". Portanto, o aspecto que neste momento ajuda explicar a opção por biografia profissional é aquele que reconhece a trajetória profissional como inerente à própria vida, inerência repleta de fragmentações que não permitem ilusões.

A vida contém a trajetória profissional, que está contida na biografia, mesmo não sendo a vida em si, mas parte dela. Até porque, ninguém nasce atuando profissionalmente, mas são percursos da vida pessoal que geralmente informam sobre a contínua construção profissional desde a formação acadêmica. E mesmo essa construção profissional (do objeto) não pode mais que informar sobre as possibilidades e alternativas a quem empreenderá (o biógrafo) o ofício da escrita biográfica. Como posto na Introdução, possibilidades e alternativas que estão *no* documento, e *pelo* documento o autor-biógrafo delineia sua trajetória interpretativa.

A própria trajetória profissional de José de Oliveira Reis em sua "completude" (documental) não foi considerada integralmente na tese, e não será neste livro. Uma vida profissional repleta de especificidades e indeterminações, que também reforça a necessidade de reconhecimento da ilusão proposta por Bourdieu. José de Oliveira Reis engenheiro-urbanista contém suas próprias conjunturas, o mesmo ocorrendo com o José de Oliveira Reis "historiógrafo", e não porque são pessoas diferentes, mas justamente porque a pessoa em si é uma contínua construção indeterminada.

A categoria profissional surge aqui, portanto, como adjetivação qualificadora, orientando o debate para o campo do saber e de atuação profissional do investigado conforme o interesse do processo interpretativo. Não é possível exigir do biógrafo a realização do estudo integral da vida, justamente porque é uma grande ilusão. Da mesma forma, não é possível dizer que o caminho centrado na atuação profissional não seja um trabalho biográfico, principalmente quando existe o reconhecimento e a prevenção contra a ilusão do todo.

Ainda em relação à problemática da sedimentação do presente ao campo da antropologia, Suely Kofes não pretendeu negá-la, mas incorporar ao seu processo de pesquisa antropológico os procedimentos historiográficos. Não existiu recusa do presente na antropologia, e sim reconhecimento da importância do passado, demonstrando a necessidade do diálogo com a historiografia, reconhecendo as particularidades deste campo disciplinar.

Este reconhecimento responde a uma indagação geral sobre as possíveis etapas da vida, afinal a existência do objeto histórico não se conforma no presente, não é um dado, sua materialidade está contida naquilo que ainda é possível ter acesso sobre sua vida, os documentos – e sobretudo por terem sido preservados em arquivos públicos ou particulares, bibliotecas, órgãos públicos do poder executivo, legislativo ou judiciário, entre tantas outras instâncias possíveis de preservação.

Por esses documentos não se interpreta a vida de uma pessoa naquele sentido originário do mundo grego, "bios = vida e grapheim = escrever", por não terem os documentos preservados a própria vida em si. Como são documentos, vestígios de uma existência, sua construção ocorre pela interpretação das informações neles contidas, associadas aos contextos em que essa existência ocorreu e interessa interpretá-la. Justamente por isso, a significação do termo "biográfico" não contém qualquer dimensão de totalidade do conhecimento da vida. Não reconhecer isso é o mesmo que aceitar e assumir alguma crença na ilusão do todo.

A biografia na historiografia

(...) eu podia ser acusado de trair o "espírito dos Annales". Eu era, com efeito, o primeiro dos epígonos de Marc Bloch e Lucian Febvre a aceitar escrever a biografia de um "grande homem". Mas na realidades não me desviava nem um milímetro de meu percurso. A única modificação – das mais importantes, reconheço – dizia respeito à forma. Eu estava voltando sem rodeios à narrativa. Contava um história, seguindo o fio de um destino pessoal. Mas continuava atendo-me à história-problema, à história questão. Minha pergunta continuava sendo a mesma: que é a sociedade feudal? (DUBY, 1993: 137-138).

Das justificativas e explicações apresentadas por George Duby para desenvolver a biografia *Guilherme Marechal ou o melhor cavaleiro do mundo*, a que mais interessa recai na determinação da pergunta, talvez, e mais objetivamente, na importância da elaboração de uma pergunta, no seu caso a principal pergunta: *que é a sociedade feudal?* Em *Guilherme Marechal ou o melhor cavaleiro do mundo* possíveis respostas sobre tal problema histórico foram densamente construídas pelo biógrafo.

Oportuno considerar que sua empreitada pela narrativa ocorreu em momento crucial e conflituoso do intenso debate (re)iniciado em 1979 pelo historiador Lawrence Stone, ao publicar *O ressurgimento da narrativa – reflexões sobre uma nova velha história*.[2] Porém, não impossibilitou George Duby de realizar (aqui considerada) a mais aguda, desconcertante e poética narrativa histórica do século XX. George Duby não foi, contudo, o único a realizar movimento indicador do interesse na narrativa, assim como não foi dos que mais empreendeu esforço conceitual sobre a escrita biográfica. Neste trabalho, os historiadores italianos talvez tenham papel importante, entre eles, Sabina Loriga.

---

2   Artigo publicado originalmente em *Past and Present*, n° 85, nov. 1979: 3-24. Foi traduzido por Denise Bottmann e publicado na *Revista de História – RH*, n°s 2/3, primavera de 1991: 13-37.

O URBANISTA E O RIO DE JANEIRO   299

Segundo Sabina Loriga, na história da biografia, desde a Grécia de Tucídides, autor que "não escondia seu desprezo aristocrático pelo que considerava ser um gênero demasiado popular",[3] entre outros cujas reflexões também se pautavam por alguma forma de crítica da biografia,[4] passando por aqueles que saíram em defesa da biografia, como Thomas Stanley no século XVII, ao definir a "biografia dos legisladores, das grandes figuras militares e dos sábios como expressão mais completa da história",[5] é central o debate sobre o personagem, ou melhor, para quem uma biografia é digna de realização por um biógrafo.

---

3   LORIGA, Sabina. "A biografia como problema". In: Jacques REVEL, (org.) *Jogos de Escala: a experiência da microanálise*. Rio de Janeiro: Editora Fundação Getúlio Vargas, 1998: 228. LORIGA, Sabina. "La biographie comme problème", in: Jacques REVEL (dir), *Jeux d'échelles: la micro-analyse à l'experience*. Paris: EHESS, Seuil, Gallimard, 1996.

4   Em "A biografia como problema" é fundamental ressaltar o percurso pela história da prática biográfica que Sabina Loriga desenvolve. Entre as referências que Loriga apresenta, algumas são decisivas para o entendimento da "transformação-consolidação" da biografia, como o caso de Políbio, sobre a necessidade de distinção entre biografia e história, esta última como uma síntese geral; ainda no século XVI as premissas de John Hayward apontando para as diferenças entre governos das principais potências e a vida de homens ilustres; da mesma forma as reflexões no século XIX, que para a autora representaram o aprofundamento do fosso entre a biografia e a história, como o caso de Immanuel Kant, numa "certa redução do lugar do indivíduo" já presente em texto de 1784 sobre a finalidade da história, ou as discussões, já no século XX, de Leopold von Ranke, e a "importância específica e dos feitos dos homens célebres".

5   *Op. cit.* LORIGA, Sabina, 1998: 229. A autora aponta também a figura de Plutarco nos debates, afirmando que a "distinção entre história e biografia era, aliás, confirmada por vezes do outro lado da barreira, no campo biográfico. Plutarco demonstrava pouco interesse pelos determinantes estruturais e sempre reivindicava com energia a superioridade dos sinais da alma sobre a etiologia política" (LORIGA, 1998: 228.) Em fundamental artigo sobre biografia, Peter Burke afirma que o "termo biographia foi cunhado na Grécia no fim do período antigo. Antes disso, falava-se em escrever "vidas" (bioi). Em sua biografia de Alexandre, o Grande, Plutarco faz uma distinção importante entre escrever história narrativa e escrever "vidas", como ele mesmo estava fazendo". BURKE, Peter. "A invenção da biografia e o individualismo renascentista". In: *Estudos Históricos*, Rio de Janeiro, vol. 10, n° 19, 1997: 91. Numa perspectiva mais focada, Peter Burke também contribui de forma contundente para a reflexão teórica sobre biografia, abordando vários autores, entre eles Giorgio Vasari e a escrita das *Vidas* de 1568.

Porém, mais importante que saber quem é digno desta realização, é compreender quais aspectos de uma vida pode ser trabalhado pelo historiador, quais aspectos interessam ao historiador em determinado projeto; principalmente nas possibilidades que essa vida oferece ao entendimento de um contexto social, cultural, intelectual em sua trajetória espaço-temporal.

Como tão bem afirmou Jacques Revel no prefácio da edição brasileira de *Herança Imaterial*, escrita pelo historiador italiano Giovanni Levi:

> Trata-se mesmo, a propósito, de uma biografia? Não, no sentido clássico do termo, com todas as limitações que este implica: um começo, um fim, uma continuidade da narrativa. Mas sim, sem dúvida, se aceitamos refletir sobre o que é importante e o que não o é quando se escreve uma biografia, ou seja, sobre as condições e os contextos nos quais tal história toma corpo e sentido (REVEL, 2000: 23).

Nesse sentido, no percurso pela (re)definição do objeto – incluído aí a compreensão contextual de sua inserção –, das grandes personalidades, do homem do poder, do homem da política, para os mais comuns a povoar os campos e as cidades – incursão realizada a partir da segunda metade do século XX pelos trabalhos de historiadores como Carlo Ginzburg, Giovanni Levi, Natalie Zemon Davis, entre outros autores –, é (ainda) fundamental o que Sabina Loriga chamou de "noção de experiência", colocando em erosão as dimensões exclusivamente estruturais da história.

Denominada aqui de experiência vivida, além de não ter o registro unilateral do objeto, passando também pela experiência de quem realizará a escrita, continua sendo ponto fundamental no trabalho de pesquisa sobre alguma pessoa. E é pela experiência vivida, aquela que em seu tempo só pertence ao personagem-objeto e dela o pesquisador se aproxima por registros documentais – sua própria experiência é fundamental no processo de interpretação dos registros ainda existentes da vida de seu objeto –, que uma entre outras possíveis argumentações sobre a temporalidade do estudo pode ser traçada.

O URBANISTA E O RIO DE JANEIRO   **301**

Ressalta-se, neste caso, a importância dos registros documentais como eixo de conexão entre as experiências temporais diversas que separam personagem-objeto e pesquisador. Pelos documentos, aí sim, a experiência é deslocada da temporalidade do vivido de cada um, e ambos, personagem--objeto e pesquisador, são arrastados para um espaço ficcional que permitirá um diálogo necessário sobre os problemas delineadores do estudo.

Um deslocamento decisivo na construção de uma temporalidade outra, que é a da escrita, mas, ainda sim, constituída também pelas vicissitudes que caracterizaram (biografado) e caracterizam (biógrafo) suas trajetórias pessoais. Isso porque a temporalidade da escrita não é algo situado no campo do natural, mas no campo intelectual, do conhecimento histórico, aquele justamente responsável por desnaturalizar uma existência continuada, desencadeada por uma sequência evolutiva de fatos sucessivos.

A biografia na historiografia brasileira

Como já passamos brevemente por argumentações muito genéricas sobre as mudanças na escrita do objeto biografado, interessa, neste momento, empreender um diálogo entre perguntas já realizadas por pesquisadores acerca da biografia como prática história: entre elas, perguntas sobre a narrativa e fundamentalmente a noção de indivíduo, individualidade, ambas atreladas à dimensão temporal (que é também social) da experiência de vida. Problemáticas que perpassam eixos de análises de três autores brasileiros interessados (ou melhor, que já realizaram escritas biográficas) na escrita biográfica: Benito Bisso Schmidt, Vavy Pacheco Borges e Heliana Angotti Salgueiro.

Um eixo comum entre tais autores e seus estudos articula a análise sobre as alterações nas formas de escrita da história, consolidadas numa proclamada crise dos paradigmas como o marxismo e o estruturalismo, e as reações à história quantitativa e serial. Por exemplo, segundo Heliana Angotti Salgueiro, o que se dá é uma "(...) mudança de enfoque que se volta para o ator social como uma "categoria de prática" (...) "alternativa contra as fraquezas das generalizações e das categorias predeterminadas"

(SALGUEIRO, 1997: 15) entre elas a de revolução, assim como os conceitos totalizadores de classe e mentalidade (Borges, 2004: 289). Ainda segundo Heliana Angotti Salgueiro, a

> (...) pesquisa histórica associa hoje os textos aos autores, as normas coletivas às estratégias singulares e aos itinerários profissionais, os sistemas gerais às situações vividas no universo cultural de um tempo circunscrito" [aqui uma referência da autora a Roger Chartier em "Les temps des doutes". Dossier: Pour comprendre l'histoire. *Le Monde*, 1983] (SALGUEIRO, 1997: 15).

No âmbito das transformações da escrita da história e, fundamentalmente no caso das biografias, a noção de temporalidade parece decisiva, ou melhor, como a temporalidade será trabalhada na narrativa é o que permite questionar estruturas retilíneas e contínuas de escrita. Uma condição que em si torna o debate sobre a própria narrativa algo central, já que, segundo Vavy Pacheco, na escrita da vida de uma individualidade, fatores como fragmentação, temporalidades diversas, o próprio caráter contraditório e paradoxal dos pensamentos é fundamental na escrita do que ela define como uma boa biografia. Ainda por Vavy Pacheco,

> o mais sério desafio, o grande problema, parece-me ser trabalhar ao mesmo tempo, com a cronologia linear, que parece ser "unidirecional", e com o percurso de vida, que não é linear; como trabalhar com o contínuo e o descontínuo, como pensar as diferentes temporalidades? (BORGES, 2004: 305).

Nessa perspectiva seria oportuno indagar sobre as convergências e divergências de temporalidades existentes entre biógrafo e biografado. Partilho da estreita relação necessariamente estabelecida entre ambos, como que num *"encanto radical"*, como fala Vavy Pacheco. Assim, a escrita não deveria ser trabalhada exclusivamente sobre a temporalidade do objeto, já que "os problemas de interpretação de uma vida são riquíssimos, pois nos defrontam com tudo o que constitui nossa própria vida e a dos que nos cercam" (BORGES, 2004: 288).

Da mesma forma, não se deveria pensar numa temporalidade impermeável aos tempos das outras individualidades existente no tempo presente do objeto. São ambas descontinuidades e explosões fragmentárias de cotidianos embebidos de conteúdos que possibilitam a construção/compreensão dos eventos que interessam e foram interpretados mediante análise dos documentos. Conforme Le Goff, é fundamental entender que a biografia se articula no trânsito entre os acontecimentos dessa individualidade e, ao mesmo tempo, da coletividade. Impossível, ainda segundo Le Goff, pensar numa biografia não *evénementielle*.

Por fim, quem oferece indícios mais latentes da aproximação entre e história e literatura, ou entre as escritas de cada uma, é Benito Bisso. Partindo da proclamada volta da narrativa realizada por Lawrence Stone em 1979, Benito Bisso articula outros dois autores que, de alguma forma, contribuíram para o debate: de Roger Chartier ele aponta para a negação da concepção de redescoberta ou retorno de algo que ainda nem abandono teve – como poderia ter retorno? Ou ainda, um privilégio a algumas formas narrativas em detrimento de outras narrações mais clássicas, principalmente narrativas biográficas centralizadas na figura do herói em sua linearidade vencedora. Também para Vavy Pacheco, não há retorno,

> pois biografias – fatuais e lineares – sempre houve e sempre haverá; além do mais, falar em retorno é algo bastante francês, pois no mundo anglo-saxão a biografia sempre teve uma aceitação maior pela história, diferentemente, como ela apontou, para o caso da historiografia francesa, "cujo retorno deu-se a partir dos anos 1970, com as histórias de vida da sociologia e da antropologia (BORGES, 2004: 288).

O segundo autor a quem Benito Bisso Schmidt atribui papel de relevância é Hayden White, pelo famoso e polêmico texto "Metahistory", em sua definição do trabalho histórico como uma estrutura verbal na forma de um discurso narrativo em prosa (WHITE *apud* SCHMIDT, 2002). E não só em

"Metahistory", mas em "O texto histórico como artefato literário", Hayden White desenvolveu abordagem sobre a relação história-ficção-narrativa, apontando o que seria a mais antiga distinção entre ficção e história, ou seja, a ficção como representação do imaginável e a história como representação do verdadeiro, sendo necessário dar lugar "ao reconhecimento de que só podemos conhecer o real comparando-o ou equiparando-o ao imaginável" (WHITE, 1994: 115).

Retornando ao texto de Benito Bisso, é importante ressaltar que nele as supostas diferenças teórico-metodológicas entre autores como Roger Chartier e Hayden White, e o próprio Eric Hobsbawm, por ele também trabalhado, estão delineadas, mas todos, segundo Schmidt,

> apontam para uma nova maneira de encarar o discurso histórico: este não pode mais ser visto como uma "forma" aleatória ao "conteúdo", mas como a própria condição de possibilidade deste conteúdo. Ou seja, o historiador não pode mais ser indiferente às figuras de linguagem que aciona, aos recursos estilísticos que utiliza, aos tempos verbais que entrecruza, pois são eles que dão sentido à narrativa, e não algo que é exterior a ela (SCHMIDT, 2002).

Sobre aquela segunda questão recorrente nas análises realizadas pelos pesquisadores brasileiros mencionados, que diz respeito ao indivíduo, deve ser tratada como outro tipo de eixo estruturador da escrita biográfica. Metaforicamente aqui apresentada como a luz que deve iluminar o corredor da biografia no palácio da história, não se deve prestar a iluminar uma individualidade impermeável, abstrata e isenta de percalços. Nesta luminosidade exacerbada do indivíduo existe o risco do biógrafo se perder em meio à luminescência de heróis incontestes, tornando-os, pela própria escrita, algo incontestado.

Para uma possível e coerente resposta a esta problemática do indivíduo, centrado nele mesmo como categoria independente, corroboro a observação de Vavy Pacheco, para quem parece "bastante claro que a oposição indivíduo/sociedade é falsa. O ser humano existe somente dentro de uma rede de relações"(BORGES, 2004: 304), apontando para o que Giovanni

Levi considerou o mais bem sucedido dos quatro tipos de biografia que ele já apresentou, que é a biografia-contexto; certamente um recurso aos perigos da luminosidade extremada dos indivíduos.[6]

> Nesse segundo tipo de utilização, a biografia conserva sua especificidade. Todavia a época, o meio e a ambiência também são muito valorizados como fatores capazes de caracterizar uma atmosfera que explicaria a singularidade das trajetórias. Mas o contexto remete, na verdade, a duas perspectivas diferentes. Por um lado, a reconstituição do contexto histórico e social em que se desenrolam os acontecimentos permite compreender o que à primeira vista parece inexplicável e desconcertante (...) Por outro lado, o contexto serve para preencher as lacunas documentais por meio de comparações com outras pessoas cuja vida apresenta alguma analogia, por esse ou aquele motivo, com a do personagem estudado (...) Essa perspectiva deu ótimos resultados, tendo-se em geral conseguido manter o equilíbrio entre a especificidade da trajetória individual e o sistema social como um todo (LEVI, 2002: 176).

Nesta lógica, compreender a dimensão contextual significa problematizar o mesmo contexto na esfera das relações às quais o biografado está inserido. E mesmo que as trajetórias estejam, na opinião de Giovanni Levi, arraigadas em um contexto, não agindo sobre ele, não o modificando, não é possível pensar que esse contexto seja entendido "como algo rígido, coerente, e que ele serve de pano de fundo imóvel para explicar a biografia" (LEVI, 2002: 176).

É fundamental pensar que os movimentos do biografado não estão restritos aos seus deslocamentos espaciais, mas, principalmente, no deslocamento das suas ideias, do seu pensamento sobre problemas que lhe foram

---

6   Levi desenvolveu algumas considerações sobre essa relação no artigo "Usos da Biografia". Fala ainda sobre "Biografia e Casos Extremos" e "Biografia e hermenêutica". In: Usos & abusos da história oral. AMADO, Janaina e FERREIRA, Marieta de M. (cood.). Rio de Janeiro: Editora FGV, 2002: 167-182. Originalmente publicado em *Annales E.S.C.* Paris: 6, nov-déc. 1989, p: 1333-1334.

colocados em vida. Condição que evidencia um duplo contexto: o seu e o de suas ideias, que *a priori* são um só, mas cuja absorção pelos seus interlocutores é necessariamente distinta, pois pressupõe, no caso das ideias, uma interpretação possivelmente não relacional imediata e física.

Também é de se considerar que os contextos são continuamente instituídos pelos suportes que produzem o movimento: uma revista e os outros artigos ali escritos, uma aula e a recepção-absorção pelos seus alunos, um projeto de cidade e as representações dali constituídas. No caso do suporte impresso, tem-se uma autonomia muito clara das ideias, mesmo existindo uma fonte produtora das ideias também muito clara (o indivíduo), mas que irão sofrer apropriações diversas, pois, aos seus possíveis interlocutores, outros contextos estão dados a existir. Por que então pensar, como propôs Giovanni Levi, que as trajetórias não agem sobre o contexto, não o modificam com suas interlocuções?

Não pretendo com isso afirmar o descolamento entre indivíduo e seu pensamento, mas pensar para além dessa relação, para o momento em que eles necessariamente se descolam, tornando-se autônomos – convém reafirmar que o descolamento será dado numa outra estrutura contextual, pois outros são os indivíduos, outras são as relações sociais, as relações profissionais. Parece oportuno, então, sempre perguntar ao indivíduo, em qual contexto ele "permitirá" o estudo sobre sua vida, invertendo assim um movimento que parece mais atraente no seu oposto, ou seja, do contexto construir a escrita sobre esta vida. O contexto não é fundo imóvel explicativo sobre este ou aquele personagem.

Como já informado na Apresentação, a pergunta sobre o contexto é não somente oportuna, mas peremptoriamente prazerosa, pois fundamenta ainda mais aquele "encanto radical" entre o historiador e seu indivíduo--objeto, já que a resposta quem deve encontrar é o historiador. No entanto, existe o risco do descontentamento do seu indivíduo-objeto pela resposta apresentada, na medida em que ela pode estar já direcionada por determinismos invariáveis, como aquele que levaria Gabrielle Brune-Sieler, segundo sua biógrafa, "para os caminhos da loucura e ponto final".

No caso do engenheiro José de Oliveira Reis, a resposta sobre o contexto interessado a ele mesmo passou, necessariamente, pela conformação do arquivo ao longo da vida e pelo processo de doação às instituições públicas, tornando-o, portanto, objeto público. No entanto, um contexto que foi gerido por certa noção *restritiva* que o personagem-objeto impôs ao conhecimento de sua trajetória de vida, transformando-a numa vida exclusivamente profissional.

Até que algum novo documento ou série documental sobre sua vida (pessoal), externa aos circuitos profissionais, seja encontrado e interpretado, sua biografia será fundamentalmente sobre sua atuação profissional. O próprio José de Oliveira Reis pretendeu essa caracterização, por ser ele próprio o responsável sobre a organização institucional do que seriam (e são) os vestígios de sua vida. Essa peculiaridade pode (ou deve) inviabilizar o uso do termo biografia profissional, sendo que no caso da sua vida, o que existe, são justamente (exclusivamente?) registros profissionais?

Não existe no acervo doado ao Arquivo Geral da Cidade do Rio de Janeiro pelo próprio engenheiro nenhum documento sobre as relações familiares. Nos depoimentos orais que realizou para o Museu da Imagem e do Som do Rio de Janeiro, ele inclusive relutou em apresentar maiores informações sobre sua infância, amigos, familiares. Também não existem descendentes diretos – ele não teve filhos – que pudessem preservar algum tipo de documento sobre sua vida pessoal, familiar.

Aquela noção *restritiva* não implica, contudo, uma impossibilidade de estudo da sua vida, sendo muito mais uma particularidade que foi necessária compreender. Compreensível, portanto, após a imersão no conjunto dos vestígios que José de Oliveira Reis nos ofereceu conscientemente, uma imersão no que é possível estudar sobre sua vida. Impossível, nesse sentido, qualquer tentativa de interpretação do enorme acervo doado em vida, com quaisquer chaves explicativas estabelecidas anteriormente ao próprio processo da pesquisa.

Entender esta clara intencionalidade por parte do personagem-objeto permitiu definir o âmbito da escrita biográfica no contexto profissional de José de Oliveira Reis – contexto em que ele se forma urbanista entremeado ao processo de legitimação e institucionalização do urbanismo nas administrações municipais brasileiras. Contexto que proporcionou o entendimento necessário de que se tratava sim da sua biografia, adjetivada pela categoria *profissional*, pois no seu caso a trajetória profissional é o que existe até este momento da sua vida como um todo, aqui sim, naquela linearidade cronológica do nascimento até sua morte.

E já que neste ponto o evento derradeiro da existência biológica ganhou espaço, convém recuperar abordagens como as desenvolvidas em *Guilherme o marechal* e *Herança Imaterial*, pois estudos biográficos que não se perderam nos receios das duas rupturas da vida humana: nascimento e morte. Sobretudo o texto de George Duby, pois não assumiu principalmente a morte como um fim em si, mas decisivamente como um processo que produz certa continuidade na vida daqueles que viveram com Guilherme.

A morte de *Guilherme o marechal* produziu a permanência da vida e das manifestações socioculturais daqueles que acompanharam o cortejo fúnebre, ou antes, desde o movimento delineado por Guilherme em direção ao seu evento derradeiro. Iniciar a biografia de Guilherme pelo longo processo da morte não foi apenas um recurso estrutural, ou retórica narrativa, mas, naquele contexto, a compreensão de que esse processo pode ser outro início.

Portanto, o que agora está efetivamente denominado como imprescindível é o movimento de imersão interpretativa nos documentos, sobretudo nos estudos delineados em "arquivos pessoais", arquivos construídos mediante um processo cognitivo e interessado de informações, de vestígios pelos quais o historiador terá a possibilidade de realizar perguntas.

Como então responder aquelas duas importantes perguntas apresentadas no início deste posfácio: o que poderia definir a dimensão analítica possível de "cada fase" desta vida, ou seja, como determinar a parte – a fase – possível ou interessada para a elaboração de um trabalho de História? Por fim, o que determina tal "possibilidade" ou "interesse" em uma pesquisa histórica está sob a responsabilidade do autor, ou passa pelas deliberações do personagem-objeto, sobretudo aqueles que ao longo de sua vida organizaram seus arquivos particulares?

Não convém aqui responder sobre outros trabalhos. Sobre este estudo é possível afirmar que os documentos determinaram "a fase" interessada, aquela que conforma o processo de formação do engenheiro José de Oliveira Reis como urbanista no âmbito da sua atuação profissional de funcionário público municipal. No seu caso, importante reafirmar, esta "fase profissional" é a única cujos vestígios estão disponíveis até o presente momento.

Ainda sobre o caminho de construção de uma resposta, a proposta aqui é de não poder se restringir ao momento em que o pesquisador adentra o acervo. O caminho passa por uma dimensão temporal ampliada, está vinculada ao próprio movimento de guarda dos documentos produzidos ao longo da vida. Tanto que é no entendimento desta lógica de preservação, pelo que foi preservado e interessadamente tornado público, que realizamos a pergunta central do estudo: o que é o urbanismo na interlocução do engenheiro José de Oliveira Reis?

Este livro é apenas uma possível interpretação sobre a vida deste engenheiro de formação, que dedica sua vida (profissional) ao urbanismo no Brasil, especialmente no Rio de Janeiro, cidade que ele adotou depois que deixou sua cidade natal, Ribeirão Preto, para estudar na Escola Politécnica da Capital Federal e nela iniciar uma longa atuação pelos corredores da administração municipal.

REFERÊNCIAS BIBLIOGRÁFICAS

ALBUQUERQUE, Marechal José Pessoa Cavalcanti de. *Nova metrópole do Brasil – relatório geral de sua localização*. Pelo Presidente da Comissão. Mapas e Ilustrações do Gabinete Fotocartográfico. SMG, Imprensa do Exército. Rio de Janeiro, 1958.

BENCHIMOL, Jaime Larry. *Pereira Passos: um Haussman tropical. Transformações urbanas na cidade do Rio de Janeiro no século XX*. Dissertação de mestrado – IPPUR-UFRJ, Rio de Janeiro, 1982.

_____. "O Rio se renova com o Prefeito Bota-Abaixo e o General Mata-Mosquitos. E o povo se rebela". *Revista do Brasil*, ano 1, n° 2, 1984.

BENEVOLO, Leonardo. *As origens da urbanística moderna*. Lisboa: Editorial Presença.

BONDUKI, Nabil (org.). *Affonso Eduardo Reidy – arquitetos brasileiros*. Lisboa: Editorial Blau/Instituto Lina Bo e P. M. Bardi, 2000.

BORGES, Vavy Pacheco. "Desafios da memória e da biografia: Gabrielle Brune-Siell, uma vida (1870-1940). In: BRESCIANI, Maria Stella M.; NAXARA, Márcia (orgs.). *Memória e (res)sentimento: indagações sobre uma questão sensível*. Campinas: Editora da Unicamp, 2004.

BOURDIEU, Pierre. "A ilusão biográfica". In: *Usos e Abusos da História Oral*. Rio de Janeiro: Editora FGV, 2002.

BRESCIANI, Maria Stella. "Melhoramentos entre intervenções e projetos estéticos: São Paulo (1850-1950)". In: BRESCIANI, Maria Stella (org.). *Palavras da cidade*. Porto Alegre: Editora da UFRGS, 2001: 343-366.

_____. "Cidade e História". In: LIPPI, Lúcia (org.). *Cidade: história e desafios*. Rio de Janeiro: Editora FGV, 2002.

BRITO, Helio. "Obras da avenida Presidente Vargas". *Revista Municipal de Engenharia*, jul.-out;. 1944: 100-111

BRUAND, Yves. *Arquitetura contemporânea no Brasil*. São Paulo: Perspectiva, 1991.

BURGUIÈRE, André (dir). Verbete do *Dictionaire des sciences historiques*. Paris: PUF, 1986.

CARDOSO, Adauto Lucio. *Construindo a utopia: urbanismo e modernidade no Brasil*. Dissertação de mestrado – IPPUR-UFRJ, Rio de Janeiro, 1988.

CARVALHO, F. V. de Miranda. "Aeroporto do Rio de Janeiro". Conferência realizada no Club de Engenharia, pelo engenheiro Carvalho. Publicada na *Revista do Club de Engenharia*, Rio de Janeiro, nov. 1934: 135-136.

CHARTIER, Roger. "Histoire intelectuelle et histoire des mentalités. Trajectoire et question". *Revue de Synthèse*, nº 111-112, jul.-dez. 1983.

CHIAVARI, Maria Pace. "Transformações urbanas do século XX". In: BRENA, Giovanna Rosso Del (org.). *O Rio de Janeiro de Pereira Passos: uma cidade em questão II*. Rio de Janeiro: Index, 1985.

CHOAY, Françoise. *A regra e o modelo: sobre a teoria da arquitetura e urbanismo*. São Paulo: Perspectiva, 1980.

_____. *O urbanismo: utopia e realidades – uma anotologia*. São Paulo: Perspectiva, 1965.

CIDADES. Pesquisa em História. Programa de Estudos Pós-Graduados em História da PUC-SP, 1999.

CIUCCI, G.; DAL CO, F.; MAINEIR-ELIA, M.; TAFURI, M. *La ciudad americana. De la guerra civil al New Deal*. Barcelona: Gustavo Gilli, 1975.

COSTA, Priscila. *A atuação do SERFHAU no estado de São Paulo*. Relatório de iniciação científica, USP.

CURY, Vânia Maria. "O Clube de Engenharia no contexto histórico de nascimento do moderno urbanismo brasileiro, 1880-1930". In: *Anais do VIII seminário de história da cidade e do urbanismo.* IPPUR/UFRJ, IGEO/UFRJ, PROURB/UFRJ, ARQ/URB/UFF, 2004.

DA SILVA, Lúcia Helena Pereira. "O Rio de Janeiro e a reforma urbana da gestão de Dodsworth (1937/1945); a atuação da comissão do plano da cidade". *Anais do V Encontro da associação nacional de pós-graduação e pesquisa em planejamento urbano e regional* (Anpur). Belo Horizonte, UFMG, 1993.

DE DECCA, Edgard "O estatuto da História". *Espaço & Debates – Revista de Estudos Regionais e Urbanos,* São Paulo, ano XI, n° 34, 1991.

DIAS, José Luciano de Mattos; MOTTA, Marly Silva da (coords.). *Engenheiros e economistas: novas elites burocráticas.* Rio de Janeiro: Editora FGV, 1994.

DODSWORTH, Henrique. "Problema da Cidade". *Revista Municipal de Engenharia,* jan., 1943.

DUBY, Georges. *A história continua.* Rio de Janeiro: Zahar, 1993.

DUBY, Georges; ARIÈS, Philippe; LE GOFF, Jacques; LA DURIE, Leroy. *História e Nova História.* Lisboa: Teorema, 1994.

ELIA, Francisco Carlos da Fonseca. *A questão habitacional no Rio de Janeiro da primeira república: 1889-1930.* Dissertação de mestrado em História – UFF, 1984.

ESTELITA, José. "Plano de remodelação e extensão da cidade do Recife". *Revista da Diretoria de Engenharia,* ano III, n° 12, set. 1934.

FARIA, Rodrigo Santos de. Resenha do texto de José de Oliveira Reis "O urbanismo e sua influência no município". *Espaço & Debates,* n° 41, 2001.

_____. *Profissional no processo de institucionalização do urbanismo no Brasil (1926-1965/1966).* Doutorado – IFCH-Unicamp, Campinas, 2007.

_____. "Urbanismo e história do Brasil pós-1940: José de Oliveira Reis e o Plano Diretor de Ribeirão Preto". In: *Anais do VII seminário de história da cidade e do urbanismo.* Salvador, UFBA, 2002.

FELDMAN, Sarah. "A americanização do setor de urbanismo da administração municipal de São Paulo". In: *Anais do IV seminário de história da cidade e do urbanismo.* Rio de Janeiro, PROURB/FAU-UFRJ, vol. I, 1996: 224-234.

_____. "O zoneamento ocupa o lugar do plano. São Paulo, 1947-1961". In: *Anais do VII encontro nacional da Anpur*. Recife, MDU/UFPE, vol. 1, 1997: 667-684.

_____. *Planejamento e zoneamento. São Paulo: 1947-1972*. São Paulo: Edusp/Fapesp, 2005.

_____. "1950: a década de crença no planejamento regional no Brasil". In: *Anais do XIII encontro nacional da Anpur*, Florianópolis, 2009. São Paulo: Edusp/Fapesp, 2005a.

_____. "Anhaia Mello e a Comissão do Plano da Cidade: o plano para além da esfera técnica". In: *Anais do V Seminário de História da Cidade e do Urbanismo*. FAU-PUCCAMP, 2005.

FERNANDES, Ana; GOMES, Marco A. F. (orgs.). *Cidade e história – modernização das cidades brasileiras nos séculos XIX e XX*. Dissertação de mestrado – UFBA/Anpur, Salvador, 1992.

FERNANDES, Ana; GOMES, Marco A. F. "A pesquisa recente em história urbana no Brasil: percursos e questões". In: PADILHA, N. (org.). *Cidade e Urbanismo: História, teorias e práticas*. Salvador, dissertação de mestrado, FA-UFBA, 1998.

GANTOS, Marcelo Carlos. *Progresso e crise urbana: a Comissão de Melhoramentos da cidade do Rio de Janeiro, 1870-1876*. Dissertação de mestrado – UFF, Niterói, 1993.

GAWRYSZEWSKI, Alberto. *A administração Pedro Ernesto: Rio de Janeiro, 1931-1936*. Dissertação de mestrado – UFF, Niterói, 1988.

GOMES, Sonia Pereira. *A reforma urbana de Pereira Passos e a construção da identidade carioca*. Doutorado em Comunicação e Cultura) – EC-UFRJ, Rio de Janeiro, 1992.

GUNN, P.; CORREIA, T. de B. "O urbanismo: a medicina e a biologia nas palavras e imagens da cidade". In: BRESCIANI, Maria Stella (org.). *Palavras da cidade*. Porto Alegre: Editora da UFRGS, 2001: 227-260.

JUNIOR, José Marinho Nery. "Discursos de Anhaia Mello e de Prestes Maia sobre o zoneamento: coerências e contradições entre postulados teóricos e políticas públicas no urbanismo paulistano". *V Seminário de história da cidade e do urbanismo*. Campinas, FAU-PUC/Anpur, 1998.

KAWAMURA, Lili Katsuco. *Engenheiros: trabalho e poder*. São Paulo: Ática, 1979.

KLEIMAN, Mauro. "As obras de infra-estrutura urbana na construção do moderno Rio de Janeiro". In: *Anais do encontro nacional da Anpur*, Brasília, 1995.

_____. *Construtores do moderno Rio de Janeiro: empresas na construção das redes de infra-estrutura de água, esgoto e viárias no Rio de Janeiro*. Rio de Janeiro: Editora da UFRJ/IPPUR, 2000.

_____. *De Getúlio a Lacerda, "um rio de obras" transforma a cidade do Rio de Janeiro: as obras públicas de infra-estrutura na construção do "Novo Rio" no período de 1938-1965*. Doutorado – FAU-USP, São Paulo, 1994.

_____. "Redes de infra-estrutura urbana nas intervenções urbanísticas: a 'mão-dupla' de alocação das redes no Rio de Janeiro 1975-96". *V seminário de história da cidade e do urbanismo*. Campinas, FAU-PUC/Anpur, 1998.

KOFES, Suely. *Uma trajetória em narrativas*. Campinas: Mercado das Letras, 2001.

LAMAPARELLI, Celso Monteiro. "Louis-Joseph e a pesquisa urbano-regional no Brasil. Crônicas tardias ou história prematura". *Espaço e Debates*, ano XIV, nº 37: 90-99.

LE GOFF, Jacques. "Comment écrire une biographie historique aujourd'hui". *Le Débat*, Paris, 1989.

LEAL, Maria da Glória Faria. *A construção do espaço urbano carioca no Estado Novo: a indústria da construção civil*. Dissertação de mestrado – UFF, Niterói, 1988.

LEME, M. C. S. (cord). *Urbanismo no Brasil – 1895-1965*. São Paulo: Studio Nobel/FAU-USP/FUPAM, 1999.

LEPETIT, Bernard. "Histoire des pratique pratique de l'histoire". In: LEPETIT, Bernard (org.). *Les formes de l'expérience: une autre histoire sociale*. Paris: Albin Michel, 1995.

_____. "Editorial Tentons l'expérience". *Annales ESC*, nº 6, 1989.

_____. *Por uma nova história urbana* (org. por Heliana A. Salgueiro). São Paulo: Edusp, 2001.

LEVI, Giovanni. "Usos da biografia". In: AMADO, Janaina; FERREIRA, Marieta de M. (coords.). *Usos e abusos da história oral*. Rio de Janeiro: Editora FGV, 2002: 167-182. Originalmente publicado em *Annales E.S.C.*, Paris, 6, nov.--dez. 1989.

LIMA, Evelyn Furquim Werneck. *Avenida Presidente Vargas: uma drástica cirurgia*. Rio de Janeiro: SMCTE – DGDIC – DE, 1990.

_____. *Espaços do poder: o Rio de Janeiro no Estado Novo*. Dissertação de mestrado – Escola de Belas Artes-UFRJ, Rio de Janeiro, 1988.

LORIGA, Sabina. "A biografia como problema". In: REVEL, Jacques (org.). *Jogos de escala: a experiência da microanálise*. Rio de Janeiro: Editora FGV, 1998.

MACEDO, Silvia Cordeiro de. *Antonio Bezerra de Baltar e a cidade integrada à região*. Dissertação de mestrado – USP, São Paulo, 2002.

MADELÉNAT, Daniel. *La Biografie*. Paris: Presses Universitaires de France, 1984.

MARTINS, Mario de Souza. "Da criação do Departamento Nacional de Urbanismo". *Revista Municipal de Engenharia*, mar. 1941: 128-131.

MELLO JÚNIOR, Donato. *Rio de Janeiro: planos, plantas e aparências*. Rio de Janeiro, 1988.

MELLO, L. A. "Urbanismo e suas normas para organização de plano". *Boletim do Instituto de Engenharia*, n° 89, 1993.

MELO, Marcos A. C. de. "Municipalismo, *nation-building* e a modernização do Estado no Brasil. *Revista Brasileira de Ciências Sociais*, São Paulo, ano 8, n° 23, 1993: 85-100.

MINDLIN, Henrique E. *Arquitetura moderna no Brasil*. Rio de Janeiro: Aeroplano, 1999.

OLIVEIRA, Elizabeth Lira de. *Política de urbanização da cidade do Rio de Janeiro 1926-1930*. Dissertação de mestrado – ICHF-UFF, Niterói, 1981.

OLIVEIRA, Francisco Baptista de. "Considerações sobre o II Congresso Brasileiro de Urbanismo". *Revista do Clube de Engenharia*, n° 309, vol. 25, 1962.

OLIVEIRA, Lígia Gomes de. *Desenvolvimento urbano da cidade do Rio de Janeiro; uma visão através da legislação reguladora da época: 1925-1975*. Dissertação de mestrado – IPPUR-UFRJ, Rio de Janeiro, 1978.

PASSERON, Jean-Claude. "Biographie, flux, itinéraires, trajectoires". *Revue Française de Sociologie*, 31, 1990, n° 31.

PASSOS, Edison. "Melhoramentos do Rio de Janeiro". *Revista do Club de Engenharia*, n° 73, maio-jun. 1941.

PEREIRA, Margareth da Silva. "Pensando a metrópole moderna: os planos de Agache e Le Corbusier para o Rio de Janeiro". In: RIBEIRO, Luis C. de Q.; PECHMAN, Robert (orgs.). *Cidade, povo e nação – gênese do urbanismo moderno*. Rio de Janeiro: Civilização Brasileira, 1996: 363-376.

REIS, José de Oliveira; FALCI, Miridian Knox; SISSON, Raquel. "Sequicentenário de Pereira Passos". *Revista Municipal de Engenharia*, Rio de Janeiro, vol. XLI, jan.--dez. 1990.

REIS, José de Oliveira. "Pedreiras do Districto Federal e sua contribuição nas construções". *Revista da Diretoria de Engenharia*, ano III, n° 12, set. 1934: 111-118. A segunda parte do artigo também foi publicada na *Revista da Diretoria de Engenharia*, n° 13, nov. 1934: 166-175.

_____. "Uma síntese sobre as principais vias do plano diretor". *Revista Municipal de Engenharia*, jul. 1942: 204-209.

_____. *O Rio de Janeiro e seus prefeitos: evolução urbanística da cidade*. Rio de Janeiro: Prefeitura da Cidade do Rio de Janeiro, 1977.

RÉMOND, Réne (dir.). *Pour une histoire politique*. Paris: Seuil, 1988.

REVEL, J. (dir.). *Jeux d'échelles. La micro-analyse à l'expérience*. Paris: Gallimard/Le Seuil, 1996.

REVEL, Jacques. "A história ao rés-do-chão". In: LEVI, Giovanni. *A herança imaterial: trajetória de um exorcista no Piemonte do século XVII*. Rio de Janeiro: Civilização Brasileira, 2000.

REZENDE, Vera Lúcia Ferreira Motta. *Quatro planos para a cidade do Rio de Janeiro: a questão ideológica*. Dissertação de mestrado – IPPUR-UFRJ, Rio de Janeiro, 1980.

REZENDE, V. L. F. M. A Comissão do Plano da Cidade, um modelo de gestão e um plano de obras para a cidade do Rio de Janeiro. In: XI Encontro Nacional da Anpur: Planejamento, soberania e solidariedade: perspectivas para o território e a cidade, 2005, Salvador. XI Encontro Nacional da Anpur: Planejamento, soberania e solidariedade: perspectivas para o território e a cidade. Salvador: Anpur – UFBA, 2005.

_____. "Evolução da produção urbanística na cidade do Rio de Janeiro, 1900-1950-1992". In: LEME, Maria Cristina da Silva (org.). *Urbanismo no Brasil: 1895-1965*. São Paulo: Studio Nobel/FAU-USP/FUPAM, 1999.

_____. "O urbanismo moderno no Rio de Janeiro: a contribuição de Saboya Ribeiro". In: *Anais do VII seminário de história da cidade e do urbanismo*. Salvador, UFBA, 2002.

_____. "Planos e regulação urbanística: a dimensão normativa das intervenções na cidade do Rio de Janeiro". In: LIPPI, Lúcia (org.). *Cidade: história e desafios*. Rio de Janeiro: Editora FGV, 2002.

_____. "Transferências internacionais e o urbanismo modernista na cidade do Rio de Janeiro". In: *Anais do VI seminário de história da cidade e do urbanismo*. Natal, UFRN, 2000.

RIBEIRO, L. C. Q.; PECHMAN, R. (orgs.). *Cidade, povo e nação: gênese do urbanismo moderno*. Rio de Janeiro: Civilização Brasileira, 1996.

RIBEIRO, José Octacílio de Saboya. "Urbanização da bahia de Botafogo – plano director e recomposições parciaes". *Revista do Clube de Engenharia*, nov. 1934: 139-141.

RIBEIRO, Luiz César de Queirós Ribeiro. "Cidade, nação e mercado: gênese e evolução da questão urbana no Brasil." In: SACHS, Ignacy; WILHEIM, Jorge; PINHEIRO, Paulo Sérgio (orgs.). *Brasil: um século de transformações*. São Paulo: Companhia das Letras, 2001.

RIBEIRO, Luiz Cesar de Queiroz; PECHMAN, Robert Moses. *A sociedade e o urbano: notas sobre a emergência de saberes e técnicas sobre a cidade.* Texto impresso gentilmente cedido.

RIBEIRO FILHO, Geraldo Browne. "Modernização administrativa dos municípios mineiros: o papel do Departamento da Administração Municipal". In: *Anais do XI seminário de história da cidade e do urbanismo.* Vitória: Ophicina Photografica Eberton Amaral Digital Service, 2010.

ROCHA, Oswaldo Porto. *A era das demolições; cidade do Rio de Janeiro: 1870-1920.* Dissertação de mestrado – ICHF-UFF, Niterói, 1983.

SALGADO, Ivone. Texto de apresentação da comunicação "Construções". *VII seminário de história da cidade e do urbanismo.* Salvador, UFBA, 2002.

SALGUEIRO, Heliana A. *Engenheiro Aarão Reis: o progresso como missão.* Belo Horizonte: Fundação João Pinheiro/Centro de Estudos Históricos e Culturais, 1997.

SANTOS, Ângela Moulin Simões Penalva. *Planejamento e desenvolvimento: o estado da Guanabara.* Doutorado – São Paulo, FAU-USP, 1990.

SANTOS, Francisco A. Noronha. *Esboço histórico: acerca da organização municipal e dos prefeitos do Distrito Federal.* Rio de Janeiro: O Globo, 1945.

SCHELLE, Andrey; FICHER, Sylvia. "Vera Cruz, futura capital do Brasil". *IX seminário de história da cidade e do urbanismo,* FAU-USP, EESC-USP, FAU-PUCCAMP, FAU-Mackenzie, 2006.

SCHMIDT, Bento Bisso. "A biografia histórica: o 'retorno' do gênero e a noção de contexto". In: GUAZZELLI, César Augusto *et al* (orgs.). *Questões de teoria e metodologia da história.* Porto Alegre: Editora da UFRGS, 2000: 121-129.

_____. "Construindo biografias... historiadores e jornalistas: aproximações e afastamentos". *Estudos Históricos,* Rio de Janeiro, vol. 10, n⁰ 19, 1997: 3-22.

_____. *O patriarca e o tribuno: caminhos, encruzilhadas, viagens e pontes de dois líderes socialistas – Francisco Xavier da Costa (187?-1934) e Carlos Cavaco (1878-1961).* Doutorado) – IFCH/Unicamp, 2002.

_____. *Uma reflexão sobre o gênero literário: a trajetória do militante socialista Antônio Guedes Coutinho na perspectiva de sua vida cotidiana*. Dissertação (mestrado) – IFCH-UFRGS, Porto Alegre, 1996.

SILVA, Lucia Helena Pereira. *História do urbanismo no Rio de Janeiro – administração municipal, engenharia e arquitetura dos anos 1920 à ditadura Vargas*. Rio de Janeiro: E-Papers, 2003.

STONE, Lawrence. "O ressurgimento da narrativa – reflexões sobre uma nova velha história". *Revista de História*, n°s 2/3, primavera 1991.

STUCKENBRUCK, Denise Cabral. *O Rio de Janeiro em questão: o Plano Agache e o ideário reformista dos anos 20*. Rio de Janeiro: Observatório de Políticas Urbanas/IPPUR/FASE, 1996.

TAVARES, Jefferson. *Projetos urbanísticos de Brasília e a cultura urbanística nacional*. Dissertação de mestrado – USP, São Carlos, 2004.

TELLES, Pedro Carlos da Silva. "História da engenharia no Brasil, séculos XVI a XIX e XX". In: CARDOSO, Adauto Lúcio; RIBEIRO, Luiz César de Q. *Planejamento urbano no Brasil: paradigmas e experiências*. Águas de São Pedro, XVI ANPOCS, 1992.

TOLEDO, Benedito Lima. *Prestes Maia e as origens do urbanismo moderno em São Paulo*. São Paulo: Empresa das Artes, 1996

TOPALOV, Christian. "Os saberes sobre a cidade: tempos de crise?". *Espaço e Debates*, São Paulo, ano XI, n° 34: 28-38.

TOPALOV, Christian; DEPAULE, Jean-Charles. "A cidade através de suas palavras". In: BRESCIANI, Maria S. M. (org.). *Palavras da cidade*. Porto Alegre: Editora da UFRGS, 2001: 17-38.

VAZ, Lílian Fesller; CARDOSO, Elisabeth Dozouzart. "Obras de melhoramentos no Rio de Janeiro: um debate antigo e um privilégio concorrido". In: BRENNA, Giovanna (org.). *O Rio de Janeiro de Pereira Passos: uma cidade em questão II*. Rio de Janeiro: Index, 1985.

VEYNE, Paul. *Como se escreve a História*. Lisboa: Edições 70, 1983.

_____. *O inventário das diferenças*. Lisboa: Gradiva, 1989.

VILLAÇA, Flávio. "Uma contribuição para a história do planejamento urbano no Brasil". In: DEÁK, Csaba; SCHIFFER, Sueli Ramos (orgs.). *O processo de urbanização no Brasil*. São Paulo: Edusp, 1999.

WALKER, T. W.; BARBOSA, A. S. *Dos coronéis à metrópole: fios e tramas da sociedade e da política em Ribeirão Preto no século XX*. Ribeirão Preto: Palavra Mágica, 2000.

ANEXOS

1. Fontes de pesquisa

Periódicos

Notícias Municipais – Publicação bimestral do Instituto Brasileiro de Administração Municipal

Conferência sobre o Plano Regional Urbanístico de São Paulo, ano II, jul.--ago./1955, n° 11.

A futura Estação Rodoviária de Ribeirão Preto (Prestes Maia), ano II, set.-out./1955, n° 12.

São Paulo e a necessidade de uma plano diretor. Palestra, Anhaia Mello, ano II, nov.--dez./1955, n° 13.

Construção de Mercados Municipais (Prestes Maia em Ribeirão Preto), ano II, nov.--dez./1955, n° 13.

Concurso para Planejamento e Urbanização da Futura Capital, ano III, maio--jun./1956, n° 16.

Urbanismo (o que é urbanismo, nasce uma cidade, planificação integral, o planejamento da futura capital, o plano diretor, unidades de vizinhança), ano III, jul.-ago./1956, n° 17.

Planejamento e Urbanismo (planejamento, a cidade com ar-sol-vegetação, localização urbana das escolas), ano III, set.-out./1956, n° 18.

Seção Planejamento e Urbanismo, (Áreas Verdes; Levantamento Urbanístico da Capital Paulista; Pela ordenação e disciplina da ocupação do solo; as cidades novas), ano III, nov.-dez./1956, n° 19.

Seção Planejamento e Urbanismo, (relatório de Lucio Costa sobre plano piloto; Impressões de Sir William Holford sobre plano piloto; Plano piloto-relatório do júri), ano IV, mar.-abr./1957, n° 21.

Seção Planejamento e Urbanismo, "Vantagens que os Planos Diretores oferecem aos municípios", ano IV, maio-jun./1957, n° 22.

Seção Planejamento e Urbanismo, "Criação do Centro de Pesquisas e Estudos Urbanísticos da FAU-USP", ano IV. jul.-ago./1957, n° 23.

Seção Planejamento e Urbanismo, "Formação de Planejadores", "Estrutura Urbana do Rio", ano V, jul.-ago./1958, n° 29.

Editorial "Os Municípios e o Urbanismo"; Seção Planejamento e Urbanismo, "Criação de Cidades Novas", ano V, nov.-dez./1958, n° 31.

Seção Planejamento e Urbanismo, "A posição do arquiteto em face do urbanismo"; "A ensino da planificação na América do sul"; "Arquitetos e urbanistas"; "A planejamento urbano e a administração municipal", ano VI, jan.-fev./1959, n° 32.

Seção Planejamento e Urbanismo, "Filosofia da Cidade"; "Técnica de Planejamento Urbano", ano VI, mar.-abr./1959, n° 33.

Seção Planejamento e Urbanismo, "Ausência de planejamento urbano no Brasil", ano VI, nov.-dez./1959, n° 37.

Seção Planejamento e Urbanismo, "Planejamento governamental e urbanização", ano VII, jan.-fev./1960, n° 38.

Seção Planejamento e Urbanismo, "Transportes Coletivos e Planejamento"; "Filosofia da Cidade Nova", ano VII, jul.-ago./1960, n° 41.

Seção Planejamento e Urbanismo, "Planejamento urbano no interior Paulista", ano IV, nov.-dez./1957, n° 25.

O URBANISTA E O RIO DE JANEIRO **325**

Seção Planejamento e Urbanismo, "Organização para o planejamento urbano"; O urbanista e a profissão de Urbanista", ano VI, maio-jun./1959, n° 34.

Seção Planejamento e Urbanismo, "Mentalidade de planejamento no Brasil"; "Crescimento urbano e planejamento no Brasil", ano VII, mar.-abr./1960, n° 39.

"O crescimento de São Paulo", ano III, maio-jun./1956, n° 16. (*O Estado de* S. Paulo, 21/04/1956);

"Nova fase de atividades do IBAM", ano III, jan.-fev. 1955, n° 14.

"Urbanismo: teoria e prática", ano III, janeiro-fevereiro/1955, n° 14.

"Urbanismo", ano II, maio-jun./1955, n° 10. (*O Estado de S. Paulo*, 18/03/1955)

"Urbanismo e legislação", ano II, jul.-ago./1955, n° 11.(O *Estado de S. Paulo*, 29/05/1955);

"Necessidade de Planejamento", ano II, setembro-outubro/1955, n° 12 *(O Estado de S. Paulo*, 22/07/1955);

"*O zoneamento*". NA III, mar.-abr./1956, n° 15.

Revista de Administração Municipal – Publicação bimestral do Instituto Brasileiro de Administração Municipal

Artigos

"Planejamento territorial do litoral norte de São Paulo" (conferência)– Luiz Anhaia Mello. *Seção Planejamento & Urbanismo*, ano VIII, n° 45, mar.--abr./1961: 115-126.

Seção Pequenas Notícias: Congresso Interamericano de Municípios. "Entre 21 31 de outubro próximo estará reunida pela nona vez o CIM. Desta feita a reunião será em Buenos Aires, onde o Conselho Deliberativo do certame está instalado. Esta reunião continuará a série iniciada em 1938, sob os auspícios da Organização Interamericana de Cooperação Intermunicipal (OICI). As reuniões anteriores realizaram-se em: Havana-1938, Santiago do Chile-1941, Nova Orleans-1950, Montevidéu-1953, San Juan de Porto Rico-1954, Panamá-1956, Rio de Janeiro-1958, San Diego, EE.UU-1960. ano IX, n° 53, jul.-ago./1962: 306.

Seção Planejamento & Urbanismo, "Engenharia de tráfego e as municipalidades – caso do Rio de Janeiro". José de Oliveira Reis, ano IX, n° 54, set.--out./1962. Consta indicação de atuação como professor de Administração Municipal do Curso Superior de Urbanismo da Faculdade Nacional de Arquitetura da Universidade do Brasil: 355-366.

Seção Planejamento & Urbanismo. "Planejamento e sua Importância no mundo contemporâneo", Arquiteto Breno Cyrino Nogueira, Centro de Pesquisa e Estudos Urbanísticos da FAU-USP, ano IX, n° 55, nov.-dez./1962: 448-451.

Seção Planejamento & Urbanismo, "Bibliografia comentada sobre planejamento urbano na América Latina", Francis Violich, ano X, n° 57, mar.--abr./1963: 100-119. (Violich é chefe do Departamento de Planejamento Urbano e Regional da Universidade da Califórnia. Publicou *Cities of Latin América*, 1954)

Seção Planejamento & Urbanismo, "Planos diretores para as cidades pequenas e médias do Brasil", Engenheiro Antônio Bezerra Baltar, ano X, n° 58, mar.--jun.-1963,: 177-191.

Seção Planejamento & Urbanismo, "Organização para o planejamento municipal", Engenheiro Rubens de Mattos Pereira, ano X, n° 59, jul.-agos.-1963: 271-292.

Seção Planejamento & Urbanismo, "A profissão de planejador urbano"; "Legislação sobre planejamento urbano, plano regulador e plano diretor: breve estudo comparativo", Carlos Mouchet, n° 65, jul.-ago./1964.

Seção Planejamento & Urbanismo, "Diretrizes para o zoneamento", Urbanista Adina Mera, n° 69, mar.-abr./1965: 95-101.

Seção Planejamento & Urbanismo, "O plano habitacional e a expansão das áreas urbanas", Mário Larangeira de Mendonça, n° 70, maio-jun. 1965: 155-175.

Seção Planejamento & Urbanismo, "Sistema nacional de planejamento integrado", H. J. Cole, n° 74, jan.-fev./1966: 12-18.

Seção Planejamento & Urbanismo, "Política de desenvolvimento Urbano do Governo", H. J. Cole, n° 75, mar.-abr./1966: 83-90.

Seção Planejamento & Urbanismo, "O desenvolvimento urbano no Brasil", H. J. Cole, n° 76, maio-jun./1966: 161-167.

Seção Planejamento & Urbanismo, "Conceituação de plano diretor", Domingos Theodora de Azevedo Netto, n° 79, nov.-dez.-1966: 403-410.

Série Leituras de Planejamento e Urbanismo – Publicação do IBAM.

Seção Documento, "Contra a revisão urbanística de brasília", Lúcio Costa, ano XVIII, n 107, jul.-ago./1971: 97-103.

Editorial "Planejamento no município", ano VIII, n° 48, set.-out./1961. Sobre a criação da Comissão Nacional de Planejamento, pelo Decreto 51.152 de 05/08/1961, publicado no DO-União de 05/08-1961: 7115.

"Financiamento dos Planos Diretores", ano IX, n° 53, jul.-ago./1962: 273-276.

Editorial "O SERFHAU e os municípios", n° 83, jul.-ago./1967: 251-252.

Revista Brasileira dos Municípios – Órgão do Conselho Nacional de Estatística e da Associação Brasileira dos Municípios, editado trimestralmente pelo IBGE

"Assistência técnica estadual aos municípios"; "Urbanismo como fator de organização", ano I, n° 3-4, jul.-dez./1948.

"Carta dos municípios", Seção Documentário, ano VII, n° 26, abr.-jun./1954.

"Cooperação intermunicipal", ano III, n° 9, jan.-mar./1950.

"Da necessidade de planejamento na administração pública", ano V, n° 18, abr.-jun./1952.

"Integração das necessidades urbanas nos planos regionais", ano XII, n° 45-46, jan.-jun./1959.

"O município no Brasil". Revista Brasileira dos Municípios, ano VI, n° 21, jan.-mar./1953.

"Os municípios brasileiros e o moderno urbanismo", ano V, n° 20, out.-dez./1952.

"Planejamento de cidades", ano VII, n° 27, jul.-set./1954.

"Planejamento municipal", ano III, n° 11, jul./set./1950.

"Planos de Urbanização", ano VII, n° 28, out.-dez./1954.

I Congresso Nacional dos Municípios – "Como situar o urbanismo dos municípios", ano III, n° 10, abr.-jun./1950.

Seção Administração e Urbanismo, "A administração municipal", ano I, n° 1-2, jan.-jun./1948.

Revista Brasileira de Engenharia

"A geografia urbana e sua influência sobre o urbanismo superficial e subterrâneo". Engenheiro Jerônimo Cavalcante, ano XXI, nov./dez. 1942, tomo XXIX, n° 11-12

"Preliminares da criação de Institutos de Urbanismo". Engenheiro Henrique Neves Lefevre, ano XXI, tomo 39, n° 9-10, set./out, 1942.

"Problemas da cidade". Engenheiro Milton Ferreira Viana. Anno XVIII, tomo 33, n° 5, nov. 1937.

Revista Municipal de Engenharia

"Cidades de Amanhã". Arquiteto. Adalberto Szilard. jul./1943.

"Canal Interceptor Paulo de Frontin". Engenheiro José de Oliveira Reis, jan./1943

"Comissão do Plano da Cidade", jan./1938.

"Delimitação das zonas urbana, suburbana e rural do Distrito Federal, out./dez. 1952.

"Drenagem do aeroporto Santos Dumont. Engenheiro José de Oliveira Reis. mar./1938.

"El símbolo y el dia del urbanismo". Engenheiro Carlo M. Della Paolera, jan.--mar. 1950.

"Espaço livre e a vegetação urbana". Arquiteto Hermínio de Andrade e Silva, jan./1940

"Estudo da legislação vigente sobre Urbanismo na França". Tobias D´Angelo Visconti, jan./1939.

"Impressões sobre o problema urbanístico do Rio de Janeiro". J. C. Nichols, jul./1938.

"Notícia sobre o parkway Faria-Timbó". Engenheiro José de Oliveira Reis, abr./1943

"Núcleos residências do futuro". Engenheiro J.º Sabóia Ribeiro, out./1943.

"O Plano Diretor' – comissão do plano da cidade", jul./1943.

"O V Congresso Panamericano de Arquitetos". Arquiteto Hermínio de Andrade e Silva, maio/1940.

"Obras da avenida Presidente Vargas". Engenheiro Helio Alves de Brito, jul./out./1944.

"Primeiro Congresso Brasileiro de Urbanismo". Engenheiro Mario de Souza Martins, mar./1941

"Problemas da cidade", jan./1943

"Projetos Regionais". Arquiteto Adalberto Szilard, jan./1944

"Rumos da arquitetura e urbanismo nos Estados Unidos". Paul Lester Weiner, maio, 1942

"Urbanismo no estado do Rio. Engenheiro Stéphane Vannier, jul./1945

"Projeto de reorganização da Secretaria Geral de Viação e Obras", out./dez./1952.

Escola Politécnica do Rio de Janeiro – Acervo José de Oliveira Reis

Documento 1

"Universidade do RIO DE JANEIRO

Escola Politécnica

Arquivo

José de Oliveira Reis

Março nº 18

Nº de ordem 2254

Documento 2

"Exmo Sr. Dr. Director da Escola Politécnica do Rio de Janeiro

22/01/1921

José de Oliveira Reis, filho de Valeriano [F ou S] dos Reis, com 17 annos de idade, natural de Ribeirão Preto, Estado de São Paulo, requer a V. Ex. a sua inscrição para o exame vestibular.

Rio de Janeiro, 21 de janeiro de 1921

José de Oliveira Reis"

Documento 3

"Ex. Sr. Diretor da Escola Politécnica do Rio de Janeiro

matricula-se Rio 31 de março de 1921. Paulo de Frontein

O Sr. João Souza Gomes Neto, abaixo assignado como procurador de José de Oliveira Reis, brasileiro, filho de Valeriano [Felincio] dos Reis, morador à Rua Benjamnin Constant 113, juntando os documentos exigidos, vem requerer a V. Ex. a sua [inscrição] no primeiro anno desta escola.

Rio de Janeiro, 29 de março de 1921".

Documento 4

"Estados Unidos do Brasil

Livro nº 9, fls. 192

1º Translado da procuração abaixo transcripta

José Tiburgio Xavier – 4º Tabelião – Ribeirão Preto

Documento que dá característica de João de Souza Gomes Netto: médico, residente no Rio de Janeiro à Rua Benjamin Constant, 113, como procurador de José de Oliveira Reis.

Documento de 26 de março de 1921, Ribeirão Preto

Documento 5

"Tipo de Certidão de Nascimento

Por Jarbas Vieira de Souza, Escrivão de Paz e Official do Registro Civil deste Districto de Ribeirão Preto.

'Certifica que aos 28 dias de setembro de 1903 na cidade de Ribeirão Preto compareceu Valeriano F. dos Reis, negociante e residente à Rua General Osório 147 para declarar no dia 25 de setembro de 1903 às quatro horas da manhã nasceu uma criança, de cor branca, sexo masculino, filho legítimo do declarante e donna [Ursolina] de Oliveira Reis, ele do Estado do Sergipe e ella do Estado do Rio de Janeiro'".

Documento 6

Escola Politécnica

Protocolo n ° 2195

"Em 16 de setembro de 1935

'o abaixo assignado, engenheiro civil da turma de 1925, desejando-se ter o título de livre docente da Cadeira de Hidráulica Theórica e Applicável, requer a V. Ex. inscreve-lo no respectivo concurso. Junta para esse fim os documentos necessários,

Nestes Termos,

Rio de Janeiro, 14 de setembro dd 1935

José de Oliveira Reis'".

Documento 7

"Universidade do Brasil – Escola Nacional de Engenharia

Protocolo nº 1960, em 24 de outubro de 1938,

José de Oliveira Reis, engenheiro civil, ex-assistente da cadeira de Hidráulica do ex-docente livre, Prof. Raimundo Barbosa de Carvalho Netto, tendo se inscrito ao concurso da referida cadeira e não tendo prestado o mesmo, requer a restituição dos documentos que juntou no seu requerimento inicial.

Rio de Janeiro, 24 de outubro de 1938,

José de Oliveira Reis."

Anexo a esse documento (escrito no verso), Oliveira Reis atesta ter recebido os documentos solicitados, inclusive duas portarias de nomeação de 24 de agosto de 1933 e 13 de junho de 1934.

Arquivo Geral da Cidade do Rio de Janeiro – Acervo José de Oliveira Reis. Pesquisa em manuscritos – DM/FJOR/AGC-RJ

Caixa 7

1. Palestra na SEARJ – 1985

EM 18/07/1985.

Tema: Urbanismo e Urbanização

Título: Planos e Obras da Cidade do Rio de Janeiro

Subtítulo: Engenheiros e Respectivas realizações

Cronologicamente vamos remontar ao século passado. O primeiro plano de conjunto, naquele tempo, segunda metade do século XIX, por volta de 1875/76, chamava-se PLANO DE MELHORAMENTOS. Não existia ainda a palavra URBANISMO, que só foi introduzida em 1910 por Alfred Agache, urbanista francês, nosso conhecido\.

Este 1° Plano foi apresentado ao MINISTRO DO IMPÉRIO Dr. JOÃO CORREA DE OLIVEIRA pela COMISSÃO por ele nomeada constituída dos ENGENHEIROS:

FRANCISCO PREREIRA PASSOS – (RELATOR)

JERÔNIMO RODRIGUES DE MORAES JARDIM

MARCELINO NUNES RAMOS DA SILVA

O plano abrangia a área central da cidade e mais os bairros do Engenho Velho.

Obs: essa palestra será copiada.

2. Carta enviada ao presidente do Clube de Engenharia. Rio de Janeiro, julho de 1985.

Sobre alguns equívocos publicados na Revista do Clube de Engenharia, n° 432, abril/maio de 1985 com o título "Rio de Janeiro, ano 420".

(...) finalmente, o equívoco maior foi o de atribuir a PEREIRA PASSOS a construção da Avenida Central, atual Av. Rio Branco. Até certo ponto se justifica essa confusão pois ela foi feita simultaneamente com a Administração PEREIRA PASSOS. A Av. Central foi obra exclusiva do Governo Federal, nada tendo haver com a prefeitura do Distrito Federal. A sua construção estava subordinada ao MINISTÉRIO DE VIAÇÃO E OBRAS PÚBLICAS tendo como ministro o General LAURO SEVERIANO MÜLLER, Eng. Militar. O seu traçado deve-se a Lauro Muller que dizia ser necessário ligar de "mar a mar"o lago da prainha – hoje Praça Mauá, a Avenida Beira Mar esta sim – construída pela Prefeitura na Administração PEREIRA PASSOS. A construção da Avenida Centarl foi entregue à Comissão Construtora da AC. Central sob a chefia do Eng. André Gustavo Paulo de Frontim, e hoje patrono da Engenharia Nacional.(...)".

3. Indicação como Membro da American of Planning Officiales – 1939/1955

Presidente do Comitê do Dia Mundial do Urbanismo no Rio de Janeiro

4. Conferência Os Prefeitos do Rio de Janeiro como Capital da República. De 1889 a 1960. realizada no dia 26/08/1971 no auditório do Ministério da Educação e Cultura

Ver ainda designação de Oliveira Reis como presidente de Comissão de Determinação de PAs para serem restauradas. Secretário Municipal de Planejamento e Coordenação Geral, em resolução do dia 19 de setembro de 1977, no processo. 02/000.659/77.

Caixa 10

1. Carta do dia 16/08/1977. Carta recebida por Oliveira Reis sobre as críticas ao seu trabalho "História Urbanística do Rio de Janeiro – 5 Vol". Segundo o texto, (...) soube, pela leitura dos jornais, que determinados setores de opinião

procuraram discordar do seu trabalho em apontar erros ou omissão cometidos por algumas administrações examinadas na sua obra". Esse material é importante pela data da carta e a indicação de um debate na imprensa. Será possível levantar essas críticas nos jornais da época.

Caixa 11

1. II Congresso Interamericano de Municípios – Santiago do Chile, realizado entre os dias 15 e 21 de julho de 1941 (verificar com a data do I Congresso). Contribuição da representação brasileira, com o artigo do José de Oliveira Reis "Contribuição para a defesa dos sítios pitorescos do Rio de Janeiro".

2. Artigo de José de Oliveira Reis, para a *Revista da SEARJ*, escrito no dia 30/10/1991, com o título "História da cidade nova".

Caixa 13

Carta Enviada a Lúcio Costa sobre o Plano Piloto de Jacarepaguá. Rio de Janeiro, 28 de abril de 1969. Estado da Guanabara – Secretaria do Governo – Região Administrativa de Santa Teresa.

O Plano Diretor – Escreve sobre o esquema do Plano Diretor, abrangendo a parte de maior densidade demográfica.

Carta escrita por José Espósito Carreiro, sobre problemas relativos à desapropriação de edifícios pela Urbanização da Esplanada do Castelo. Aponta o Decreto Nº 3085, de 6 de dezembro de 1939, que altera o plano de urbanização da esplanada. Planta da área com a indicação de edifício situado à rua Santa Luzia, nº 405. A solicitação é por permuta de lote I, quadra 7, do Calabouço, pertencente à municipalidade. Documento de 8 de março de 1946.

Os Transportes na cidade

"História urbanística do Rio de Janeiro". Manuscrito que aborda problemas metodológicos sobre a escrita desse trabalho. Consta nele os problemas relativos a formulações teóricas, urbanismo, instrumental de trabalho, a história como mestra.

Plano de Melhoramentos. Conferência realizada na sede da Associação Brasileira de Imprensa em 16 de dezembro, durante a semana do engenheiro. Publicação da *Revista Municipal de Engenharia*, julho de 1941.

Urbanização da Lagoa Rodrigo de Freitas. *Revista Municipal de Engenharia*, ano I, nº 1, 1978.

Texto na *Revista de Administração Municipal*. IBAM, ano IX, set./007, 1962: *"Engenharia de tráfego e as municipalidades"* – o caso do Rio de Janeiro.

Conferência Os Prefeitos do Rio de Janeiro como Capital da República. De 1889 a 1960, realizada no dia 26/08/1971, no auditório do Ministério da Educação e Cultura.

Caixa 14

Clube de Engenharia – Departamento de Atividades Técnicas – Divisão Técnica Especializada de Urbanismo. Num tipo de ata de reunião desta DTU, consta o nome de José de Oliveira Reis como Subchefe da divisão. Outubro de 1976.

Documento importante sobre a ocupação de Copacabana. Centro Balneário e Turístico de Copacabana, elaborado pelo Touring Club do Brasil, como projeto do arquiteto Darcy Alfredo Mitczuc.

Caixa 16

Em carta sobre a construção do Bairro, Peixoto Oliveira Reis fala da sua participação na firma Barbosa Reis e Cia. Ltda. e da construção de um edifício na rua Toneleros 366, iniciado em 1929

Certificado da Secretaria de Administração do Estado da Guanabara, emitido pela Escola de Serviço Público do Estado da Guanabara para Oliveira Reis pela participação no Seminário de Treinamento de Chefes das Administrações Regionais entre 24-04 a 13-05/1970. Indica pai de Oliveira Reis, Valeriano T. dos Reis, e mãe, Ursulina de Oliveira Reis.

Censo Urbanístico de Copacabana Publicado na *Revista Municipal de Engenharia*, jan./jun. de 1959. Oliveira Reis elabora uma apresentação sobre o Trabalho.

Documento escrito por Oliveira Reis – declaração para um outro profissional – em que ele menciona como endereço rua Barata Ribeiro, 536 apto. 1001. CPF: 006.038.639-49, RG: 266.102, CREA: 032D 5° Região.

Um documento relativo à administração Júlio Coutinho, que tem o título de prefácio e menciona José de Oliveira Reis para dar "continuidade àquelas publicações, com o presente volume (o sexto): O Município do Rio de Janeiro e seus prefeitos." sem indicação de autoria do prefácio,

Caixa 17

Documento do Clube de Engenharia. Designação de José de Oliveira Reis e Ferdinando Gomes Lavinas para um estudo do Palácio Monroe, em sessão de 4 de setembro de 1974. Coube a Oliveira Reis elaborar um relatório histórico. Ambos profissionais apresentaram seus relatórios contrários à ideia de demolição. Durval Lobo, chefe da Divisão Técnica Especializada de Urbanismo do Departamento de Atividades Técnicas, concluiu que o Palácio Monroe não deveria ser demolido. 16 de Janeiro de 1974. Ver caixa 20 do acervo.

Documento importante sobre o tema da construção do Metropolitano na cidade do Rio de Janeiro. Foi realizado no Clube de Engenharia o Simpósio dos Grandes Problemas do Estado da Guanabara – O Metropolitano do Rio de Janeiro. O documento apresenta um relatório geral escrito pelo engenheiro Jorge Leal Burlamaqui. No conjunto dos documentos, um que consta a autoria de Oliveira Reis: "Notícias sobre o Simpósio do Metro do Rio de Janeiro Realizado no Clube de Engenharia". Nesse documento consta a seguinte descrição: "José de Oliveira Reis, Da Secretaria de Estado de Viação e Obras do Estado da Guanabara. Membro da Comissão Coordenadora do Metropolitano do Clube de Engenharia". Não consta data. Porém, em outro documento encaminhado ao presidente em exercício do Clube de Engenharia, engenheiro Rufino de Almeida Pizzaro, sobre as conclusões da Comissão do Metropolitano, constam as datas de 20 a 27 de abril de 1962.

Documento em papel timbrado da prefeitura do Distrito Federal – Secretaria Geral de Viação e Obras – Departamento de Concessões, convocando Oliveira Reis para participar de uma reunião da Comissão de Planejamento para discutir problemas relativos ao transporte urbano mediante análise da Associação dos Proprietários de Auto-Lotação. 08-08-1951. Em outro documento, Portaria n° 533 de 4 de agosto de 1956, com o título Comissão de Planejamento dos Transportes Coletivos da Cidade do Rio de Janeiro consta o nome de Oliveira Reis como membro engenheiro diretor do Departamento de Urbanismo.

Oliveira Reis recebe uma carta do Comitê Pró-Construção do Túnel Rio Niterói. Ele recebe a carta na categoria de Diretor de Urbanismo da Prefeitura do Distrito Federal. 19 de junho de 1959. Acompanha o documento "Estudo para a boca do túnel no Calabouço – justificativa".

Caixa 19

Somente um documento – carta – falando da elaboração de mais exemplares dos cinco volumes da publicação sobre o Rio de Janeiro. Fala também da elaboração de um sexto volume, ao que tudo indica, posterior ao estado da Guanabara.

Caixa 20

Artigo sem nome ou data: "Contribuição para a defesa dos sítios pitorescos do Rio de Janeiro".

Na pasta 22 existe um documento enorme que é a publicação sobre a administração Marcos Tamoyo. Consta no documento um prefácio escrito por Oliveira Reis. No interior do documento existe a descrição sobre o PUB-RIO (1977) e consta a participação de Oliveira Reis na elaboração do mesmo como membro do Clube de Engenharia.

Caixa 21

Em carta enviada por Oliveira Reis para o Consórcio Tudor Engineering Company – Serviços de Planejamento Ltda. , é clara a atuação direta de Reis, nas negociações para a construção da Ponte RJ-Niterói. "Com a presente confirmo a aceitação do seu convite para colaborar na elaboração do Estudo de viabilidade da ponte na eventualidade de ser tal estudo atribuído ao consórcio."

Em pasta com vários estudos viários, entre eles consta o projeto da boca do túnel do Pasmado, em escala 1:100, com assinatura de Oliveira Reis.

Caixa 22

Sobre o processo de demolição do Palácio Monroe, entre os documentos do Clube de Engenharia, existe uma série de reportagens defendendo a demolição. Tais reportagens estão nas seguintes edições do jornal O Globo: O Globo, 30-6-1974: 5, "Monroe não será demolido mas pode ficar vazio"; O Globo, ?-7-1974, "Arquiteto: Palácio Monroe não tem valor"; O Globo, 5-7-1974, "Arquiteto é favorável a demolição do Monroe"; O Globo, 9-7-1974, p. 9, "Conselho Urbano é pela demolição do Monroe" – "Embora o assunto ainda não tenha sido discutido oficialmente no Conselho de Planejamento Urbano, a maioria dos conselheiros é favorável à demolição do Palácio Monroe para dar lugar a uma nova área verde, com defendido arquitetos e urbanistas. A informação é do Secretário do Conselho, Pedro Teixeira Soares, que também revelou a existência de um plano de urbanização para a Cinelândia – do Teatro Municipal à Praça Paris – que inclui a área do Monroe, cuja possível demolição não foi discutida". O Globo, 10-7-1974, p. 7, "Diretor do Patrimônio apóia demolição do Monroe". Diretor do Instituto do Patrimônio Histórico e Artístico Nacional, professor Renato Soeiro; O Globo, 9-8-1974, "Do Palácio Monroe, testemunho arquitetônico de uma das raras vitórias brasileira no exterior, ainda quem ignore a genuína significação. É Réplica do pavilhão brasileiro na Exposição Universal de Saint Louis, Missouri, Estados Unidos, em 1904. Pavilhão que ali recebeu o Grande Prêmio de Arquitetura consagrado como a pérola do diadema dos edifícios estrangeiros e recebido pela imprensa local com invulgar entusiasmo". Roberto Macedo; O Globo, 10-10-1974, "Junto-me aos que vêm opinando sobre o destino a ser dado ao Palácio Monroe. Considerando seu valor histórico, sugiro que seja utilizado como sede de entidades de turismo, pois o prédio, além de ser atração turística, está no lugar ideal que é o centro da cidade." M Arruda.

Carta recebida por Oliveira Reis de Rubens do Amaral Portella. Rio, 24-08-1990. "Meu caro Professor e amigo José de Oliveira Reis... Há muito tempo estou lhe devendo a entrega dos "Boletins do Clube de Engenharia", anexos, onde se encontram as homenagens que lhe foram prestadas por ocasião das comemorações do "Dia Mundial do Urbanismo". Mas, desejo que compreenda, esta falta resultou do grande acúmulo de afazeres (...) Tenho assuntos de grande importância para lhe falar e consultar. Secretariei ontem a mesa de eleições no Clube e desde 14 horas até as 20h aguardei sua chegada lá, para votar. Desejo-lhe ouvir sobre o projeto de lei que cria o Conselho Municipal de Política Urbana e sobre a documentação inicial elaborada pela Prefeitura sobre o Plano Diretor bem como sobre a metodologia adotada para a abordagem desses assuntos".

Dois recortes do Diário Oficial. Um de 5 de fevereiro de 1953 – Seção II. Decreto Nº 11.932 de 4 de fevereiro de 1953, institui o Serviço Técnico Especial de Execução da Avenida Perimetral (STEEAP). Entre os decretos: Artigo 1º Fica instituído na Secretaria Geral de Viação e Obras, o STEEAP, com as seguintes atribuições. a) estudar e dirigir os trabalhos de execução da AP e obras complementares; b) efetuar mediante autorização legal, contratos de serviços de obras, de aquisição de materiais, de equipamentos. O segundo no Diário Oficial de 13 de fevereiro de 1953 – Seção II: O Prefeito do DF, tendo em vista o que consta do processo nº 7.000.056-53, resolve designar, nos termos do Artigo 2º do Decreto nº 11.932 de 4 de fevereiro corrente, para dirigir o STEEAP, o Engenheiro, padrão O, José de Oliveira Reis.

Caixa 23

Ata da 2ª Reunião Conjunta das Comissões de Estradas, Trânsito e Transporte, do Automóvel Clube do Brasil, realizada no dia 23 de setembro de 1965. Na ata consta o nome de José de Oliveira Reis entre os membros da comissão.

Importante: sobre a palestra no Rotary, Indicação de planos projetados por Oliveira Reis: Cidade de Bela Vista no Território do Rio Branco e Cidade Residencial na Base Naval de Aratú. Palestra: Plano da Cidade do Rio de Janeiro, realizada no dia 15 de junho de 1956.

Em carta de 23 de abril de 1969, José de Oliveira Reis foi identificado como representante da Coordenação do Sistema de Administração Local na COESES – Comissão de Estudos de Estacionamento. Tal comissão teria como objetivo segundo Decreto "E" Nº2763 – de 10 de abril de 1968, levantar os dados e elaborar Plano Diretor para instalação de estacionamento de automóveis no Estado da Guanabara.

Ata da 33º Reunião da Comissão de Estudos de Estacionamento, realizada a 26 de setembro de 1968. Consta o nome de Reis como membro da referida comissão e de sua Subcomissão de Urbanismo.

Comissão de Parqueamento – Relatório Parcial. Um relatório das atividades da COESES no período de 13 de fevereiro de 1968 e 14 de junho de 1968. No dia 13/02, a COESES foi criada pelo Decreto "E" nº 1.987, de 19-01-1968, e Oliveira Reis consta como membro da comissão como coordenador das Administrações Regionais. Atua nas Subcomissões de Legislação e Urbanização.

Comissão de Parqueamento – Plano Diretor de Estacionamento no Centro Comercial. Feita cópia da parte conclusiva.

Documento que é o Relatório Final – Anexo I da COSESES, como data da 48º Reunião datada de 30 de janeiro de 1969. Esta foi a sessão de encerramento da COESES.

Caixa 24

A palestra Analise da Situação de Trânsito no Brasil foi realizada no Clube de Engenharia em 15/04/1963. Não consta autoria.

Em carta do Departamento Federal de Segurança Pública enviada para Oliveira Reis consta a identificação como presidente da Comissão de Engenharia de Tráfego do DUR. Datada de 25 de junho de 1958. Em documento também copiado, Reis pede para sair de tal Comissão.

Carta do diretor do Serviço de Trânsito do Departamento Federal de Segurança Pública para o chefe da Comissão de Engenharia de Tráfego da PDF, datada de 11 de maio de 1955. Não consta o nome do chefe da referida Comissão.

Caixa 25

Texto original de Oliveira com o título "Engenharia de Tráfego e as municipalidades – caso do Rio de Janeiro". Artigo que seria enviado para a *Revista do IBAM*. 09-06-1962. Uma segunda cópia de 21-06-1962.

Um rascunho escrito à mão sem autoria e que trata de questões de crescimento urbano e as necessidades de tráfego; desajustamento das cidades e a engenharia de tráfego. Tal documento está em papel timbrado com a indicação 7th Meeting of the Inter-American Congress of Municipalities.

Relatório dos trabalhos da comissão instituída pela Portaria nº 169 de 30 de junho de 1947 do sr. Prefeito do Distrito Federal a fim de escolher o projeto definitivo para a construção do Estádio Municipal. Segundo o Relatório: "I – Constituição da Comissão: conforme portaria 169 de 1947 a comissão ficou constituída dos Drs. Luiz Gallotti, Rivadávia Correa Mayer, Firmino Fernandes Saldanha, Antônio Severo, José de Oliveira Reis".

Projeto da Avenida Guanabara com os desenhos originais e justificativa da importância da Avenida. DUR.

Caixa 26

Documento enviado pela RIOTUR para Oliveira Reis, datado de 05-12-1972. Consta o nome de Reis, agora como da Secretaria de Planejamento, para tratar sobre a estação do Corcovado e restauração do monumento do Corcovado.

Caixa 27

Em carta particular para um amigo denominado Cel. Costa, em Aracaju, Reis menciona um artigo publicado no *Estado de S. Paulo* no dia 13-11-1956 sobre urbanismo com o título "Circulação e Disciplina".

Caixa 28

Artigo "Problemas do Rio de Janeiro". Pela indicação foi publicado no *Correio da Manhã* em 04-09-1958, com assinatura de Oliveira Reis.

Caixa 29

Carta enviada em 29 de março de 1961 ao diretor de Urbanismo da Secretaria de Viação e Obras, consta o nome de José de Oliveira Reis, o que mostra que ele ficou além dos anos de 1960.

Caixa 30

Na caixa existe um documento original do ETUB – Escritório Técnico da Universidade do Brasil. Um relatório das obras assinado pelo Luiz Hildebrando de Barros Horta Barboza.

Arquivo Geral da Cidade do Rio de Janeiro – Acervo José de Oliveira Reis. Pesquisa em Biblioteca – DB/FJOR/AGC-RJ

(OR: identificação do acervo)

"Melhoramentos urbanos – 1951". Ministério da Educação e Cultura – Serviço de Estatística da Educação e Eultura, Órgão do IBGE, 1954. Enviado ao Sr. Diretor de Urbanismo – OR/285

"Loteamento e zoneamento – postura n 11, de 28 de junho de 1938"; Decreto-lei n° 48, de 26 de março de 1941. Prefeitura Municipal de Petrópolis, 1941, Typ. Ypirang. OR/262

"Plano de realizações na cidade do Rio de Janeiro – Fundo Especial de Obras Públicas". Prefeitura do Distrito Federal. Mensagem n° 53 de 20 de setembro de 1957, enviada à Câmara dos Vereadores pelo Prefeito Francisco Negrão de Lima. Rio de Janeiro, 1957. OR/221

Mensagem n° 77 do prefeito Negrão de Lima em 3 de dezembro de 1957, que acompanha o Plano de Realizações.

"Prefeitura Municipal do Rio de Janeiro – Secretaria Municipal de Planejamento e Coordenação Geral": existe um documento no qual consta a realização de duas Mesas Redondas, com os seguintes temas: 1° Mesa: A Expansão Urbana, com data de 11/04/1977; 2ª Mesa: "Paisagem Urbana", com data de 12/04/1977. Nessa segunda mesa tem uma indicação de participação do "Dr. Reis" (identificação de José de Oliveira Reis) com a seguinte indicação: Defesa paisagística de sítios pitorescos. Participam desses debates membros do Clube de Engenharia, IAB, CNPU, IPHAN, entre outros. Documento que acompanha o Plano Urbanístico Básico do Rio de Janeiro – Prefeitura Municipal do Rio de Janeiro, 15 de agosto de 1977. OR/362

José de Oliveira Reis. "Transportes Coletivos – transporte Rápido/ Metropolitano. Estudos do Rio e de S. Paulo." Tese de concurso para Docência Livre da Cadeira de Urbanismo – Arquitetura Paisagística da Faculdade Nacional de Arquitetura da Universidade do Brasil. Rio de Janeiro, junho de 1950. OR/45.

José de Oliveira Reis. "As administrações municipais e o desenvolvimento urbano". p. 125-162. In: *Rio de Janeiro em seus quatrocentos anos: formação e desenvolvimento da cidade*. Publicação do Governo do Estado da Guanabara, Carlos Lacerda. Distribuidora Record, RJ-SP, 1965. OR/83 ou 711(815.41) (091) R585r

Nova metrópole do Brasil – relatório geral de sua localização. Pelo Marechal José Pessoa Cavalcanti de Albuquerque, presidente da Comissão. Mapas e ilustrações do Gabinete Fotocartográfico. SMG, Imprensa do Exército. Rio de Janeiro, 1958. OR/170.

(Esta obra consta de três partes, correspondendo cada uma a um dos relatórios parciais, oficialmente entregues, em mãos, ao presidente da República. São eles os de 26 de julho e de 24 de novembro de 1955, e o de 1º de setembro de 1956, aqui reunidos e precedidos deste preâmbulo, no qual apresentamos o panorama geral dos trabalhos realizados para a fixação do local destinado à nova sede do governo no Planalto Central do Brasil.

Na primeira parte, como documentos básicos, se encontram os estudos e investigações relativos à escolha, propriamente dita, do sítio da nova capital e, em torno, o território destinado ao novo Distrito Federal. (...) Os estudos da área do território do novo Distrito Federal foram realizados pela subcomissão de engenheiros: professor. Alyrio H. de Mattos, do Conselho Nacional de Geografia; general técnico Aureliano Luiz de Farias, representante do Ministério da Guerra; e coronel Luiz Eugênio Peixoto de Freitas Abreu, do Serviço Geográfico do Exército. Aliás, as condições para se chegar à escolha definitiva do sítio da nova metrópole, também estudadas por uma subcomissão de engenheiros (general Técnico Nelson de Castro Sena Dias, diretor do Serviço Geográfico do Exército; José de Oliveira Reis, da prefeitura do Distrito Federal; arquiteto Raul Penna Firme e Salomão Serebrenick, da Comissão do Vale do S. Francisco), foram baseadas em fixação de critérios e normas técnicas para comparação dos vários locais, segundo sua importância: clima e salubridade, facilidade de abastecimento de água potável, energia elétrica, aspectos topográficos, proximidades de terras cultiváveis, facilidade de materiais de construção. etc. Trabalhos realizados para a Comissão de Localização da Nova Capital Federal (CLNCF) sob a presidência do marechal José Pessoa.

(...) É bem verdade que assentada definitivamente a escolha do local da nova capital, nos lançamos por determinação superior, ainda, à conquista dos objetivos subseqüentes, ou sejam os de planejamento do Nova Cidade.

Dessa maneira, uns foram estudados, debatidos e equacionados; outros, porém, tiveram sua solução integral, tais como: o Plano de Comunicações rodo--ferroviário, ligando a futura Metrópole aos Estados, através do Plano Geral de

Viação Nacional, estudado e projetado pelos Engenheiros Philuvio de Cerqueira, da Diretoria do Departamento Nacional de Estradas de Rodagem, e José Gayoso Neves, da Diretoria do Departamento Nacional de Estradas de Ferro. (...) Foram igualmente realizados os estudos preliminares de urbanismo da futura metrópole, ideia precursora de que surgiu o Primeiro Plano-Piloto da Cidade-Capital, traçado na carta ampliada de 1/5000, pela subcomissão de arquitetos: Raul de Penna Firme, Roberto Lacombe e o engenheiro José de Oliveira Reis, diretor do Departamento de Urbanismo da Prefeitura do Distrito Federal e todos os professores da Faculdade Nacional de Arquitetura da Universidade do Brasil, cujo plano está descrito na segunda parte desta obra. p. 5-16.

Criação da Comissão de Localização da Nova Capital Federal – Decreto N° 32.976, de 8 de junho de 1953. Artigo 1°: Fica criada um comissão especial para incumbir-se dos estudos definitivos destinados à escolha do sítio e área da nova capital, dentro do perímetro delimitado pela Lei no 1.803 de 5 de janeiro de 1953.

Decreto N° 33.769 de 5 de setembro de 1953, que altera o Decreto N° 32976, e dá outras providências, entre elas, pelo Artigo 4°: Para a execução direta dos trabalhos, a Diretoria Técnica contará com Subcomissões Técnicas, órgãos executivos constituídos de especialistas pertencentes ou não aos quadros do funcionalismo público.

Seleção do Sítio. Ata da decisão final da escolha do sítio da nova capital. Ata da 14ª sessão, realizada no dia 15 de abril de 1955 pela Comissão de Localização da Nova Capital. O presidente da Subcomissão de Fixação de Critérios e Normas Técnicas para a comparação de locais e seleção de sítios da nova capital federal, engenheiro Raul Penna Firme, agradece o trabalho dos técnicos envolvidos, entre eles José de Oliveira Reis, p. 164

OR-284 – *Catálogo de plantas e mapas da cidade do Rio de Janeiro – 1750-1962. Rio de Janeiro*, Publicações do Arquivo Nacional, vol. 51, 1962

OR-36 – Raymundo de Athayde. "Paulo de Frontin: sua vida e obra". Coleção Cidade do Rio de Janeiro. Estado da Guanabara, Rio de Janeiro, 1961.

OR-40 – Raymundo de Athayde. *Pereira Passos – o reformador do Rio de Janeiro: biografia e história*. Editora a noite, Rio de Janeiro, 1944

OR-188

OR-85 – *Recenseamento geral do Brasil – a cultura brasileira – introdução ao estudo da cultura no Brasil.* Rio de Janeiro, IBGE, 1943

OR-18

OR-28 – Mario Barata. *Escola Politécnica do Largo São Francisco – berço da engenharia brasileira.* Associação dos antigos alunos da Politécnica e Clube de Engenharia. Rio de Janeiro, Artes Gráficas Grafoset, 1973.

Diário Oficial. Março de 1947, seção I – 4.039. Ministério da Educação e Saúde. Gabinete do Ministro. Portaria n° 00.190 de 21 de março de 1947. O ministro da Educação e Saúde, tendo em vista o despacho exarado pelo Sr, Presidente da República na exposição dos Motivos n° 32, de 10 de março de 1947, deste Ministério:

> Resolve designar: o Prof. Inácio Manuel do Amaral, Reitor da Universidade do Brasil, Eng, Francisco Behrensdorf, Diretor do Serviço de Patrimônio da União, Engenheiro José de Oliveira Reis, Diretor do Departamento de Urbanismo da Prefeitura do Distrito Federal, Eng. Luis Hildebrando de B. Horta, Chefe do Escritório Técnico da Cidade Universitária, para compor a Comissão que, sob a presidência do primeiro, ficará incumbida dos estudos definitivos para a localização da Cidade Universidade. Esse documento integra o documento de localização OR-409-AGCRJ, que é formado pela publicação "Ainda a localização da Cidade Universitária". Rio de Janeiro, Imprensa Nacional-Presidência da República, 1946.

OR-186 – Rui Barbosa. "O desenho e a Arte Industrial."Discurso no Liceu de Artes e Ofícios em 23 de novembro de 1882." Rio de Janeiro, *Jornal do Comércio*, 1949.

OR-428. "Monografia sobre a XXIII Região Administrativa – Sana Teresa". Serviço de Estatística e Documentação. Rio de Janeiro, 1971. Discorre sobre a criação da AR (ADMINISTRAÇÃO REGIONAL) – Santa Teresa. Pelo Decreto "N" n° 545 foi criada a 23ª Administração Regional em 10/02/1966.

José de Oliveira Reis foi seu primeiro administrador, a partir de 28/02/1966. "Com a missão de coordenar os trabalhos de recuperação que, durante cerca de dois anos, exigiram grandes investimentos e atenções de toda a máquina governamental. Passado este período crítico de implantação da R.A. em meio ao clima descrito, coube ainda ao primeiro Administrador a consolidação com o aprimoramento dos serviços e formulação de um planejamento, tendo em vista desenvolver a vocação turística do bairro, bem como as providências iniciais para a sua execução." p. 11-12.

OR-66 – Plano Integrado de Transportes. Companhia do Metropolitano do Rio de Janeiro, 1977.

OR-202 – Prefeitura do Distrito Federal – Administração Henrique Dodsworth. Urbanização da Esplanada de Santo Antônio. Relatório apresentado a Edison Passos, secretário Geral de Viação e Obras pelo escritório técnico Themistocles Alves Barcelos Correa. Vol. II, maio de 1943.

OR-319 – "O Rio de Janeiro de Pereira Passos". In: *Uma cidade em questão II.* Giovanna Rosso Del Brena (org.). Rio de Janeiro: Index, 1985.

OR-43 – Apostila de aula de Urbanismo

Arquivo Público e Histórico de Ribeirão Preto – Fundo José de Oliveira Reis

Observações e notas explicativas do esquema do Plano Diretor de Ribeirão Preto, 1945. Autor: José de Oliveira Reis.

Notas para a palestra em Ribeirão Preto, 8-08-1955. Tema da palestra: Urbanismo e sua influência no município. Autor José de Oliveira Reis.

A contribuição do arquiteto José Vicente Vicari para o Plano Diretor da Cidade de Ribeirão Preto.

Mapas das propostas do Plano Diretor de 1955. Autor José de Oliveira Reis.

Cartas

De Alcides Sampaio (prefeito da cidade) para José de Oliveira Reis, 26 de setembro de 1945.

De José de Oliveira Reis para Alcides Sampaio (prefeito da cidade), 16 de outubro de 1945.

De Adalberto Teixeira de Andrade (presidente da câmara de vereadores) para José de Oliveira Reis, 5 de maio de 1955.

De José da Costa para José de Oliveira Reis, 6 de maio de 1955.

De Luiz Rocha (membro da Comissão do Plano Diretor) para José de Oliveira Reis, 10 de maio de 1955.

De Luiz Rocha (membro da Comissão do Plano Diretor) para José de Oliveira Reis, 13 de junho de 1955.

De José de Oliveira Reis para José da Costa (prefeito da cidade), 10 de agosto de 1955.

2. Cronologia da trajetória profissional de José de Oliveira Reis

Matrícula Municipal 28. 808. Engenheiro padrão "R"

1921 – Ingressou na Escola Politécnica do Rio de Janeiro. Formado na turma de 25. Colação de grau realizada no dia 26 de abril de 1926.

1926/1928 – Engenheiro da Comissão de Obras Novas de Abastecimento de Águas da Capital/São Paulo.

1928/1929 – Atuou como engenheiro na empresa Engenheiros Empreiteiros em obras de calçamento no Rio de Janeiro.

1929/1931 – Engenheiro sócio da empresa Barbosa, Reis & Cia. Ltda. de Obras de Engenharia Civil no Estado do Rio de Janeiro

1933 – Engenheiro municipal da prefeitura do Rio de Janeiro por concurso público. Mediante ato do Interventor de 2 de março de 1933 foi nomeado para exercer o cargo de Engenheiro de 3ª classe da Diretoria Geral de Engenharia. Pelo BOL nº 42 de 10 de março de 1933 foi designado para ter exercício na 3ª Divisão da 5ª SubDiretoria, encarregado dos serviços de Meteorologia. Por apostila do Interventor de 20 de novembro de 1933 foi nomeado engenheiro ajudante, a partir de 1 de julho de 1933, de conformidade com a alínea C do Decreto 4.467 de 28 de outubro de 1933.

1937/1945 – Pelo BOL. 152 de 15 de julho de 1937 foi colocado à disposição da secretaria geral de Viação, Trabalhos e Obras Públicas. 1938 – Por ato do Secretário Geral de Viação, Trabalho e Obras Públicas, de 20 de outubro de 1938, foi designado para exercer interinamente o cargo de engenheiro chefe durante impedimento do efetivo, Romeu de Sá Freire. 1939 – Por ato de 30 de maio de 1939, do prefeito Henrique Dodsworth, foi promovido por merecimento a engenheiro chefe. Posse realizada no dia 03 de junho de 1939.

1940 – Pelo Decreto P 232, foi provido em comissão no cargo de chefe de serviço padrão 04.

1941 – Pela Portaria n° 9 de 31 de janeiro de 1941 do prefeito do Distrito Federal nos termos do Decreto 6.896 de 28 de dezembro de 1940, foi designado para Comissão Técnica Especial da Avenida Presidente Vargas e Esplanada do Castelo.

1943 – Pelo Dec. E. 145 de 5 de agosto de 1943, foi exonerado a pedido do cargo de chefe de serviço padrão 04, da Secretaria Geral de Viação e Obras.

1945/1948 – Diretor do Departamento de Urbanismo. Pelo Dec P. n° 585 de 8 de dezembro de 1945, foi provido em comissão no cargo de diretor do Departamento de Urbanismo. Posse realizada no dia 28 de dezembro de 1945.

1946 – Por ato do prefeito do Distrito Federal, constante na Portaria n° 89 de 28 de maio de 1946, foi designado para fazer parte da Comissão de Revisão do Código de Obras do Distrito Federal.

1948 – Pelo Dec. E. n° 56 de 12 de fevereiro de 1948, foi exonerado do cargo, em comissão, de diretor do Departamento de Urbanismo. Pelo BOL. n° 49 de 18 de março de 1948, do Secretário Geral de Viação e Obras, foi designado para ter exercício na Comissão de Concorrência Pública. Pela Portaria n° 2.476 de 12 de outubro de 1948, foi designado para constituir comissão que deverá proceder a avaliação da fazenda Guandu do Sapê, para ser desapropriada e transformada no primeiro Núcleo Agropecuário do Distrito Federal.

1949 – Designado pelo diretor de Obras, constando do BOL. n° 27 de 14 de fevereiro de 1949, para responder pelo Serviço de Topografia (4-OB) durante férias

O URBANISTA E O RIO DE JANEIRO   349

do titular efetivo. Pelo BOL do DOB de 28 de junho de 1949, foi designado para responder pelo Setor GDL durante impedimento do efetivo. De acordo com o Artigo 1º do Decreto 9.649/49, fica na conformidade do § 1º do artigo 14 da Lei 260/48, elevado para "R" a partir de 1 de dezembro de 1948.

1951 – Pela Portaria nº 442 do sr. Prefeito, publicada no Diário Oficial de 13 de julho de 1951, foi autorizado a ausentar-se do País pelo prazo de quatro meses a partir de 31 de agosto de 1951, para representar a municipalidade no 2º. Cngresso da Federação Internacional de Habilitação e Urbanismo, organizada pela UIA, a realizar-se em setembro, na cidade de Rabat, Marrocos, bem como, observar os serviços de transportes coletivos nas principais capitais europeias devendo o referido engenheiro apresentar, oportunamente, circunstanciado relatório acerca das observações que realizar.

1954 – Nomeado para o cargo de diretor do Departamento de Urbanismo, padrão CC – 3, Dec. P 279, *Diário Oficial* de 4 de março de 1954. Nomeado auxiliar nos trabalhos da Comissão Executiva do Metropolitano, como assessor – Portaria nº 134 de 17 de março de 1954, – Diário Oficial de 19 de março de 1954, – Proc. nº 7. 006 004/54. Dispensado a pedido da Direção do Serviço Técnico Especial de Execução da Avenida Perimetral-Portaria nº 139, *Diário Oficial* de 19 de março de 1954 – Proc. nº 7. 000. 0091/54. Designado para comissão instituída pelas portarias 6/54 e 27/54, que levanta o anteprojeto de aproveitamento da área a ser aterrada com material do morro de Santo Antonio, Portaria de 6 de abril de 1954 nº 171 – *Diário Oficial* de 8 de abril de 1954. Exonerado do cargo em comissão padrão CC-3 de Diretor do Departamento de Urbanismo, Dec. E 543 de 9 de setembro de 1954, Diário Oficial. de 10 de setembro de 1954.

1956 – Dec. P. 8 de novembro de 1956, provido por nomeação ao cargo de diretor do Departamento de Urbanismo da Secretaria Geral de Viação e Obras, Bol. 10 de 13 de janeiro de 1956, *Diário Oficial* de 16 de janeiro de 1956. Designado para fazer parte da Comissão do Estudo de Planejamento do Serviço de Bonde – Portaria nº 143, Diário Oficial de 25 de janeiro de 1956.

1958 – Portaria nº 257 de 2 de maio de 1958, autorizado a afastar-se do país pelo prazo de 45 dias a fim de, como representante desta PDF no Congresso Nacional de Urbanismo dos Estados Unidos da América do Norte (a partir de 16 de maio de 1958 – proc. nº 7000 252/58). Portaria nº 776 de 2 de dezembro de 1958 designado para representar a PDF no Congresso Nacional de Trânsito, na cidade de Petrópolis, entre 2 e 6 de dezembro de 1958. GP, nº 7 195/58.

1960 – Portaria de 30 de abril de 1960, exonerado do cargo de diretor do Departamento de Urbanismo, *Diário Oficial* de 2 de maio de 1960. Lic. 30 dias de 1 a 30 de agosto de 1960. Pr. 7 000 436/60 do governador.

Cargos de chefia ocupados por José de Oliveira Reis

1 – Engenheiro-chefe da Comissão do Plano da Cidade (1937-1945).

2 – Diretor do Departamento de Urbanismo (1ª ocupação: 1945-19148).

3 – Engenheiro-chefe do Serviço Técnico Especial da Avenida Perimetral.

4 – Diretor do Departamento de Urbanismo (2ª ocupação: 14/3/1954 – 10/9/1954).

5 – Chefe da Comissão de Engenharia de Tráfego no Serviço de Tráfego do Serviço de Trânsito.

6 – Diretor do Departamento de Urbanismo (3ª ocupação: 1956-21//4/1960).

7 – Chefe da Engenharia de Tráfego (1960-1962).

8 – Diretor do Departamento de Urbanismo no governo Carlos Lacerda (1962-1963)

9 – Engenheiro do gabinete do Secretário de Obras (1963-1966). Responsável pelo Serviço de Engenharia de Tráfego no Departamento de Engenharia Urbanística.

10 – Engenheiro da Coordenação de Planos e Orçamentos da Secretaria do Governo (Janeiro de 1966.

11 – Administrador Regional de Santa Teresa (21/6/1966-15/6/1970).12 – Coordenador do Sistema de Administração Local da Secretaria de Governo (16/6/1970 – 15/3/1971).

13 – Engenheiro da Secretaria de Planejamento e Coordenação Geral (1972).

14 – Editor-chefe da *Revista Municipal de Engenharia* 1978. Assessor da Secretaria de Planejamento e Coordenação Geral (1978-1992).

Outras Datas

1992: doação de seu acervo para o Arquivo Geral da Cidade do Rio de Janeiro.

1993: recebe da Câmara Municipal do Rio de Janeiro o título de Cidadão Carioca Honorário.

23/7/1994: faleceu no Rio de Janeiro.

3. Listagem de textos escritos por José de Oliveira Reis
(publicados, não publicados, manuscritos e apresentados em conferências)

1 – "Diagramas Hidrológicos". *Revista da Diretoria de Engenharia*, maio de 1937, n° 3.

2 – "Avenida Botafogo-Leme". *Revista Municipal de Engenharia*, setembro, 1938, n° 5.

3 – "Contribuição para defesa dos sítios pitorescos do Rio de Janeiro". *Revista Municipal de Engenharia*, Janeiro de 1942, n° 1 (texto apresentado em Santiago do Chile no Congresso Interamericano de Municípios em 1941).

4 – "Uma síntese sobre as principais vias do Plano Diretor". Revista Municipal de Engenharia, julho de 1942, n° 4.

5 – "Canal interceptor Paulo de Frontin". *Revista Municipal de Engenharia*, PDF, Janeiro de 1943, n° 1.

6 – "Notícias sobre o parkway Faria Timbó". *Revista Municipal de Engenharia*, abril de 1943, n° 2.

7 – "Plano Diretor" – Editorial da *Revista Municipal de Engenharia*, julho de 1943, n° 3.

8 – "Movimento das Massas nas grandes cidades". Tradução de artigo da American Transity Society. *Revista Municipal de Engenharia*, abril de 1949, n° 2.

9 – Planejamento físico – Conferência na Associação Brasileira de Planejamento. *Revista Urbanismo e Viação*, maio de 1950.

10 – "Pedreiras do Districto Federal e sua contribuição nas construções". *Revista da Diretoria de Engenharia*. setembro/novembro de 1934, n° 12 e 13.

11 – "Drenagem do Aeroporto Santos Dumont". *Revista Municipal de Engenharia*, março de 1938, nº 2.

12 – "Algumas considerações gerais sobre a construção do metropolitano – caso do Rio de Janeiro". *Revista Municipal de Engenharia*, abril de 1949, nº 2.

13 – "Serviços de engenharia de tráfego nas municipalidades" – *Revista Municipal de Engenharia*, janeiro de 1956.

14 – "Planejamento urbano e planejamento regional – sua interligação". *Revista do Clube de Engenharia*, novembro de 1958, nº 287.

15 – "Avenida Guanabara". *Revista Municipal de Engenharia*, janeiro/junho de 1959.

16 – "Principais vias arteriais do plano diretor". *Revista Municipal de Engenharia*, janeiro/junho de 1960.

17 – "Avenida Perimetral". *Revista de Engenharia*, abril/junho de 1954, nº 2.

18 – *Urbanismo no Rio de Janeiro*. Livro em colaboração com Adalberto Szilard. Rio de Janeiro: Editora O Construtor, 1950.

19 – "As administrações municipais e o desenvolvimento urbano". In: *Rio de Janeiro em seus quatrocentos anos*. Prefeitura Municipal do Rio de Janeiro, 1965.

20 – "Planos e obras da cidade do Rio de Janeiro – engenheiros e respectivas realizações", conferência realizada no dia 18 de julho de 1985, na Sociedade de Engenheiros e Arquitetos do Estado do Rio de Janeiro (SEAERJ).

21 – "Urbanismo e sua influência no município", conferência realizada em Ribeirão Preto no ano de 1955.

22 – *O Rio de Janeiro e seus prefeitos* – 5 Volumes. Prefeitura da Cidade do Rio de Janeiro, 1977.

23 – "Evolução Urbana da Cidade do Rio de Janeiro no século XX", realizada no Fórum Global (ONGs) durante a Conferência Internacional Rio-92.

24 – "Transportes Coletivos: Transporte Rápido – Metropolitano. Estudos do Rio de Janeiro e São Paulo". Concurso para Docente Livre da cadeira de Urbanismo – Arquitetura Paisagística da Universidade do Brasil – Faculdade Nacional de Arquitetura do Rio de Janeiro.

O URBANISTA E O RIO DE JANEIRO 353

25 – "Problemas Técnicos" escrito para a Associação Brasileira de Planejamento (ABP) no I Congresso Nacional de Municípios Brasileiros. Brasileira dos Municípios, ano III, nº 11, julho-setembro de 1950.

26 – "Notas sobre administração municipal e serviços de utilidade pública", 1965, Apostila do curso na Faculdade Nacional de Arquitetura.

27 – "Plano da Cidade do Rio de Janeiro". Palestra realizada no Rotary Club do Rio de Janeiro no dia 15 de junho de 1956.

28 – "Os Prefeitos do Rio de Janeiro como capital da República – de 1889 a 1960". Conferência realizada no dia 26 de agosto de 1971, no auditório do Ministério de Educação e Cultura.

29 – "Engenharia de tráfego e as municipalidades – caso do Rio de Janeiro". Publicado na Revista de Administração Municipal, IBAM – ano IX, setembro-outubro de 1962.

30 – "Planejamento urbano e rural e suas relações com a engenharia de tráfego", escrito para o Curso de Especialização de Engenharia de Tráfego do Instituto de Pesquisas Rodoviárias, março de 1966.

31 – "As pistas do aterrado do Flamengo", manuscrito, 1963.

32 – "História urbanística do Rio de Janeiro". Publicação póstuma. *Revista Municipal de Engenharia,* edição especial, Agosto de 1977.

33 – "O Estado da Guanabara e seus Governadores". Estado da Guanabara, 1979.

34 – "História urbanística do Rio de Janeiro nos séculos XVI – XVII – XVIII". *Revista Municipal de Engenharia*, 1986.

35 – "História urbanística do Rio de Janeiro no século XIX". *Revista Municipal de Engenharia*, 1990.

36 – "Planos e obras da cidade do Rio de Janeiro" – engenheiros e respectivas realizações. Palestra no Sindicato dos Engenheiros e Arquitetos do Rio de Janeiro – SEARJ, 18/07/1985.

AGRADECIMENTOS

Agradecimentos pessoais

Cristina Meneguello (minha orientadora), Stella Bresciani, Sarah Feldman, Cristina Leme, Vera Rezende, Carlos Roberto M. Andrade, Silvia Hunold Lara, Eliane Moura, José Alves, Cristina Schicci, Silvana Rubino, Marcos Tognon, Heliana Angotti, Marina Sardi, Claudia Petrucio, Mario Aizen, Rachel Sisson, Fernando Murta, Josianne Cerasolli, Amilcar Torrão, Viviane Ceballos, Ana Luiza Miranda, Henrique Vichinewiski, Kelly Magalhães, Keila Scott, Francisco Gimenes, Helvio de Faria (meu pai), Lourdes Santos de Faria (minha mãe), Nayde Reitmaier (minha madrinha) Tânia Registro, Ana Amora, Lucia Silva, Antônio Carlos Carpintero, Maria Cecília Gabriele. A todos muito obrigado.

Agradecimentos institucionais

Departamento de História do Instituto de Filosofia e Ciências Humanas (IFCH)-Unicamp (professores e funcionários), Pró-Reitoria de Pós-Graduação da Unicamp/Programa Institucional de Bolsa para Instrutores Graduados (PRPG/PIBIG), Clube de Engenharia do Rio de Janeiro; Arquivo Público e Histórico de Ribeirão Preto; Arquivo Geral da Cidade do Rio de Janeiro; Instituto de Pesquisa em Planejamento Urbano e Regional-UFRJ; Faculdade de Arquitetura e Urbanismo-USP; Museu da Imagem e do Som do Rio de Janeiro; Escola Politécnica-UFRJ; Câmara Municipal de Ribeirão Preto; Instituto Brasileiro de Administração Municipal.

À Fundação de Amparo à Pesquisa do Estado de São Paulo (Fapesp).

Parte da pesquisa para elaboração da tese de doutorado que é a origem deste livro contou com apoio da Fapesp no âmbito do Projeto Temático Saberes Eruditos e Técnicos na Configuração e Reconfiguração do Espaço Urbano – Estado de São Paulo, Séculos XIX e XX, coordenado pela profª. drª. Maria Stella Martins Bresciani. A pesquisa realizada com o apoio da Fapesp foi desenvolvida no subtema Do Sanitarismo ao Urbanismo: a Constituição de um Campo Disciplinar e de Atuação na Cidade" do projeto temático. Integraram a equipe de pesquisa professores e estudantes das seguintes instituições: Instituto de Filosofia e Ciências Humanas da Unicamp; Centro de Ciências Exatas; Ambientais e de Tecnologias da PUCCAMP; Faculdade de Arquitetura, Artes e Comunicação da Unesp-Bauru; e a Scuola Studi Avanzati do Instituto Universitário de Arquitetura de Veneza (IUAV), Itália. Aos colegas do Temático meu agradecimento pelo trabalho realizado. Clécia, obrigado por todo apoio logístico.

À Fapesp o agradecimento pelo apoio financeiro para publicação deste livro. Stella, obrigado pela solicitação à Fapesp do recurso para o livro.

À Editora Alameda, pelo apoio e realização deste livro.

Dois agradecimentos especiais

Lara meu pequenininho, perdão pela ausência nesses anos. Tudo o que eu faço, eu faço pensando em você, este livro não foi diferente.

"... Somente por você sempre arrependi

Por você estou aqui,

Por você me despi,

Suportei. Amargurei, mas aguentei.

Todo dia (...) nada me consola,

Mas sigo minha aurora.

Como é colorida a tua presença

Como é dolorida a tua ausência"

(fragmentos de uma dor)

Denise

No mais imponderável dos acasos da vida, eis que estava você no horizonte. Você acreditou profundamente, por isso eu compreendi. Com amor.

Esta obra foi impressa em Santa Catarina no inverno de 2013 pela Nova Letra Gráfica e Editora. No texto foi utilizada a fonte Vollkorn em corpo 10,5 e entrelinha de 16 pontos.